Besitz und Habgier – Motor der Weltgeschichte

Wolfgang Mayer

Wolfgang Mayer (Jahrgang 1950) ist promovierter Historiker. Er war ab 1977 als Redakteur einer renommierten deutschen Tageszeitung beschäftigt und dort seit 1987 stellvertretender Ressortleiter Wirtschaft. Als Publizist war er an insgesamt mehreren Sammelbänden und Buchreihen beteiligt. Dazu kommen eigene Bücher. Über viele Jahre arbeitete er zudem bei der Zeitschrift *G-Geschichte* mit.

Wolfgang Mayer

Besitz und Habgier

Motor der Weltgeschichte

FSC
www.fsc.org
MIX
Papier aus verantwortungsvollen Quellen
Paper from responsible sources
FSC® C105338

Bibliografische Information der Deutschen Nationalbibliothek:
Die Deutsche Nationalbibliothek verzeichnet diese Publikation in der Deutschen Nationalbibliografie; detaillierte bibliografische Daten sind im Internet abrufbar über: http://dnb.dnb.de

TWENTYSIX – Der Self-Publishing-Verlag
Eine Kooperation zwischen der Verlagsgruppe Random House und BoD – Books on Demand

Herstellung und Verlag: BoD – Books on Demand, Norderstedt
Titelbild: Fotolia – EinWeg
Buchsatz: KulTexTur Anja-Nadine Mayer

ISBN: 978-3-740-71649-3

Inhalt

Vorbemerkung

In der Christmette 2018 kritisierte Papst Franziskus die um sich greifende Gier und Maßlosigkeit. Er beklagte die daraus entstehenden Ungleichheiten zwischen den Menschen. Nach Daten der Organisation Oxfam International verfügen weltweit 62 Menschen über so viel Reichtum wie 3,6 Milliarden andere. Wie kann das sein? Die Spur führt zu Habgier.

Tatsächlich berichten die Medien täglich über Ereignisse, die sich aus der Habgier erklären. Der Bogen reicht von lokalen Mord- und Betrugsfällen bis zum Korruptionsskandal bei der FIFA, dem Weltfußballverband. Wenn vermögende Mitmenschen Steueroasen im Ausland nutzen, um Steuern zu umgehen, so ist das eine Erscheinung von Habgier. Im Frühjahr 2017 verübte ein Anleger einen Anschlag gegen die Dortmunder Fußballmannschaft BVB, um von fallenden Börsenkursen des Vereins zu profitieren. Großgrundbesitzer brennen Wälder nieder, um Land für Weiden oder den Anbau von profitablen Agrarprodukten zu gewinnen – in Brasilien verursachten sie 2019 einen Schaden, der die ganze Welt betrifft. Der phänomenale Aufschwung von Kryptowährungen wie den Bitcoins ist ein Beispiel für Spekulation, der auf hohe Gewinne zielt. Der amerikanische Präsident Donald Trump meinte es wohl ernst, dass er Grönland mit seinen Rohstoffen haben wollte.

Von A bis Z (Albanien bis Zimbabwe) reicht die Liste der Länder, in denen die Menschen über Korruption der Regierenden im Protest auf die Straße gehen – unabhängig von der politischen Couleur der Machthabenden. Habgier, die sie antreibt, ist dabei keine moderne Erscheinung. Sie hat als Triebkraft zu allen Zeiten zwischenmenschliche Handlungen und Beziehungen mit geprägt, bei denen die einen Menschen direkt oder indirekt ihren Besitz bzw. ihr Eigentum mehren wollten.

Als Wirtschaftsredakteur wurde ich über 30 Jahre lang mit „Heuschrecken“ konfrontiert, die zu biblischen Zeiten als Plage beschrieben wurden. Heute sind das Investmentgesellschaften und Hedgefonds, die als Anteilseigner mit kurzfristigen Shareholder Value-Zielen in vielen Betrieben Massaker an Arbeitsplätzen und damit Arbeitslosigkeit und Not vorantreiben. Ich erlebte den Kleinaktionär, der am Rednerpult der Hauptversammlung vor dem Sturm auf das Mittagsbuffet einen Konzernvorstand nachdrücklich aufforderte, die Dividende zu erhöhen – auch wenn die dazu notwendige Kostensenkung nur durch die Streichung von Arbeitsplätzen zu erzielen war.

Was hätte wohl Karl Marx dazu gesagt? Marx hatte die Gegensätze zwischen Kapital und Arbeit in der frühindustriellen Zeit vor Augen. Er konnte unter anderem nicht voraussehen, dass heute jeder sechste Bundesbürger Aktien oder Anteile von Aktienfonds besitzt. Natürlich ist der Wunsch des Kleinaktionärs nach einem Dividendengewinn legitim – er steht in keinem Verhältnis zur Brutalität, mit dem Hedgefonds die Renditeziele von Unternehmen in die Höhe treiben. Nach letzten Schätzungen sind zwischen 53 und 54 Prozent der Anteile an deutschen DAX-Werten in ausländischer Hand. So haben sich seit der Zeit von Marx die Eigentumsverhältnisse durch die voranschreitende Globalisierung verändert.

Ein historisches Ereignis war die deutsche Vereinigung. Schon vergessen ist aber, wie danach Tausende von Wessis in den Osten aufbrachen, um – Hyänen gleich – Grundstücksbesitz zu reklamieren, der einst ihren Großeltern gehörte. Dazu kam für mich die

Erfahrung aus gewerkschaftlicher Arbeit: Die Teilnahme an Tarifverhandlungen, bei denen es um Verteilungsfragen geht, und die Beschäftigung mit dem Problem des Urheberrechts. Das Letztere ist ein Beispiel dafür, dass sich Eigentum nicht nur auf greifbare Gegenstände bezieht. Etliche Reisen konfrontierten mich zudem mit hungernden Menschen in sogenannten unterentwickelten Ländern. So entstand die Idee zu diesem Buch.

Habgier steht in einem Spannungsverhältnis zu Besitzverhältnissen. So sind in diesem Buch Mosaiksteine zum Thema Habgier und zum Besitz über die Grenzen verschiedener Fachgebiete und menschlicher Erfahrungsbereiche hinweg zusammengetragen – als Beitrag eines Journalisten und Historikers. Es handelt sich um einen Streifzug durch vielfältige Quellen, der keinen Anspruch auf Vollständigkeit erheben will. Über alle Zeiten hinweg haben sich Geisteswissenschaftler mit einzelnen Aspekten dieses Themas befasst. Eigentumsunterschiede waren Ausgangspunkt für Gesellschaftsordnungen. Habgier war das Motiv für die Eroberung der Welt durch die Europäer. Völkerkundler und Kriminalisten, Theologen, Literaten und die Welt der Wirtschaft haben sich mit der Erscheinung auseinandergesetzt.

Nach herkömmlicher Definition ist Eigentum die Zuordnung von Gegenständen zu natürlichen oder juristischen Personen – verbunden mit dem Recht der Benutzung, der Vererbung, der Veräußerung, der Verleihung, des Verbrauchs und sogar der Vernichtung. Eigentum unterscheidet sich vom Besitz dadurch, dass letzterer „nur“ mit der praktischen Verfügungsmacht verbunden ist. Diese juristische Unterscheidung mag in diesem Buch manchmal verschwimmen, denn auch die Quellen sind häufig unpräzise.

Dieses Buch richtet sich nicht gegen Eigentum und Besitz. Diese sind Grundrechte – und wichtige Faktoren für die Entwicklung menschlicher Gesellschaft. Der amerikanische Rechtswissenschaftler Richard Posner entwarf 1973 das folgende Szenarium: „Man stelle sich eine Gesellschaft vor, in der alle Eigentumsrechte abgeschafft wurden. Ein Bauer pflanzt Getreide, düngt es und errichtet Vogelscheuchen, aber wenn das Getreide reif ist, erntet und verkauft es der Nachbar. Der Bauer hat kein rechtliches Mittel gegen das Verhalten des Nachbarn, da er weder [das Land] besitzt, auf dem er aussäte, noch das Getreide. Nach einigen Vorfällen dieser Art wird der Ackerbau aufhören und die Gesellschaft wird auf Methoden der Subsistenzwirtschaft (wie die Jagd) übergehen, die mit geringeren vorbereitenden Investitionen verbunden sind."

Ähnlich der amerikanische Rechtsphilosoph Stephen R. Munzer: Es wäre unwahrscheinlich, so seine These, dass es in einer besitzlosen Menschheit Autos und Fabriken gäbe – weil niemand die Früchte der damit verbundenen Arbeit ernten könnte. Menschliche Beziehungen sind aus seiner Sicht in erster Linie ökonomische Arrangements, die sich durch Besitz regeln – allerdings können diese Arrangements, wie der Blick quer durch die Geschichte zeigt, unterschiedlicher Art sein. Es bleibt aber ein Muster. Es verbindet sich, leider, immer wieder mit Gewalt.

Ererbt, erarbeitet, geraubt?

Der Brocken wog 66 Pfund und fiel einfach vom Himmel. Man schrieb den 2. Mai 1890, als ein Meteorit über dem Nordwesten des US-Staates Iowa niederging und sich eines der Trümmer in den Boden bohrte. Peter Hoagland hatte das Schauspiel zufällig beobachtet. Er packte seinen Spaten, grub das schwärzliche Gestein aus und verkaufte es für 105 Dollar an Mr. Winchell. Doch der Käufer bekam Ärger mit John Goddard – dem Besitzer der Wiese, auf die der Meteorit gefallen war. Goddard wollte das Gestein ebenfalls haben und klagte gegen Winchell auf Rückgabe. Der Fall bereitete den amerikanischen Rechtsexperten etliche Kopfschmerzen. Zwei Jahre später entschied der Oberste Gerichtshof von Iowa abschließend: Mit dem Niederfall war das Gestein zu einem Teil der Wiese geworden. Der Wiesenbesitzer Goddard sollte es bekommen.

Wo kommt Eigentum her, das wir haben wollen? Vom Himmel fällt es, wie im beschriebenen Fall, selten. Der Philosoph Arthur Schopenhauer griff allerdings zu kurz, als er schrieb: „Unser Eigentum ist geerbt, erheiratet, in der Lotterie gewonnen oder wenn auch das nicht, doch nicht durch eigentliche Arbeit im Schweiße des Angesichts, sondern durch kluge Gedanken und Einfälle erworben."

Nach dem Wortstamm verbindet sich der Besitz mit sitzen und Privateigentum mit dem lateinischen Wort privare, das nichts anderes bedeutet als rauben. Seit der Zeit der alten Römer bis weit in die Neuzeit hinein verwendete man die Begriffe „proprietas" oder „dominum". Im 16. Jahrhundert assoziierten Rechtshistoriker mit

Eigentum eine „potestas“ oder „facultas“. Manchmal war die Rede von einem „ius utendi et abutendi“ – das sollte zum Ausdruck bringen, wozu Eigentum gut sei: Nämlich dass ein Nutzen daraus entstehe. Für Alexander Mitscherlich verknüpfen die Menschen mit dem Begriff des Eigentums die Erwartung, dass es „potent“ sei, sich „auszuzeugen“ – dass es sich vermehren möge. Viele Menschen haben aber die Furcht, es zu verlieren. Eine ganze Wirtschaftsbranche bezieht daraus ihr Geschäft: Die Versicherungen. 1601 wurde in London zum ersten Mal eine Versicherungskammer gesetzlich verankert. Das Risiko von Schiffsverlusten wurde damals von einem Eigentümer auf mehrere Versicherungsnehmer verteilt.

Wegen des Wunsches der Verteidigung und des Wunsches nach Vermehrung dieses „potenten“ Eigentums wurde die Menschheitsgeschichte zugleich zu einer Geschichte der Gewalt. Habgier wurde quer durch die Geschichte immer wieder zum Auslöser von Aggressionen.

Die andere Seite der Medaille ist der Neid. Der Darstellung des griechischen Philosophen Aristoteles ist nichts hinzuzufügen: „Habgier bedeutet, dass ein Mensch nach etwas trachtet, das er nicht besitzt. Neid hingegen bedeutet, dass er sich über das ärgert, was ein anderer besitzt.“ Neid kann letztlich ebenso wie Habgier zur Erklärung von Gewalt herangezogen werden.

Wenn wir etwas haben und dann behalten wollen, so kann sich dieser Wunsch auf tote Materie (bewegliche oder unbewegliche) ebenso wie auf die Verfügungsgewalt über Menschen beziehen. Im gesellschaftlichen Normensystem kommt dem erlangten Eigentum eine wichtige Rolle zu. Nach Meinung von Alexander Mitscherlich haben allerdings viele Menschen verlernt, zwischen wertvollem und wertlosem Eigentum zu unterscheiden. Was so wertvoll erscheint, dass wir es unbedingt haben wollen, bleibt dem subjektiven Empfinden überlassen.

Der sozialdemokratische Politiker August Bebel stellte fest: „Der Mensch beherrscht nicht das Eigentum, sondern das Eigentum beherrscht ihn und macht sich zu seinem Herrn." Vielleicht aber ist Eigentum, wie der Philosoph Manfred Brocker glaubt, nur ein „soziales Artefakt, das von einer Gesellschaft entworfen und ausgestaltet werden kann, wie es nach ihrer Überzeugung den von ihr als besonders relevant erachteten Zielen und Zwecken am besten dient."

Oder ist das Streben nach Eigentum und seiner Vermehrung, damit die Habgier, gar ein menschliches Grundbedürfnis, im genetischen Code unserer DNA vorgegeben und damit Kennzeichen des Menschseins überhaupt – so wie der aufrechte Gang? Ist es, wie andere Autoren schreiben, ein „banal-archaischer Trieb des Menschen", haben zu wollen, was Mitmenschen gehört? Es gibt Forscher, die das behaupten. Das wäre eine einfache Erklärung. Auf jeden Fall ist Gier ein universelles Phänomen menschlichen Verhaltens.

Manche Völkerkundler glauben, dass die ersten Menschen sich beim Gehen auf zwei Gliedmaßen beschränkten, um so mit den anderen beiden besser sammeln zu können. Die amerikanische Anthropologin Helen Fisher ist überzeugt, dass die Gattung Mensch mit Gehen, Sammeln und Tragen „eine ökologische Nische in der Savanne" fand. Psychologen stellten fest, dass Kleinkinder schon nach einem halben Jahr Symptome eines „Besitzverlangens" zeigen. Babys fangen zu schreien an, wenn man ihnen ihr Spielzeug wegnimmt, das sie behalten wollen – und lassen dabei oft erste Anzeichen von Aggression erkennen. Dinge zu besitzen, bedeutet für sie, zum Spielzeug eine ähnliche Bindung herzustellen wie zu Personen (zur Mutter, zum Vater).

In der christlichen Schöpfungsgeschichte steht die Habgier ganz am Anfang menschlicher Existenz: Eva wollte unbedingt eine

Frucht vom verbotenen Baum in der Mitte des Gartens Eden haben. Das war nicht gut. Das Böse schien in die Schöpfung gekommen zu sein – so die Schlussfolgerung der Verfechter patriarchalischen Denkens. Zur Zeit der Hexenverbrennungen erreichte dies den Höhepunkt.

Oft wird Gegenständen, die man hat, Zuwendung entgegengebracht. „Liebt" der Bürger, der jeden Sonntagvormittag *sein* Auto poliert, dieses vielleicht mehr als *seine* Frau, die für ihn nach 20 Jahren Ehe ihren Glanz verloren hat? Manche Bürger werden schnell aggressiv, wenn jemand ihrem Wagen einen Kratzer zufügt. Psychologen argumentieren mit dem Identitätsbegriff. Nach dem Muster: Ich bin, was ich habe. Marketingfirmen haben die Idee mit Werbeslogans geschickt aufgegriffen. Der Run auf Produkte bestimmter Herstellermarken – egal, ob bei Autos oder Kleidungsstücken – erklärt sich aus dem Wunsch, zu einer bestimmten sozialen Gruppe dazu zu gehören.

Für den englischen Philosophen Jeremy Bentham ist die Beziehung zwischen dem Menschen und seinem Eigentum „metaphysisch", nur ein geistiges Konzept. 1864 schrieb er: „Eigentum ist nichts als eine Basis für Erwartungen; die Erwartung, bestimmte Vorteile von einem Gegenstand zu haben, von dem wir sagen, dass wir ihn besitzen – als Folge der Beziehung, die wir zu ihm haben." John Maynard Keynes betonte die „Krankhaftigkeit" der Liebe zu Geld: „Die Liebe zu Geld als Besitz – anders als die Liebe zu Geld als Mittel zur Erfüllung persönlicher Wünsche und Bedürfnisse – wird als das erkannt, was sie eigentlich ist. Nämlich eine irgendwie ekelerregende Krankhaftigkeit, eine dieser halbkriminellen, halbkrankhaften Veranlagungen, die man nur mit Schauer an die Spezialisten für Geisteskrankheiten weiterreicht."

Der römische Philosoph Seneca stellte einen Bezug zu „Irrwahn" her: „Wenig verlangt die Natur, der Wahn Unangemessenes. Man häufe auf dich, was viele Begüterte zusammen besaßen: Das Glück erhebe dich über das Maß des Vermögens eines Privatmannes, es bedecke dich mit Gold und bekleide dich mit Purpur, es führe dich zu einer solchen Fülle von Herrlichkeiten und Schätzen, dass du die Erde bedeckst mit deinen Marmorgebäuden, und es sei dir vergönnt, nicht bloß Reichtümer zu besitzen, sondern darauf zu treten. Es mögen dazu Bildsäulen und Gemälde kommen und was sonst noch die Kunst für die Üppigkeit mühevoll bereitet hat – und du wirst von diesem allen nur lernen, noch Größeres zu begehren. Natürliche Bedürfnisse sind begrenzt; was aus dem Irrwahn entspringt, hat kein Ziel, wo es ende."

Der amerikanische Ethnologe Lewis Henry Morgan (1818-1881) stellte einen Zusammenhang zwischen Reichtum und Zivilisation her: „Seit dem Eintritt der Zivilisation ist das Wachstum des Reichtums so ungeheuer geworden, seine Formen so verschiedenartig, seine Anwendung so umfassend und seine Verwaltung so geschickt im Interesse der Eigentümer, dass dieser Reichtum, dem Volk gegenüber, eine nicht zu bewältigende Macht geworden ist." Etwas später, 1884, schrieb Friedrich Engels in seinem Werk über den *Ursprung der Familie, des Privateigentums und des Staates*: „Die platte Habgier war die treibende Seele der Zivilisation von ihrem ersten Tag bis heute, Reichtum und abermals Reichtum und zum dritten Mal Reichtum, Reichtum nicht der Gesellschaft, sondern eines einzelnen lumpigen Individuums, ihr einzig entscheidendes Ziel."

Bereits bei den alten Römern wurde Geld, wie Ernst Samhaber schrieb, „zum entscheidenden Schlüssel für den gesellschaftlichen Aufstieg." Ein Zensus ermöglichte den Zugang zum Senat. Wer ein Vermögen von 250.000 Denaren angehäuft hatte, durfte ihm angehören. Eigentum hat, zumindest in der abendländischen Zivilisation, stets Kategorien wie „reich" und „arm" definiert – wobei, wie John Kenneth Galbraith schrieb, Armut in manchen Gesellschaften nur eine Minderheit betrifft, in anderen dagegen alle Bürger mit Ausnahme einer Minderheit bedrückt. Eigentum ist ein Ordnungsfaktor für Beziehungen zwischen den Menschen. Solches zu haben und zu vermehren, ist deshalb ein logischer Wunsch.

Mit Eigentum und Besitz war stets Macht gekoppelt. Sehr früh erlangte der Mensch die Macht über das Feuer – er nahm es quasi in seinen Besitz, indem er es bändigte und unter seine Kontrolle brachte. Der Mensch domestizierte Tiere (Pferde und Kamele) und erlangte über sie die Verfügungsgewalt. Auch bei der Inbesitznahme von Land und des Bodens half ihm die Kontrolle über das Feuer – es ermöglichte gezielte Brandrodung. Das Feuer war stets etwas Kostbares: Es gab Wärme, Licht und Energie zur Zubereitung von Speisen.

Überhaupt: Das Land. Weitere, möglichst bessere Siedlungs- oder Weidegebiete zu haben, trieb die Menschen seit Urzeiten zu Wanderungen an. Die Liste der Beispiele ist lang. In Europa drängte es im Hochmittelalter deutsche Siedler nach Osten. In Nordamerika zogen die Einwanderer in langen Trecks nach Westen. In Südamerika brennen Großgrundbesitzer Urwald, den Lebensraum von indigenen Stämmen, nieder. Im palästinensischen Westjordanland breiten sich Ortschaften jüdischer Siedler aus. Die Beispiele zeigen: Die Gier nach Land führte in der Geschichte immer wieder zur Verdrängung einheimischer Bewohner.

Schließlich nahm die Menschheit als Kollektiv die Möglichkeiten der Naturgesetze in ihren Besitz, wie die Geschichte der Erfindungen aus der Physik, Chemie, Medizin und Astronomie zeigt. Das Streben nach Inbesitznahme der Natur verleitete den Menschen am Ende sogar dazu, in den Weltraum vorzustoßen – begleitet von (astronomisch) hohen Geldausgaben, die anderen sozialpolitischen Aufgaben nicht mehr zur Verfügung stehen.

Die Entdeckung der Elektrizität im 18. Jahrhundert ist ein Beispiel für die Vereinnahmung von Naturgesetzen. Vorher beschworen Generationen von Mönchen und Priestern die göttliche Kraft des Blitzes. Nun war diese Kraft erklärbar und steuerbar, das heißt nutzbar. Theologen stritten anfangs ernsthaft darüber, ob der Blitzableiter ein Frevel sei. Die Nutzungsmöglichkeit von Elektrizität definierte soziale Unterschiede auf neue Weise. 1917 hatte erst ein Viertel der amerikanischen Haushalte einen elektrischen Anschluss, 1930 waren es 80 Prozent. Das Bügeleisen war das erste elektrisch betriebene Gerät, das allgemein Verbreitung fand. Alle waren begierig, eines zu haben. In den USA waren um 1930 tatsächlich Bügeleisen und Staubsauger in den Haushalten fast aller Schichten zu finden; Kühlschrank, Waschmaschine und Toaster blieben wohlhabenderen Kreisen vorbehalten.

Adam Smith stellte fest: „Die meisten Menschen sehen in der Vergrößerung ihres Vermögens einen Weg, um ihr Los zu verbessern, einen Weg, weithin beliebt und auch leicht zu beschreiten." Und „ganz sicher" könne „keine Nation blühen und gedeihen, deren Bevölkerung weithin in Armut und Elend lebt." Der amerikanische Sozialwissenschaftler Thorstein Veblen befasste sich in seiner 1899 erschienenen *Theorie der feinen Leute* mit Eigentum und Muße als Elementen der gesellschaftlichen Ordnung. In erster Linie sei es der Reichtum, „auf dem normalerweise der untadelige Ruf und die gesellschaftliche Stellung beruhen", schreibt Veblen, und: „Besitz wird notwendig für eine angesehene Stellung in der Gesellschaft." Daraus entstehen Zwänge: In jeder Gesellschaft, die das Privateigentum kennt, muss der Einzelne im Interesse seines inneren Friedens mindestens ebenso viel besitzen wie jene, mit denen er sich auf derselben Stufe sehen möchte. Es ist außerordentlich wohltuend, sogar etwas mehr zu haben als die anderen – sagt Thorstein Veblen.

War ein Kühlschrank ein solches „Mehr“, war es Luxus? Mit dem Phänomen des Luxus befasste sich Diderot in der Mitte des 18. Jahrhunderts. Er verband, sehr naiv, Luxus mit Glück: „Da der Luxus ein Glück ist und von sich aus kein Unglück anrichtet, so darf man weder als Philosoph noch als Herrscher den Luxus als solchen angreifen.“ Immerhin schränkte Diderot ein: „Der Luxus und die Leidenschaften, die zum Luxus führen, müssen dem Geist der Gemeinschaft und dem Wohl der Gemeinschaft untergeordnet sein.“ Werner Sombart versuchte Anfang des 20. Jahrhunderts nachzuweisen, dass der Luxus den Kapitalismus „zeugte.“ Treffend meinte er 1922 außerdem: „Ist aber erst einmal zu irgendeiner Zeit Luxus da, so werden nun auch zahlreiche andere Motive rege, die auf eine Steigerung hindrängen: Ehrgeiz, Prunksucht, Protzerei, Machttrieb, mit einem Wort: der Trieb, es dem anderen zuvorzutun, stellen sich als wichtige Beweggründe ein.“ Ein altes chinesisches Sprichwort sagt: „Ein Reicher wird geachtet, ein Zerlumpter von Hunden gebissen.“

Der Besitz von Gegenständen und Luxus, den sich andere nicht leisten können, sowie sozialer Status bedingen sich gegenseitig, so wie Henne und Ei. Um ein Beispiel aus der modernen Welt zu gebrauchen: Von einem erfolgreichen Unternehmer oder Manager wird erwartet, dass er das neuste Modell von Mercedes-Benz, BMW oder Audi fährt. Dem Fahrer eines solchen Fahrzeugs wird unterstellt, dass er zur Spitzengruppe der beruflich Erfolgreichen zählt. Der Zusammenhang verführt viele Bürger dazu, sich ein solches Fahrzeug anzuschaffen, selbst wenn sie es sich nicht wirklich leisten können. In der Werbung als günstig gepriesene Auto- und andere Anschaffungskredite wirken dann wie ein Dopingmittel, um beim sozialen Image nach vorne zu gelangen.

Verräterisch ist die Sprache: „Das ist *mein* Haus und *mein* Auto", sagt man; aber auch: „Darf ich Ihnen *meine* Frau vorstellen?" Eigentum bezieht sich tatsächlich nicht nur auf Gegenstände, sondern auch auf Menschen. Vor allem Frauen sind seit alters her Objekt des Besitzanspruchs von Männern – und Gegenstand gewaltsamer Besitznahme. Schon die Sagen des klassischen Altertums liefern dafür Beispiele. Der alternde Theseus und der junge Pirithoos sind zwei solcher antiker „Helden", die auf Frauenraub auszogen. Die schöne Helena fiel dabei dem Theseus in die Hände. Der Wunsch nach Sklaven und Untertanen feudaler Herrschaft prägte ganze Epochen der Geschichte.

Manche Menschen essen gierig. Und es heißt auch: „Es ist *mein* Recht", „es war *meine* Idee." Körperlose Dinge wie Wissen und Informationen können zu einer Form von Eigentum werden. Wie „wertvoll" solche Dinge sein können, zeigte die Versteigerung der UMTS Mobilfunklizenzen, die dem deutschen Finanzminister Hans Eichel im Jahr 2000 zu über 100 Mrd. DM Sondereinnahmen verhalf. Zu erwähnen ist noch der Besitz von Rechten: Menschenrechten, das Recht auf Freiheit und Gleichheit, auf Leben und auf Hilfe im Sozialstaat. Rund 2500 Organisationen auf der Welt beschäftigen sich mit Menschenrechten. Dabei geraten Rechte schnell ins Fadenkreuz politischer Kontroversen und Ideologien.

Neu geordnet wurden die Eigentums- und Machtverhältnisse durch das Wirtschaftssystem des Kapitalismus. Er bot denjenigen, die über das Kapital verfügten, ein Instrument, um Habgier zu befriedigen. Die Arbeiterbewegung setzte mit ihren Erfolgen dagegen. Lenins These vom Imperialismus als höchster Stufe des Kapitalismus wies nicht weit über seine Zeit hinaus. Im Zeitalter der Globalisierung und der „Heuschrecken" sind die Karten noch einmal neu gemischt – und stellen die Frage nach neuen Widerstandsformen.

Eine Ursache von Eigentumsminderung wird in diesem Buch weitgehend ausgeklammert: Die Besteuerung. Thomas von Aquin sprach von ihr als (erlaubtem) Raub. Doch seit der Tyrannis der alten Griechen ist klar: Die Abgabe eines Teils des Bürgerbesitzes ist Voraussetzung für staatliche Organisation – für den Bau von Tempeln, Straßen und Stadtmauern, aber auch für Kriegszüge, im modernen Staat von Wohlfahrtseinrichtungen und Infrastruktursystemen. Viel Fantasie entwickelten die Regierenden auf der Welt, wie sie durch Steuern ihren Untertanen einen Teil ihres Besitzes aus den Taschen ziehen konnten. Die alten Römer ließen bereits Beamte, die Censores, auf das Volk los, das eine Erklärung – eine professio – über seine Vermögensverhältnisse abzugeben hatte. Aus dem Byzantinischen Reich des 7. Jahrhunderts sind 21 verschiedene Steuern überliefert. Der Zehnte war die verbreitetste Abgabe. Schon im dritten Buch Mose wurde er genannt und mancherorts noch im letzten Jahrhundert erhoben.

Es gab den Saladinszehnten zur Unterstützung der Kreuzfahrer, die Torgelder beim Passieren von Stadtmauern, den Leibpfennig bei Todesfällen und den Bierpfennig, den Waldzins und die Rodungstaxe, Junggesellen- und Hundesteuer, in Russland gar eine Bartsteuer und bis ins 19. Jahrhundert in Frankreich und England die Fenstersteuer, in Preußen eine Kaffeesteuer oder zuvor die Mordsteuer, wenn im Gebiet eines Landvogts ein Mord nicht innerhalb eines halben Jahres aufgeklärt war. Manche Untertanen wurden besonders diskriminiert: Juden an vorderster Stelle – „in besonderer Weise gehören sie uns mit allen Personen und ihrer ganzen Habe", bestimmte beispielsweise 1286 Rudolf von Habsburg.

Bezeichnenderweise wurden indirekte landesherrliche Abgaben seit dem 12. Jahrhundert auch „Ungeld" genannt. In Sachsen wurde 1470 vom Landtag in Dresden ein solches „Ungeld" bewilligt. Fünf

Groschen vom Verkauf eines jeden Fasses Wein, Bier und Met flossen auf diese Weise in die fürstlichen Kassen.

Die Liste der Fragen ist endlos. Wem gehört zum Beispiel die Luft? Staaten reklamieren sie als Hoheitsbestandteil, sie genehmigen oder verwehren Überflugrechte und regeln Frequenzvergaben für Rundfunk, Fernsehen und Mobilfunk. Der Arbeiter-Radio-Clubs in Deutschland sah das einst anders. In einer Mitteilung vom Juni 1925 ist nachzulesen: „Wem gehört die Luft? Die Luft hat nur einen Gebrauchswert für dich, durch den Rundfunk wird dieselbe zur Ware, wird zum Transportmittel. Wer darf nun den Äther als Transportmittel benutzen? Der Äther ist Allgemeingut aller Menschen, Gemeingut aller Staaten. Es wird an der Zeit, dass die Arbeiter aller Länder sich auch um die Luft zum Senden kümmern, sonst wird jedem Arbeitersender die Luft abgeschnitten!“

Teil 1

Ein Streifzug durch die Geschichte

Blutiger Claim – Menschheit im Goldrausch

Keiner hatte John Enright bemerkt, als er den Saloon betrat. Doch schnell zog er alle Aufmerksamkeit auf sich. „Wo steckt dieser Hurensohn?", brüllte Enright quer durch den Raum. Er war offensichtlich betrunken. Dann sah er James Harrington, den Gesuchten. Lässig lehnte jener am Tresen. John Enright fackelte nicht lange und feuerte seinen Revolver auf Harrington ab. Aber der Kontrahent war schneller und zielte besser: er schoss John Enright die erste Kugel durch die Brust, die zweite traf ihn in die Schulter. Stöhnend fiel Enright zu Boden. Er war tot. Harrington blies den Pulverrauch von der Mündung seiner Waffe und meinte seelenruhig: „Das ist also erledigt."

Die Szene liest sich wie der Abklatsch eines schlechten Wildwestfilms. Doch das Drehbuch schrieb die Wirklichkeit. Festgehalten wurde der Vorfall in der Zeitung *Bodie Standard* in der Ausgabe vom September 1878. Enright und Harrington stritten um einen Goldminen-Claim, den beide haben wollten. Ein Richter befand am folgenden Tag Harringtons Todesschuss für rechtens und rechtfertigte die Gewalt. Insgesamt sind sechs Streitigkeiten mit blutigem Ausgang in Bodie zwischen 1877 und 1883 belegt. 50 Mal kam es in jenen sieben Jahren in der kalifornischen Stadt an der Grenze zu Nevada zu Schießereien.

Bodie war die letzte der großen Goldgräberstädte im amerikanischen Westen. 1877 hatte dort der Goldrausch begonnen. Im Mai 1878 schrieb der *Bodie Standard*: „Noch vor wenigen Monaten war Bodie ein unbedeutendes Nest. Jetzt nimmt es rasch an Größe und

Bedeutung zu, und die Menschen strömen von nah und fern herbei. Warum? Wegen reichen Funden von Gold, gelb glitzerndem, wertvollem Gold – die Stärke des Mannes, und seine Schwäche. Sein Segen und sein Fluch. Sein Glück und sein Unglück. Sein Trost und sein Leiden. Seines Glückes Schmied und Fehdehandschuh. Sein Seelenfrieden und sein Gefängnis, und seine Befreiung. Des Reichen Stärke, des Armen Schwäche." Rund 10.000 Einwohner hatte der Ort auf dem Höhepunkt um 1880. Mit rund 50 Saloons konnte er die Kneipendichte mit jeder anderen Stadt auf der Welt aufnehmen.

In nur sechs Jahren entrissen gierige Männer der Erde Gold und Silber im Wert von 15 Millionen Dollar. Ihren Fußstapfen folgten Räuber, Diebe und Prostituierte. Decken und Feuerholz wurden am häufigsten gestohlen – sie waren rar, aber im Winter wichtig zum Überleben. Schießereien und Überfälle auf die Postkutschen, die Bodie mit der Außenwelt verbanden, gehörten ebenfalls zur Tagesordnung. Die Jagd nach Reichtum verband sich mit rücksichtslosem Draufgängertum, stellte der Chronist Roger D. McGrath fest. Acht Dollar Eintritt müssen Besucher heute bezahlen, um die Geisterstadt zu besichtigen.

Der Boom in Bodie verblasst im Vergleich mit dem Goldrausch, der sich wenige Jahre später mit dem Namen des Klondike River in Alaska verband. Throndiuck hieß der Fluss in der Sprache der Indianer. Hunderttausende Männer machten sich auf den Weg dorthin. 30.000 bis 40.000 erreichten die Stadt Dawson an der Einmündung des Klondike in den Yukon River. 4000 Männer fanden tatsächlich Gold. Einige hundert wurden wirklich vermögend.

Berichte von Gold in Alaska gab es lange bevor Amerika das Territorium 1869 von Russland kaufte. Danach brachen immer mehr gierige Goldsucher einzeln oder in kleinen Gruppen auf ins Gebiet des Yukon. Aber erst am 16. August 1896 machte George Washington Carmack, den die einen McCormick und die anderen

George den Lügner nannten, den großen Fund neben einem Camp, das er mit seinen indianischen Begleitern Skookum Jim und Tagish Charley eigentlich nur für eine Nacht an einem Zufluss des Klondike aufgeschlagen hatte. Da lag das Gold zwischen den Steinen des Flusses wie Käse im Sandwich, berichten Chronisten.

Die Nachricht verbreitete sich wie ein Buschfeuer. Das „Klondike-Fieber“ zog die amerikanische Nation in ihren Bann. Massen stürmten wie hysterisch nach Alaska. Matrosen desertierten in Scharen von Schiffen, die an der amerikanischen Westküste ankerten. In Chicago wie New York ließen Männer von einer Stunde auf die andere alles stehen und liegen, um zum Klondike River zu fahren. Sie kamen aus Norwegen wie aus Italien und aus Australien. Soziologen sprechen von einer der sonderbarsten Massenbewegungen in der Geschichte. Sie endete im Sommer 1899 so schlagartig, wie sie begann – als in Nome, am Ufer der Beringstraße, ein neuer Goldrausch ausbrach.

Gold – die Gier nach dem Edelmetall hat seit den Zeiten der Antike bis heute viele Kapitel der Geschichte geprägt und immer wieder Menschen wie verrückt gemacht. Der Wunsch nach Goldschätzen beflügelte die Römer zu ihren Eroberungszügen rund um das Mittelmeer, ebenso wie die spanischen Konquistadoren bei ihren gewaltsamen Eroberungszügen in der Neuen Welt Amerikas. Bei vielen Eroberern und Feldherren kam die Sucht nach Ruhm hinzu. Auch das hielten sie für erstrebenswert.

1542 berichtete der Dominikaner Bartolomé de Las Casas über Westindien: „Die sogenannten Christen, welche hier landeten, wählten zwei ganz untrügliche Mittel, diese bejammernswürdigen Nationen auszurotten, und sie gänzlich von der Oberfläche der Erde zu vertilgen. Fürs erste bekriegten sie dieselben auf die ungerechteste, grausamste, blutgierigste Art; und zweitens brachten sie alle diejenigen ums Leben, von denen sie fürchteten, dass sie nach Freiheit seufzen … Die einzige und wahre Grundursache, warum die Christen eine so ungeheure Menge schuldloser Menschen ermordeten und zugrunde richteten, war bloß diese, dass sie ihr Gold in ihre Gewalt zu bekommen suchten. Sie wünschen nämlich, in wenigen Tagen sich mit ihren Schätzen zu bereichern, und sodann sich ungleich höher empor zu schwingen, als ihr Stand und ihre Verhältnisse es erlaubten."

Der Ruf des Goldes lockte viele Menschen auch ins weite Hinterland von Brasilien und sorgte dort für Besiedlung. 1711 schilderte der Jesuit André João Antonil seine Eindrücke: „Die unersättliche Gier nach Gold bewog so viele, ihre Heimat zu verlassen und sich auf so unwegsame Pfade wie die im Minengebiet zu begeben, dass man nur schwer die Anzahl derer angeben kann, die sich gegenwärtig dort aufhalten. Indessen sagen diejenigen, die während der letzten Jahre lange Zeit dort waren und die ganze Gegend bereist haben, dass mehr als 30.000 Menschen dort arbeiten: Die einen graben in den goldführenden Flüssen, die anderen lassen graben; wieder andere treiben Handel, kaufen und verkaufen nicht nur Lebensnotwendiges, sondern auch Überflüssiges in größerem Umfang als in den Seehäfen. Jedes Jahr kommen mit den Flotten eine Menge Portugiesen und Ausländer, um nach Minas zu ziehen. Aus großen und kleinen Städten, von der Küste und aus dem Hinterland Brasiliens kommen Weiße, Mulatten und Schwarze sowie viele Indios, derer sich die Paulistas bedienen. Es ist ein Mischmasch aller Arten von Menschen: Männer und Frauen, Junge und Alte, Arme und Reiche, Adlige und gemeines Volk, Weltliche und Geistliche, von denen viele in Brasilien weder Kloster noch Haus besitzen."

In der *Oeconomischen Encyklopädie* des Johann Georg Krünitz von 1788 heißt es zusammenfassend: „Europa wird jährlich reicher. Seit Erfindung der neuen Welt, das ist seit beinahe drei Jahrhunderten, werden jährlich ganze Schiffsladungen von Gold und Silber aus Amerika hinein geschleppt. Wenn man einen Überschlag macht, wie hoch diese eingeführten Summen sich wohl belaufen mögen, so kommt eine erstaunenswürdige Last Gold heraus. Es ist noch viel zu wenig gesagt, dass das spanische Westindien, schon auf 7000 Millionen Stück von Achten, das ist Spanischen Rthlr nach Europa geliefert. Und dieses ist nicht die einzige Quelle des europäischen Reichtums. Man hat andere goldreiche Länder aufgespürt, und sucht durch den Handel in allen Winkeln der Welt etwas zu gewinnen."

Schon im Alten Testament wird Gold erwähnt. Im ersten Buch Mose heißt es im 2. Kapitel: „Und es ging aus von Eden ein Strom, zu wässern den Garten, und teilte sich daselbst in vier Hauptwasser. Das erste heißt Pison, das fließt um das ganze Land Hevila, und daselbst findet man Gold. Und das Gold des Landes ist köstlich …" Einen ganzen Zentner „feinen Goldes" gebot Gott dem Mose für die Herstellung der heiligen Bundeslade zu verwenden – um damit die Lade selbst innen und außen zu überziehen, für Stangen, Cherubine, Tisch, Leuchter und anderes Gerät. Nicht zu vergessen ist die Geschichte vom Goldenen Kalb: Götter wollte das Volk haben, die vor ihnen hergehen sollten; also rissen sie all' ihre goldenen Ohrringe ab, brachten sie zu Aaron, der daraus das besagte Kalb goss. Mose war nach den Texten des Alten Testaments der erste, der zu Gewalt aufrief.

Unter dem König Salomo brachen Schiffe zu einem sagenhaften Land Ophir auf, um von dort Gold zu holen. Das Land konnte bis heute nicht eindeutig identifiziert werden. Manche Forscher halten es für eine allgemeine Bezeichnung von Afrika, und unterstellen den Zeitgenossen König Salomos sogar die Fähigkeit, vom Roten Meer aus den afrikanischen Kontinent über das heutige Kap der Guten Hoffnung umsegelt zu haben und bis nach Westafrika gelangt zu sein. Der römische Autor Plinius berichtet, das arabische Volk der

Sabäer sei wegen seiner Goldminen unbeschreiblich reich. Berühmt waren in der Antike außerdem die Goldadern der Gegend von Attika. Typisch für die Gier des Menschen nach Gold ist die Sage vom Phryger-König Midas: Beim Gott Bacchus bat er sich die Gnade aus, alles was er anrühren würde, in Gold zu verwandeln. Bacchus war boshaft genug, die Bitte zu erfüllen: Und weil ihm auf diese Weise auch alle Speise im Mund zu Gold wurde, so wäre er an seiner Gier gestorben, wenn Bacchus ihn nicht wieder von seiner „Gabe" befreit hätte.

Jahrhunderte lang brachen Abenteurer, Entdecker und Eroberer von Europa auf, um das sagenhafte Goldland Eldorado zu finden. Irgendwo im Inneren des nördlichen Südamerika sollte es liegen, hieß es in den Berichten früher spanischer Chronisten aus der Neuen Welt. Doch die Suche war vergeblich – Eldorado wurde zum Synonym für Ziele, die Reichtum versprachen. Die Segelfahrten zur Küste Westafrikas versprachen ebenfalls Goldschätze. Als die Portugiesen hier 1471 landeten und Gold als Handelsware vorfanden, nannten sie eines der Gebiete Goldküste. Dem ersten Fort gaben sie den Namen Elmina – die (Gold-)Mine. Ab der Mitte des 17. Jahrhunderts versprach der Handel mit Sklaven zu den Plantagen auf der anderen Seite des Atlantiks die höheren Profite.

Auch in Mitteleuropa gab es Goldbergbau. In Bayern reicht die Zeit der Goldgewinnung bis zu den Kelten zurück. 1477 schloss Herzog Ludwig der Reiche über das Goldwaschen an der Isar mit einer eigens gegründeten Gesellschaft einen Vertrag ab. Zur Mitte des 18. Jahrhunderts gab es für den Inn noch 14 Goldwasch-Lizenzen. Alexander von Humboldt nannte 1792 in einer Schrift den „Gevattersgraben" nordwestlich der Stadt Hof, der „wegen seiner Gold- und Silberwäsche bekannt ist." Im Bayerischen Wald sind ebenfalls Abbaugruben bekannt. Allerdings waren die gewonnenen Mengen nie ausreichend genug, um im Bayerischen Wald einen Goldrausch wie im kalifornischen Bodie oder am Klondike River in Alaska auszulösen.

Die Hoffnung auf Goldfunde hat immer wieder Schatzsucher zu Abenteuern verleitet. Mit am bekanntesten ist sicherlich die Geschichte des Heinrich Schliemann – eines romantischen Träumers und rechnenden Kaufmanns, wie die Biografen den Ausgräber Trojas beschreiben. Geboren 1822 in Mecklenburg als Sohn eines protestantischen Predigers, der ständig über Geldnot klagte, träumte der junge Schliemann seit frühester Kindheit davon, Schätze auszugraben. Mit sieben Jahren beschloss er, Troja zu finden. Zuerst Laufbursche in einem holländischen Handelshaus, machte Schliemann als selbständiger Kaufmann mit Indigo, Baumwolle, Tee und – während des Krimkrieges – mit Kriegsmaterial rasch ein Millionenvermögen. Als wohlhabender Mann bereiste er die Welt, studierte Latein, Altgriechisch und Archäologie. Mit 46 Jahren brach er zu den Schauplätzen des Homer auf – und grub so viele Schätze des Altertums aus wie kein anderer vor ihm. Es waren 47 solcher Schätze. Den bedeutendsten mit 8830 Gegenständen aus Edelmetallen schrieb er dem sagenhaften König Priamos zu.

Die meisten Schatzfunde sind dem Zufall zu verdanken – zum Beispiel, als der Elektriker André Coucet 1965 in seinem Schweizer Heimatort Corcelles-près Payerne bei Grabungsarbeiten auf einen alten Krug stieß. Darin lagen 1118 alte Münzen. Die Prüfung ergab, dass der Schatz im Jahr 1034 während der Auseinandersetzung um die Herrschaftsnachfolge in Burgund eingegraben worden sein musste. Der Ort Corcelles war damals Quartierplatz eines Heeres gewesen. Wahrscheinlich handelte es sich bei dem Fund um die Kriegskasse. Viel Aufmerksamkeit weckte im Herbst 1996 die Entdeckung des Schatzes der Wettiner in der Nähe von Schloss Moritzburg in Sachsen – zumindest eines Teils des Schatzes. Er war nach dem Zweiten Weltkrieg vergraben worden, um es vor den heranrückenden sowjetischen Truppen zu schützen.

Fachleute schätzen, dass gegenwärtig in Deutschland etwa 200 Personen von der Suche nach alten Schätzen und dem Verkauf der Fundstücke leben. Zu dieser illegalen Szene zählen außerdem etwa 2000 Hobby-Archäologen, die mit Metallsonden und Klappspaten alten Schätzen nachjagen. Noch viel mehr treiben die Schatzräuber in den Ländern rund um das Mittelmeer ihr Unwesen – sie sind dort eine echte Bedrohung bei der Sicherung der Hinterlassenschaften alter Kulturen.

Schon in jenen frühen Hochkulturen sahen die Menschen in dem hell glitzernden Stoff ein Symbol des Göttlichen. Ihn zu besitzen, versprach magische Kräfte. So wurde Gold bereits in der europäischen Bronzezeit zu Kultgegenständen verarbeitet. Den 1953 in der Nähe des fränkischen Dorfs Ezelsdorf gemachten Fund eines 90 Zentimeter langen, hohlen „Goldkegels" ordnen Archäologen einem unbekannten Sonnenkult zu. Kunsthandwerker schufen seit dem ersten Drittel des 3. Jahrtausends vor Beginn unserer Zeitrechnung den Priestern in den Tempeln der Hochkulturen zwischen Euphrat und Tigris, in Ägypten und in der Ägäis eine Vielzahl von Kultgeräten aus Gold. Der Besitz von Gold spiegelte Macht. Goldene Kronen schmückten zu allen Zeiten die Köpfe der Herrscher. Und das Metall taucht bei allen Kulturen als wertvollste Beigabe in den Gräbern auf. Die goldenen Diademe, vergoldeten Schwerter, goldenen Truhen und anderen reichhaltigen Ornamente im Grab des Königs Philipp II. von Makedonien in der heutigen Ortschaft Vergina nahe Thessaloniki zeugen – um nur ein Beispiel zu nennen – von der hohen Kunstfertigkeit der goldverarbeitenden Handwerkerschaft.

Die griechische Mythologie beschwor die Kraft des Goldes – zum Beispiel in der Geschichte vom Raub des Goldenen Vlieses.

Das war das goldene Fell eines geflügelten Widders, den einst der Gott Hermes der Nephele geschenkt hatte. Auf ihm konnten die Kinder Nepheles vor der bösen Stiefmutter Ino durch die Lüfte fliehen. Damit galt dieses Fell nicht nur wegen seines materiellen Wertes, sondern vor allem wegen seiner übernatürlichen Eigenschaften als großer Schatz. Im Mittelpunkt der Raubgeschichte stehen die Argonauten als berühmteste Helden ihrer Zeit mit Iason an der Spitze, und Medea, Tochter des Königs Äetes von Kolchis, dem das Vlies gehört. Es war nur der Mithilfe Medeas und ihrer Zaubermittel zu verdanken, dass die Argonauten in den Besitz des Goldenen Vlieses gelangten. Während Medea den feuerspuckenden und schlaflosen Drachen, der das Vlies bewachte, also mit einem Zaubertrank besprühte und damit betäubte, konnte Iason das Beutestück an sich nehmen. Die Helden hatten damit den Auftrag erfüllt, den sie von König Pelias übernommen hatten.

Alchimisten aus vielen Ländern bemühten sich um die Herstellung von künstlichem Gold. Noch 1788 bekannte Krünitz in seiner *Oeconomischen Encyklopädie*: „Da ich das Goldmachen überhaupt für möglich halte, und es unter diejenigen Sachen, deren ein menschlicher Verstand noch wohl fähig sein kann, rechne – so kann ich es auch nicht für unmöglich halten, dass es jemals Goldmacher gegeben hat." Doch die Quellen sind voll von Skandalen, in denen „Goldmacher" als Betrüger entlarvt wurden. Fürsten nahmen in ihrem Streben nach Reichtum gern Goldmacher in ihren Dienst. Das Goldmachergässchen auf dem Prager Hradschin zeugt von der Hoffnung der Kaiserin Barbara, Witwe des Kaisers Sigismund, mit Hilfe dieser Zunft ihre chronische Geldknappheit beheben zu können.

Mittelalterliche Alchimisten setzten auf die Existenz eines Wunderstoffs mit dem Namen Magisterium, der als Katalysator die Umwandlung von anderen Metallen in Gold ermöglichen würde. Das

Vorhandensein dieses Stoffs erwähnte der arabische Gelehrte Geber in seinen Schriften aus der Zeit um das Jahr 800. Später sprach man von „Panazee des Lebens“ oder dem „Roten Löwen“. Der Alchimist Raimundus Lullus (1235-1316) meinte großspurig: „Und wäre das Meer aus Quecksilber – mit dem Panazee des Lebens würde ich es in Gold verwandeln.“ Lullus musste für seine Ankündigung teuer bezahlen: König Eduard II. sperrte ihn, begierig auf die Erfolge von Lullus' Arbeit, in den Tower, damit er für ihn Gold herstelle. Ein ähnliches Los traf auch andere Alchimisten. Immerhin stießen die Alchimisten auf eine Art von Goldader: Mehr oder weniger aus Versehen stieß J. F. Böttger 1708/09 bei den Versuchen, im Auftrag Augusts des Starken Gold zu fertigen, auf das chemische Geheimnis, Hartporzellan herzustellen, das dem chinesischen kaum nachstand. Das war in der Tat, wirtschaftlich gesehen, fast so viel wert wie Gold.

Von der Unterstellung magischer Kräfte war es nicht weit zum Glauben an die Heilkräfte des Goldes. Natürlich wollte man solche Kräfte haben. Goldelixire und Goldtinkturen waren die teuersten Mittel, die was mittelalterliche Apotheker anzubieten hatten. Paracelsus (1493-1541) pries Gold als ein Mittel gegen Infektionskrankheiten, eitrige Wunden und Lepra. Das war nicht neu, denn zuvor hatten persische und arabische Ärzte bereits Gold als Herzstärkungsmittel verordnet, und ihre Kollegen in China bei der Herstellung von Präparaten zur Lebensverlängerung verwendet. Es muss tatsächlich etwas Wahres dran sein an der heilenden Wirkung: Auch die moderne Pharmaindustrie setzt bei der Behandlung von Rheuma-Erkrankungen auf Goldpräparate, die intramuskulär angewandt werden. In der fränkischen Stadt Schwabach, die seit dem Spätmittelalter als Zentrum der Blattgold-Schläger berühmt war, schwören die Erben dieses Gewerbes ebenfalls auf eine heilende Wirkung, wenn man Blattgold auf Wunden legt.

Den Wert von Gegenständen durch Vergolden zu vergrößern und damit ihren Besitz wertvoller zu machen, hat seit der Antike etliche Fertigkeiten hervorgebracht. Vergoldet wurden Schmuckstücke ebenso wie Buchrücken. 1765 erfand der Brite Hooke einen Kitt, um selbst lebende Fische mit Goldblättern zu verschönern: Man nehme burgundischen Pech, gepulverten Bernstein, Leinöl, Terpentinöl und gestoßenen Bimsstein, wische den Fisch trocken, streiche die Mixtur auf, drücke die Goldplättchen an, und schon kann der Fisch in neuer, goldener Pracht wieder ins Wasser gelassen werden.

Goldmedaillen werden noch heute zu Jubiläen von Firmen oder Organisationen oder als Preis für die Sieger sportlicher Wettkämpfe vergeben. Mit den Goldmedaillen der Deutschen Landwirtschafts-Gesellschaft (DLG) werben landauf, landab Metzger, Molkereien und andere Lebensmittel- wie Getränkehersteller. Das Prädikat, es ist im Wettbewerb um die Gunst der Verbraucher sprichwörtlich „Gold wert". In der Gegenwart ist Gold weiterhin eine wichtige Form der Geldanlage – trotz heftiger Preisschwankungen. 2018 lag das Maximum um fast 11 Prozent höher als das Minimum. 2013 waren es sogar 48 Prozent gewesen.

Die vorhandene Weltgoldmenge wird auf 100.000 Tonnen geschätzt. 80 Prozent davon wurden erst im Verlauf des 20. Jahrhunderts gefördert. Die weltweite Förderung liegt bei über 3000 Tonnen Gold im Jahr. Die wichtigsten Herkunftsländer des Edelmetalls sind China, USA, Russland und Südafrika. Neue Lagerstätten werden immer seltener gefunden.

Spurensuche in der Antike

„Gefällt Dir das Land, nachdem es Dein Besitz geworden ist? Das ist selten der Fall; denn nichts ist für jemanden in gleicher Weise willkommen, wenn er es schon erreicht hat, wie wenn er es noch begehrt.“

Den Spruch verfasste der römische Schriftsteller Plinius. Zum Glück gehören äußere Güter, meinte der griechische Philosoph Aristoteles. Die Spurensuche nach den verschiedenen Eigentumsformen an diesen „äußeren Gütern“ in frühen Zeiten ist freilich eine Detektivarbeit.

Den Anfang machten die Jäger und Sammler, die ihr Nomadenleben aufgaben, um als Bauern und Viehzüchter auf einem Stück Erde sesshaft zu werden. Dabei entwickelten sie teilweise sehr komplexe Systeme, um ihre Umwelt zu nutzen. In den Alpen war das eine Kombination von Ackerbau im Tal und Almwirtschaft am Berg, wie der Kulturgeograph Werner Bätzing betont. Die Menschen begannen, die Früchte ihrer Arbeit aufzubewahren und zu horten. Zuvor, im Leben der Horde, waren Beeren und Wurzeln ebenso wie das erbeutete Wild als Nahrungsmittel unverzüglich verteilt und verzehrt worden. Der Historiker Uwe Wesel verglich in seiner *Geschichte des Rechts* die Welt von heute mit der von damals: „Eigentum hat in der bürgerlichen Gesellschaft die Funktion, sich die Arbeit anderer anzueignen. In Jägergesellschaften ist es umgekehrt. Es ist ein Mittel, das Ergebnis der eigenen Arbeit anderen zukommen zu lassen.“

Es war das Vorrecht des erfolgreichen Jägers und Sammlers, über die Verteilung innerhalb der Horde zu bestimmen. Was gesammelt und erjagt wurde, war eine Art Verwandtschaftseigentum. Grund und Boden wurden ebenso wie Behausungen nur vorübergehend genutzt und hatten deshalb nur einen temporären Wert – der von der Horde kollektiv genutzt und verteidigt wurde, ebenso wie das zeitweise genutzte Jagd- oder Fischfangrevier. Der Historiker Alan Mikhail verweist auf das Niltal als Beispiel, wie Bewässerungssysteme Gemeinschaftsstrukturen entstehen ließen. Gemeinschaftliche Arbeit an Dämmen und Kanälen verbesserte die Existenzbedingungen der Bauern.

Das Dasein als Jäger und Sammler hieß nicht, dass es keine persönliche Zuordnung von Gegenständen gegeben hätte: Das waren bei den Jägern Pfeile, Bogen und Speer, bei den Frauen Sammelgeräte und Wühlstock und Schmuck. Wie eng diese Dinge mit Personen verknüpft waren, lässt sich aus dem Brauch schließen, diese Gegenstände Verstorbenen mit ins Grab zu legen. Niemand anderes sollte sie haben und nutzen können.

Einschnitte in manchen Stein- und Knochenwerkzeugen, die als Grabbeilagen gefunden wurden, lassen den Schluss zu, dass diese zu Lebzeiten als persönlich markiert wurden. Die unterschiedliche Effizienz der Werkzeuge führte wohl zum Wunsch, über diese individuell zu verfügen. Mit dem Aufkommen komplexerer Gerätschaften lösten Motive aus dem Alltag die simplen Linien ab. Forscher sehen in den frühen Eigentumsmarkierungen die Ursprünge von Kunst.

Als sie auf Dauer sesshaft wurden, arbeiteten die Menschen nicht mehr nur für die Ernährung des Tages, sondern sie dachten darüber hinaus. Grundlage der Existenz war nicht länger das zufällige Glück des Jägers und Sammlers, sondern eine zielgerichtete Arbeitsleistung. Das Ergebnis dieser Arbeit führte zur Aufbewahrung – ein Vorgang, der neue Fragen aufwarf: Wer sollte das Aufbewahrte haben, wer nutzen können? In den Mittelpunkt rückte die Familie, deren Arbeitsleistung die Nahrungsmittel hervorgebracht hatte. Losmarken am Vieh machten es möglich, Tiere auf den Weiden einem Besitzer zuzuordnen. Manche Forscher meinen, dass das Vieh das erste Objekt von Privateigentum war – Wissenschaftler führen das lateinische Wort „pecunia" (Geld) auf „pecus" (Vieh) zurück. Eine weitere Frage war: Wem waren die Sträucher zuzuordnen, auf denen die Beeren wuchsen, die zum Teil über den Tag hinaus die Ernährung sichern sollten? Und wem der Boden, auf denen die Sträucher standen?

Was folgte, wird als Okkupationstheorie diskutiert. Cicero gilt als ihr Begründer. Zu Beginn seien alle Güter der Erde Gemeineigentum gewesen, sagte Cicero, und erst mit dem Laufe der Zeit hätten einzelne Menschen oder Gruppen von Menschen unbewohnte Gebiete besiedelt. Cicero hielt das für völlig rechtens: „Weil also jeder das Seine erhielt, was von Natur aus gemeinsam war, soll jeder das, was ihm zufiel, behalten." Weiter lehrte Cicero: „Dies aber duldet die Natur nicht, dass wir durch Bereicherung anderer Mittel, Reichtum und Macht für uns vermehren."

Zur Markierung von Besitz verbreiteten sich Siegel. In mesopotamischen Gräbern aus dem 4. Jahrtausend vor Beginn unserer Zeitrechnung stießen Archäologen auf die ältesten versiegelten Verschlüsse von Krügen – mit etwas Phantasie lässt sich dieser Gedanke der Kennzeichnung bis zu den Wappen an Burgen europäischer Ritter weiter spinnen. Altertumsforscher glauben überhaupt, im späten 4. und frühen 3. Jahrtausend vor der Zeitenwende in Mesopotamien die ältesten systematischen Hinweise auf individuelles Eigentum nachweisen zu können. Aus den überlieferten Verträgen ergibt sich, dass die Bewohner des alten Zweistromlandes Eigentum an Häusern, an Vieh und Sklaven haben konnten. Dabei werden Kaufpreise und Zeugen der Transaktion genannt – ein

Beweis dafür, wie wichtig Eigentumsübertragungen in dem antiken Kulturkreis genommen wurden.

Grund und Boden konnten einer „Tempelwirtschaft" zugeordnet sein, die sich mancherorts als System neben der „Hauswirtschaft" herausbildete. Der Tempel, so die Definition des Rechtshistorikers Uwe Wesel, hatte die Funktion einer Tauschzentrale für die Verteilung von Gütern in einer arbeitsteiligen Gesellschaft. Mit der Tempelwirtschaft im alten Mesopotamien vergleicht Wesel das Volkseigentum, wie es später in der DDR definiert war. Für die Verwaltung bzw. Buchführung in diesen Tempel-Großbetrieben sei die Keilschrift entwickelt worden, glauben Experten.

Im Kodex Hammurabi – der ältesten Gesetzessammlung der Welt des Königs von Babylon zwischen 1728 und 1686 v. Chr. – wurde neben dem Besitz des Königs und des Tempels der Besitz der Kleinbauern und ihrer Familien unter Schutz gestellt, wenn sie auf dem Land des Königs lebten. Diebstahl konnte mit dem Tod bestraft werden. Hammurabi war wohl der erste, der gegen Wucher vorging. Er begrenzte die Zinssätze von Krediten. Bauern mussten solche von den Priestern der Tempel oder von Kaufleuten aufnehmen, wenn sie vor der Ernte in Not gerieten. Das brachte den Kreditgebern hohe Gewinne. Die Zinsen waren trotz aller Beschränkung stattlich: Auf Silber durften bis zu 20 Prozent erhoben werden, auf Gerste gar bis zu 33,3 Prozent. Konnten Kreditnehmer ihre Verpflichtungen nicht einhalten, so kamen sie in Schuldknechtschaft.

Nachdem der Perserkönig Kyros II. Im Jahre 539 v. Chr. Babylonien erobert hatte, garantierte er bei seiner Krönung ebenfalls Eigentumsschutz: „Solange ich der König bin, werde ich nicht zulassen, dass sich jemand ohne einen Gegenwert und ohne Zufriedenheit oder Zustimmung des Besitzers sich sein Eigentum aneignet. Solange ich am Leben bin, werde ich nicht zulassen, dass jemand einen Menschen zu einer Arbeit zwingt oder die Arbeit nicht gerecht vergütet." Diese Quellen gelten als frühe Zeugnisse von Menschenrechten.

Im Alten Ägypten war Eigentum hoch geachtet. Überliefert ist ein Kaufvertrag für ein Haus, das der Schreiber Tentj um das Jahr 2200 v. Chr. in Gizeh erstand – Stoff, das Holzgestell für ein Bett und ein Gewand waren der Preis dafür. Unklar ist die Tradition von Landeigentum im Alten Ägypten. Am wahrscheinlichsten ist in der Frühzeit des Alten Ägypten das Prinzip eines „Obereigentums", das dem jeweiligen Pharao zustand. Experten nehmen an, dass dann zunächst höhere und mittlere Beamte und Priester privat über Eigentum verfügen konnten. Raub und Einbruch galten im Alten Ägypten als Kapitalverbrechen. Bestraft wurde bereits, wer als Zeuge bei einem Raub zusah, ohne einzugreifen.

Zeitweise blieb einfacher Diebstahl bei den Alten Ägyptern unbestraft. Es gab damals den ehrenwerten Berufsstand der Diebe. An ihrer Spitze stand ein Regierungsbeamter, der vom Staat ein Gehalt bezog. Jeder einfache Dieb musste sich registrieren lassen und jeden begangenen Diebstahl bei diesem Beamten anmelden. Geschädigte konnten sich an diesen wenden. Konnte das Diebesgut aufgrund der Beschreibung identifiziert werden, bekam das Opfer nach Zahlung eines Viertels des Wertes sein Eigentum zurück.

Im Alten Griechenland war die juristische Definition von Eigentum, wie Wesel schreibt, „wie eine Sphinx hinter einer Milchglasscheibe." Fest steht, dass die alten Griechen zunächst keine Bindung zwischen einzelnen Personen, sondern zwischen der Familie und ihrem Eigentum kannten. Das galt über den Tod hinaus: Alte Papyrusdokumente zeugen von der Schuldeneintreibung bei Erben. Vor allem bestand eine Zuordnung zwischen Familie und Landbesitz. Diese Beziehung galt als heilig, und über den Tod hinaus – weshalb die Verstorbenen auf dem Familienbesitz ihre Grabstätte eingerichtet bekamen. Wenn Grundstücke den Besitzer wechselten, musste die Veränderung öffentlich bekannt gemacht werden – es handelte sich nach modernen Maßstäben um eine Art Publizitätspflicht, die für Transparenz von Eigentumsverhältnissen sorgte.

Etwa im 6. Jahrhundert v. Chr. verlor diese „heilige" Beziehung zwischen Familie und Boden an Bedeutung. Mit der Entwicklung des Handels und dem zunehmenden Stellenwert von Edelmetallen und Geld als Zahlungsmittel rückte das Privateigentum in den Vordergrund. Um die Verteilung von Reichtum ging es in den diversen Bürgerkriegen der antiken griechischen Stadtgemeinschaften. Als Verfechter von Privateigentum trat im vierten Jahrhundert v. Chr. insbesondere Aristoteles auf.

Bei den alten Griechen stößt man erstmals auf den Gedanken der sozialen Verpflichtung von Eigentum. So durfte ein Eigentümer nur zwei Olivenbäume auf seinem Grundstück abholzen. Er musste die Jagd auf seinem Boden erlauben, und Nachbarn die Entnahme von Wasser aus seinem Brunnen – sofern der Nachbar nicht selber einen Brunnen besaß. Furcht grassierte zugleich vor der „Macht des Geldes“, wie Xenophon aus Sparta berichtete. Die Spartaner tadelten Lysander scharf und beschworen die Ephoren, alles Silber und Gold als eine „eingeschleppte Pest“ hinweg zu schaffen. Das Ergebnis der Beratungen war, „dass für den staatlichen Gebrauch Geld dieser Art eingeführt werden dürfe; wenn aber jemand dabei betroffen würde, es privatim zu besitzen, so setzten sie dafür die Todesstrafe fest.“ In Platons Gesetzen steht, „wonach jedem einzelnen Bürger der Besitz von Gold oder auch nur von Silber untersagt wird.“ Gemünztes Geld dürfe man nur haben „wegen des täglichen Verkehrs, der mit arbeitenden Klassen fast unvermeidlich ist sowie mit allen Leuten dieser Gattung, die man braucht, um den gedungenen Dienstpersonen und Beisassen ihren Lohn auszahlen zu können.“

Der französische Historiker Gustave Glotz stellte dar, wie unterschiedliche Eigentumsverhältnisse schon bei den alten Griechen mit einer unterschiedlichen sozialen Stellung verbunden waren. „Geld macht den Menschen“, meinte um 600 v. Chr. der Philosoph Alcäus. Die Nobilität beutete Minen aus, und verschloss den Gewinn aus den Ernten in ihren Tresoren. In den griechischen Städten sieht Glotz eine Art Bourgeoisie am Werk, und er unterscheidet zwischen einer „Aristokratie von Geburt aus“ und den „neuen Reichen“, die unter anderem durch Piraterie zu Vermögen kamen.

Mit der Geschichte des Alten Rom verbinden Historiker den Begriff des römischen Imperialismus. Immer mehr Land wollten die Römer haben, außerdem Sklaven, und sie wollten die Reichtümer in ihren Provinzen ausbeuten. Im Privatrecht waren die alten Römer Pioniere beim Schutz von privatem Eigentum. Die Römer unterschieden erstmals zwischen Eigentümern und Besitzern, die zur Herausgabe von Gütern gezwungen werden konnten. Dabei ging es nicht nur um Gegenstände. So meinte Plinius im ersten Jahrhundert unserer Zeitrechnung feinsinnig in einem Brief an Caninius Rufus, in dem er ihn an seine Studien ermahnte: „Bilde und schaffe etwas, das für immer dein Eigentum sei. Denn Dein übriger Besitz wird nach Dir gar manchem andern Herrn zufallen: dies aber wird niemals aufhören, dein Besitz zu sein, wenn es einmal Dir gehört hat.“

Die Beweisführung, wer Eigentümer war, war nicht immer einfach. Die Rechtsmittel bezogen sich nur auf bewegliche Habe – beispielsweise Geld und Sklaven. Das römische Recht war überhaupt komplex und diente Jahrhunderte lang den führenden Rechtsexperten des Abendlandes als Vorbild. Es ermöglichte Klagen auf die Herausgabe von Eigentum, und schützte Hab und Gut vor Beschädigung von fremder Seite.

Überliefert sind zahllose Klagen von Zeitgenossen über Habgier und Skrupellosigkeit. Zitiert sei noch einmal Plinius, der seinem Freund Calvisius schrieb: „Sieh den Regulus an, der aus armen und kleinen Verhältnissen durch seine Schandtaten zu solchem Reichtum gelangt ist." Die Masche des Regulus war: Er war ein Erbschleicher. Aus der Römerzeit stammt auch ein besonderes Beispiel von staatlicher Intervention zum Schutz von Eigentum. Um nichts anderes handelte es sich bei einem Preisedikt des Kaisers Diokletian aus dem Jahr 301. Rund tausend Artikel wurden damals mit den dazugehörigen Preisen aufgelistet, bei etwa hundert Berufen wurde die Entlohnung festgelegt. Der Anlass des Edikts: Die Gewinnsucht von Händlern und Handwerkern zum Schaden der kaiserlichen Soldaten.

In der Einleitung hieß es: Wer könne so abgestumpft sein und wer könne noch nicht gemerkt haben, „dass bei den Waren, die entweder im Großhandel oder im täglichen Handelsverkehr der Städte umgesetzt werden, eine solche Willkür der Preise eingerissen ist, dass die schrankenlose Profitgier weder durch die reichlichen Vorräte noch durch die Fruchtbarkeit des Jahresernten gemildert wurde? Wer wüsste nicht, dass überall, wohin unsere Heere im Interesse der allgemeinen Sicherheit hin gesandt werden, nicht nur in Dörfern und in Städten, nein, auf jeder Straße die verwegene Gewinnsucht den Interessen der Allgemeinheit auflauert und entgegentritt … und schließlich, dass bisweilen beim Kauf eines einzigen Gegenstandes der Soldat seiner Sonderzulage und seines Soldes beraubt wird?"

Die Eigentumsregeln bei den alten Germanen sind weniger erforscht. Als Chronist berichtete Caesar in seinem *Bellum Gallicum*: „Niemand hat ein bestimmtes Land oder eigene Grenzen, sondern jeweils für ein Jahr verteilen die Häuptlinge die einzelnen Felder, wo und wie viel ihnen richtig erscheint, an die Verwandtschaftsgruppen, die dafür zusammenkommen. Nach einem Jahr verlegen sie das Ganze in einen anderen Siedlungsort." Bei den Germanen lebten die Freien zunächst in Großfamilien, die aus dem Gemeineigentum Bodenanteile zugewiesen bekamen und bearbeiteten. Erst im Laufe der Zeit ging daraus der „Allod" hervor – das frei veräußerliche und vererbbare Privateigentum am Boden. Ein weiterer Schritt war die Möglichkeit, unabhängig von natürlichen Erbfolgen nach dem Tode noch frei über ein Eigentum zu verfügen.

Über die Verbreitung von Privateigentum an beweglichen Dingen bei den Germanen gibt es kaum Zeugnisse – wohl aber unterstellen Forscher den Germanen die Gepflogenheit, Eigentum in Form eines Geschenks zu übertragen. Der Brauch schuf offenbar enge soziale Bindungen. An die Annahme war die Verpflichtung für ein Gegengeschenk oder eine Gegenleistung gekoppelt. Das System war letztlich nichts anderes als eine Variante von Handel, aber mehr als plumper Warenaustausch. Noch heute ist die Sitte, bei Einladungen Gastgebern ein Geschenk mitzubringen, in modernen Gesellschaften verankert. Geschenke sind ein Bindungs-Signal geblieben.

Tacitus berichtete, dass den Germanen die Herden „ihr einziger und liebster Besitz" sei. Und er gibt weiter über jenes merkwürdige Volk auf der anderen Seite der Alpen Auskunft: „Silber und Gold haben ihnen die Götter – ich weiß nicht, ob aus Huld oder Zorn – versagt ... Besitz und Verwendung dieser Metalle reizt sie nicht sonderlich. Man kann beobachten, dass bei ihnen Gefäße aus Silber, Geschenke, die ihre Gesandten und Fürsten erhalten haben, ebenso gering geachtet werden wie Tonkrüge. Allerdings wissen unsere nächsten Nachbarn wegen des Handelsverkehrs mit uns Gold und Silber zu schätzen, und sie kennen bestimmte Sorten unseres Geldes und nehmen sie gern; doch im Innern herrscht noch einfacher und altertümlicher Tauschhandel."

Der Wandel von der Stammesordnung zur Eigentumsgesellschaft leitete einen neuen Abschnitt in der Menschheitsgeschichte ein. Bei immer mehr Völkern wurde das Eigentum an Grund und Boden zum Machtinstrument von Herrschern. Die Untertanen waren vom Boden abhängig und damit von jenen, die ihn besaßen. Die Gepflogenheit von Herrschern in der Antike, erfolgreichen Feldherrn nach Kriegszügen Landbesitz als Lohn zu übereignen, zeugt vom hohen Stellenwert, den Grundeigentum erlangt hatte. Eine andere Variante der Abhängigkeit findet man in asiatischen Frühkulturen. Herrscher traten dort nicht als Eigentümer von Grund und Boden, sondern von Bewässerungsanlagen auf. In der Fachliteratur spricht man von hydraulischen Kulturen. Bemerkenswert sind Eigentümergemeinschaften an Grabanlagen, wie beispielsweise bei den Sabäern Südarabiens im 7. Jahrhundert v. Chr.

Vom Nordkap bis zum Mittelmeer, vom Aralsee bis nach Neufundland reichen die Spuren der Wikinger. Der Name leitet sich vom altnordischen Wort „víking“ ab, das nichts anderes als Raubzug oder Piraterie bedeutete. Ein „víkingr“ war demnach ein Räuber und Pirat. Daraus wurde ein Sammelbegriff für Volksgruppen aus den heutigen Ländern Dänemark, Schweden, Norwegen und Island. Ihre Beutezüge begannen in den letzten Jahrzehnten des 8. Jahrhundert und reichten bis ins 11. Jahrhundert hinein. Der Grund für ihre räuberischen Aktivitäten lag nach herkömmlichen Erklärungen im Totenkult: Im Brauch, den Verstorbenen ihr Vermögen mit ins Grab zu legen, anstatt etwas zu vererben. Silber und Gold war wegen der Beständigkeit im Boden als Grabbeigabe am geeignetsten. Wohl typisch ist die überlieferte Geschichte des Wikingers Egil vom Südwesten Islands, der gegen Ende des 10. Jahrhunderts zur Sicherung seines „Totenteils" vor den Lebenden heimlich mit

Hilfe zweier Knechte zwei Truhen voller Silber im Moor versenkte – dann aber die Helfer erschlug und hinterher stieß, damit nur niemand das Versteck erfahre.

Bei den Wikingern war es Brauch, Gold und Silber zu dünnen Stäben zu schmelzen und diese zu Arm- oder Halsreifen zu formen, die der Besitzer und die Besitzerin ständig bei sich tragen und zur Schau stellen konnte. Der arabische Schriftsteller Ibn Fadlan, der im 10. Jahrhundert Wikingern auf ihren Fahrten an der Wolga begegnete, berichtete: „Um den Hals trägt sie Reifen aus Gold oder Silber; wenn ein Mann 10.000 Dirhem zusammen bringt, kauft er seiner Frau einen Goldreif. Bei 20.000 kauft er zwei. Und so bekommt die Frau einen Reif je 10.000 Dirhem, die ihr Mann zusammen bringt, und oft besitzt eine Frau viele derartige Ringe." Dabei ging es nicht allein darum, Reichtum zur Schau zu stellen – das Gold und Silber konnte jederzeit wieder umgeschmolzen, getauscht oder für den Kauf von Gütern verwendet werden. Die Hals- und Armreifen hatten damit die Funktion eines Vermögensdepots – so wie nach der Verbreitung von Münzen der Geldsack in der mittelalterlichen Kulturgeschichte.

Den Nordmannen kam bei ihren Beutefahrten zugute, dass ihr Knowhow beim Schiffsbau allen anderen Völkern jener Zeit überlegen war. Klöster waren ihre bevorzugten Angriffsziele – denn dort waren die meisten Schätze aus Gold und Silber angehäuft, und die Klöster waren vergleichsweise schlecht geschützt. Die Raubzüge in Britannien begannen, als die Nordmannen am 8. Juni 793 als „wilder Sturm der Heiden plündernd, mordend und zerstörend über das Haus Gottes in Lindisfarne" herfielen, wie es eine alte Chronik beschreibt. Irland wurde ab 830 zum Ziel der Wikingereinfälle.

Schließlich wurde das Frankenreich heimgesucht. Ein Mönch aus Nourmoutier berichtete um das Jahr 860: „Der endlose Strom der

Wikinger hört nie auf zu wachsen. Überall sind die Christen Opfer von Massakern, Brandstiftungen und Plünderungen. Die Wikinger erobern alles, was am Wege liegt, und niemand widersteht ihnen. Sie erobern Bordeaux, Périgueux, Limoges, Angoulême und Toulouse. Amgers, Tours und Orléans werden vernichtet und eine Riesenflotte fährt die Seine aufwärts und das Unglück nimmt überall zu. Rouen liegt zerstört, geplündert und niedergebrannt da; Paris, Beauvais und Meaux sind erobert, die starken Befestigungen von Melun sind völlig zerstört, Chartres erobert, Evreux und Bayeux geplündert …“

Aus den Klöstern ließen sich nicht nur Schätze rauben. Die Entführung von Äbten und Mönchen ermöglichte es, Lösegeld zu erpressen – ohne dass, wie bei weltlichen Herrschaften, das hohe Risiko eines Truppenaufgebots bestand. Ganze Landstriche wurden immer wieder erpresst. Über die Zahlung eines „Danegeldes“ wird im 9. Jahrhundert mehrfach berichtet. Karl der Kahle zahlte 7000 Pfund Silber, damit die Wikinger aus dem Frankenreich abzogen. Aus Britannien sind um das Jahr 1000 die Worte eines Unterhändlers der räuberischen Wikinger überliefert: „Kühne Seefahrer haben mich zu euch gesandt und mich beauftragt euch zu sagen, dass ihr schnell Schätze senden müsst, um Frieden zu erhalten; es wird besser für euch sein, euch mit Schätzen vom Angriff frei zu kaufen, statt euch mit so wilden Männern wie uns im Kampfe zu messen. Wir müssen einander nicht umbringen, wenn ihr reich genug seid. Für Gold sind wir zum Waffenstillstand mit euch bereit.“

Dennoch wird die Vorstellung von den Wikingern als trunkenen Haudegen, Räubern und Entführern ihrer Rolle in der Geschichte nicht gerecht. Sie waren vielerorts geschätzte Handelspartner, die auf ihren organisierten Expeditionen vor allem Silberschätze einzutauschen suchten. Als Kolonisten erschlossen die Wikinger – so auf

Grönland, Island und sogar jenseits des Atlantiks – neue Landstriche der menschlichen Besiedlung. Nach der Überlieferung wurden sich niederlassende Wikinger im 10. Jahrhundert in Irland von der einheimischen Bevölkerung gern gelitten. Unter anderem gehen die Städte Arklow, Cork, Limerick und Waterford auf nordische Ansiedlungen zurück.

Geld – nichts als kahle Ware

„O kahle Ware! Wozu nützest du? Mir bist Du ja nichts nütze, nicht einmal so viel, dass ich dich nur von der Erde aufheben mag. Eines von diesen Messern ist mehr wert als dieser ganze Haufe. Ich kann dich keineswegs brauchen, bleib wo du bist und sink unter, als ein Ding, welches keiner Rettung wert ist.“

Die Umstände der Gedanken, die Daniel Defoe seinem gestrandeten Helden Robinson Crusoe unterschob, waren besonderer Art. Auf einer einsamen Insel konnte Robinson mit einem Batzen angeschwemmter Münzen nichts anfangen. Da macht Geld als Objekt von Habgier wenig Sinn – außerhalb der menschlichen Zivilisation ist es wertlos. In der „zivilisierten Welt“ regelt es dagegen die wirtschaftlichen und sozialen Beziehungen zwischen den Menschen. Deshalb sind viele begierig, so viel wie möglich davon zu haben. Insofern kommt der Einführung des Geldes eine Schlüsselrolle in der Geschichte der Zivilisation zu – wie immer man denn Begriff der Zivilisation bewerten mag.

Es gibt unendlich viele Abhandlungen zum Thema Geld. Der Brite Peter Jay meinte in seiner Wirtschaftsgeschichte mit dem deutschen Titel *Das Streben nach Wohlstand*: „Nach der Befriedigung des Sexualtriebs ist Geld das wichtigste Objekt der menschlichen Begierde. An dritter Stelle kommt die Erkenntnis.“ Für Gertrude Stein war Geld eine „sehr komische“ Erfindung. Sie meinte vorausblickend: „Die Sache, die Menschen von Tieren unterscheidet, ist das Geld. Alle Tiere haben die gleichen Gefühle und dasselbe Verhalten wie Menschen. Jeder, der Tiere um sich hat, weiß das. Aber was kein Tier kann, ist zählen. Menschen können zählen, und sie tun es, und deshalb haben sie Geld. Daher werden, solange die Erde sich dreht, Menschen auf ihr sein, und solange Menschen auf ihr sind, werden sie zählen, und sie werden Geld zählen." Der Gesellschaftskritiker Robert Kurz meint: Zur „alltäglichen gesellschaftlichen Beziehungsform" sei das Geld durch „keinerlei menschlichen Fortschritt" geworden, sondern „allenfalls durch die zwangsweise und blutig durchgesetzte Einführung von ‚Arbeitsmärkten', mit der die frühmodernen Militärdespotien die Menschen in das Material ihres Geldhungers verwandelten."

In einem Konversationslexikon aus dem Jahre 1846 ist pathetisch zu lesen: Geld sei der „Nerv aller Dinge, der Inhalt des Füllhorns alles Wünschenswerten, die vermittelnde Macht zwischen Willen und Besitz, der versöhnende Gott zwischen Bedürfnis und Überfluss, ewig im höchsten Recht …" Der Dramatiker George Bernhard Shaw meinte 1920: „Geld ist das Allerwichtigste auf der Welt. Es bedeutet ebenso offenkundig Gesundheit, Kraft, Ehre, Großmut und Schönheit, wie der Mangel daran Krankheit, Schwäche, Nichtachtung, Niedrigkeit und Hässlichkeit." Geld sei ein „Fluch nur in so verrückten gesellschaftlichen Verhältnissen wie den unsern, wo das Leben selbst ein Fluch ist." 1992 schrieb Wolfram Weimer über das Geld: „Es wird mit aller Inbrunst verteufelt und voller Leidenschaft vergötzt, es ist ungeheuer praktisch und doch hoch-kompliziert."

Karl Marx stellte in seinen *Ökonomisch-philosophischen Manuskripten* aus dem Jahre 1844 fest: „Was durch das *Geld* für mich ist, was ich zahlen, d.h., was das Geld kaufen kann, das *bin ich*, der Besitzer des Geldes selbst. So groß die Kraft des Geldes, so groß ist meine Kraft … In *bin* hässlich, aber ich kann mir die *schönste* Frau kaufen. Also bin ich nicht *hässlich*, denn die Wirkung der Hässlichkeit, ihre abschreckende Kraft ist durch das Geld vernichtet. Ich – meiner

Individualität nach – bin *lahm*, aber das Geld verschafft mir 24 Füße; ich bin also nicht lahm; ich bin ein schlechter, unehrlicher, gewissenloser, geistloser Mensch, aber das Geld ist geehrt, also auch sein Besitzer. Das Geld ist das höchste Gut, also ist sein Besitzer gut, das Geld überhebt mich überdem der Mühe, unehrlich zu sein; ich werde also als ehrlich präsumiert; ich bin *geistlos*, aber das Geld ist der *wirkliche* Geist aller Dinge, wie sollte sein Besitzer geistlos sein?"

Es gab noch kein Geld, als unsere Vorfahren als Jäger und Sammler jeden Tag auszogen, um sich Nahrung zu beschaffen. Doch als sie sesshaft geworden waren, entstanden durch Arbeit Dinge, die eingetauscht werden konnten. Sie hatten einen bestimmten Gegenwert. So wurde, lange vor der Einführung von Münzgeld, in verschiedenen Regionen der Welt unabhängig voneinander sogenanntes Hortgeld genutzt. Dabei handelte es sich um Naturgegenstände, die nicht verderblich und meistens teilbar waren, und an denen sich der Wert anderer Dinge messen ließ.

Die Höhlenmenschen Westeuropas tauschten vor 25.000 Jahren überschüssige Beilchen aus hartem Nephrit-Gestein. Im 15. Jahrhundert v. Chr. wurde im europäischen Kulturraum Kupferstücken, in China Kauri-Muscheln die Rolle als Zwischen-Tauschgut zugeordnet. Die Verbreitung der Kaurischnecken über weiter Teile der Erde ließ ihre Schalen fast zu einer Art erster Weltwährung werden. Portugiesen, Holländer und Engländer zahlten in ihren Kolonialgebieten noch damit. In manchen Gegenden Asiens und Afrikas hielt sich die Kauri-Muschel als Zahlungsmittel bis ins 20. Jahrhundert

Rund 6000 Jahre alt sind „Gerätegelder", die Archäologen in China fanden – Nachbildungen von Hackgeräten und Glocken aus Bronze in Miniaturform. Perlen und Pelze, Käse und Schildkrötenschalen und Federn waren andere Vorformen von Geld.

Lebende Tiere – Rinder, Ziegen, Schafe, Hühner – hatten bei manchen Völkern ebenfalls die Funktion eines Wertmessers. Bei Homer wird mit Rindern bezahlt, aber auch Bratspieße waren im Alten Griechenland als „Währung“ verbreitet – ihre Bezeichnung „obolos" ist in manchen Sprachen bis heute als Ausdruck für eine Abgabe wieder zu finden. Die Bedeutung von Salz als Zahlungsmittel spiegelt sich im französischen Wort „salaire“ für Entlohnung und im englischen „sale“ für Verkauf wieder.

Schmuck und gleichzeitig Zahlungsmittel waren bis in die Gegenwart hinein auf Neuguinea die Eckzähne des Papua-Schweines. Auf den Salomon-Inseln waren es die Zähne des Delphins. Elfenbein, Federn und Pottwalzähne fanden Völkerkundler als Varianten von Hortgeld. Dazu kommen in Westafrika Kola-Nüsse, Stoffballen und Flinten, in China „Ziegel" aus gepressten Teeblättern und bei den Buschmännern im südlichen Afrika Schalenteilchen von Straußeneiern. Berühmt ist die Kakaobohnen-Währung, die bei den Azteken vor der Ankunft des Hernando Cortez weit verbreitet war. Noch im 18. Jahrhundert berichteten Reisende aus Mexiko, dass der Wert der Kakaobohnen durch eine Beschränkung des Anbaus hoch gehalten wurde. Überhaupt waren Nahrungsmittel quer durch die Geschichte ein wichtiges Zahlungsmittel. Stockfisch spielte diese Rolle in Neufundland, Mais war Wertmesser in weiten Teilen Mittelamerikas. Berichte von den Chorti-Indianern in Guatemala aus der Zeit kurz vor dem Zweiten Weltkrieg besagen, dass eine Kürbisflasche mit dem Volumen für etwa ein Pfund Mais einem Peso gleichwertig war. Salz wird heute noch in abgelegenen Gebieten Afrikas – wie bei den Amhara in Äthiopien – als „Nutzgeld“ beim Einkauf verwendet.

Das „Metallgeld-Zeitalter" begann lange vor Beginn unserer Zeitrechnung. Seine Haltbarkeit, seine Konsistenz, seine Veränderbarkeit und sein weit verbreitetes Vorkommen hoben Metall vor allen anderen Dingen hervor. Von vielen Völkern wurden zunächst Eisenbarren als „Geld“ bevorzugt. Im altägyptischen Reich kamen 14 Gramm schwere Goldbarren als Wertmesser in Umlauf. Silberbrocken, die zurecht gehackt und abgewogen wurden, kursierten seit 1700 v. Chr. in Mesopotamien. Um 640 v. Chr. kamen an den südwestlichen Küsten Kleinasiens erste Münzvorläufer in Gebrauch. Sie waren auf einer Seite mit einem Bildsymbol geschmückt. Im Reiche des Dareios I. des „Großen“ im Alten Persien (522-486 v. Chr.) verhalf eine Einheitswährung der Wirtschaft zum Boom. Forscher wiesen an vielen Beispielen nach, dass die wirtschaftliche Blüte und der Niedergang bereits in antiken Kulturen mit der Entwicklung des Geldwesens einhergingen. Die Völker der Antike konnten freilich noch nicht voraus sehen, wie sehr diese Erfindung die Welt und das Verhalten der Menschen untereinander verändern sollte.

Lycurgus, der sagenumwobene Gesetzgeber von Sparta, beschränkte nach dem Bericht des Xenophon den Besitz der Münzen anfangs auf frei geborene Bürger. Eine These besagt, der Grund für die Ausgabe sei ein „bürgerliches Selbstbewusstsein“ oder politische Eitelkeit gewesen, wie es Peter Jay formulierte. Der Fernhandel sorgte rasch für eine breite Streuung. Aristoteles erklärte: „Denn da man zur Abhilfe des unausgeglichenen Warenangebotes durch Einfuhr von Waren, die man benötigte, und Ausfuhr derer, woran man überreichlich besaß, in immer weitere Ferne vorstieß, wurde notwendigerweise der Gebrauch des Münzgeldes eingeführt.“

So lernten auch die Kelten die Vorteile von Geld als Alternative zum direkten Tauschhandel zu schätzen. Mitte des 4. Jahrhunderts v. Chr. wurden im Land der Kelten die ersten Gold- und Silbermünzen nach dem Vorbild des griechischen Geldes geprägt. Imitiert wurde speziell das Geld Alexander des Großen. Welche Bezeichnung die Kelten für das Geld hatten, darüber streiten die Gelehrten.

In die Münzgeschichte gingen die sogenannten Regenbogenschüsselchen der Kelten ein: Kleine, gewölbte Plättchen aus Gold, die insbesondere bei den Boiern und Vindelikern fast zwei Jahrhunderte lang im Umlauf gewesen sein sollen. Dank des Materialwerts wurde diese „Kelten-Währung“ außerhalb deren Siedlungsgebiets ebenfalls anerkannt. Die Bezeichnung leitete sich aus dem Volksglauben ab, dass am Ende eines Regenbogens Goldstücke zu finden seien. Gold war damals noch in den Flüssen des Voralpengebiets – im Inn, in der Lech und der Loisach – zu finden.

289 v. Chr. begann die Geschichte des römischen Münzwesens. Eine Erklärung für den relativ späten Zeitpunkt mag darin liegen, dass in Italien selber – abgesehen von Eisen, Kupfer und Zinn – nur wenige Ressourcen an Edelmetallen zur Prägung von Münzen zu finden waren. Die Unterwerfung des Gebietes der heutigen Provinz Tarent 272 v. Chr. schuf die Voraussetzung für Roms Aufstieg zur Großmacht. Der Sieg über die Karthager war der nächste große Schritt. Die Ausbreitung des Imperiums brachte den Römern eine reiche Beute an Gold und Silber. Außerdem gelangten Edelmetall-Bergwerke in ihren Besitz. Neben den runden, gegossenen Münzen wurden aber noch lange Zeit hindurch der römische „Stierbarren“ benutzt. 1,5 kg schwer, waren die Bronzebarren mit dem Abbild des namengebenden Tiers eine Frühform des römischen Geldes – die Phantasie lässt kaum einen Zweifel, wofür sie das Äquivalent sein sollte.

Auf Geheiß Julius Cäsars nahm der römische Stadtpräfekt Aulus Hirtius die größte Prägung von Goldmünzen vor, die es bis dahin gegeben hatte. Mit dem Geld wurden Soldaten und Truppenführer reich belohnt: 200 Münzen bekam ein einfacher Soldat, ein Centurio das Doppelte, Kriegstribunen das Vierfache. Die Münzbilder und Aufschriften dokumentierten die politische Abhängigkeit.

Zur Zeitenwende war das Münzgeld zum Dreh- und Angelpunkt für das Leben aller Bevölkerungsschichten im Römischen Imperium geworden. Der Evangelist Lukas verglich die Freude „vor den Engeln Gottes über einen Sünder, der Buße tut", mit der Freude eines Weibes, die zehn Groschen hat, und einen davon verliert. Sie werde ein Licht anzünden, das Haus kehren und mit Fleiß suchen, bis dass sie ihn finde, ist sich Lukas sicher: „Und wenn sie ihn gefunden hat, rufet sie ihre Freundinnen und Nachbarinnen, und spricht: Freuet euch mit mir, denn ich habe meinen Groschen gefunden, den ich verloren hatte." Das Gleichnis vom verlorenen Groschen ist in der Malerei immer wieder aufgegriffen worden. In der Musikgeschichte setzte Ludwig van Beethoven mit seiner Komposition über die „Wut über den verlorenen Groschen" einen temperamentvollen Akzent.

Der römische Aureus aus Gold und der Denar aus Silber wurden zu einer ersten Leitwährung im Mittelmeerraum und seinen angrenzenden Gebieten, so wie es in der Gegenwart der Dollar und der Euro sind. Die Münzordnungen und -reformen des Kaisers Augustus (27 v. Chr.-14 n. Chr.), des Caracalla (198-217) und des Aurelian (270-275) sorgten für Währungsturbulenzen. Die stetig zunehmende Menge an umlaufendem Geld führte zu einer unkontrollierbar werdenden Inflation. Der Sold der Legionäre stieg zwischen den Regierungszeiten von Augustus und Caracalla um mehr als das Dreifache. Forscher glauben, dass in der zweiten Hälfte des 3. Jahrhunderts allein in Rom rund 40.000 Münzer für den Nachschub an Geld sorgten. In einem Aufstand versuchten die Vertreter dieses Gewerbes eine weitere Münzreform zu stoppen, durch die sie ihre Arbeitsplätze bedroht sahen. Die Inflation wurde zu einer Begleiterscheinung beim Untergang des Römischen Imperiums.

Andere Kulturvölker kopierten das monetäre System. Der arabische Schriftsteller Sheikh Abu al-Fadl Jaafar al-Dimishqi brachte die Vorteile des vorhandenen Münzgeldes um das Jahr 1000 noch einmal auf den Punkt: Gold und Silber ließen sich leichter als anderes Metall schmelzen und formen. Es glänzte und hatte keinen üblen Geruch oder Geschmack. Es konnte am besten vergraben werden, ohne sich zu verändern. Es veränderte weder an der Luft, noch durch Wasser oder Feuer sein Volumen. Eisen konnte dagegen rosten, Kupfer leicht Grünspan ansetzen.

Überall in deutschen Landen stand das Recht auf Münzprägung den Fürsten zu. Karl der Große beschränkte dieses Recht zunächst auf die königlichen Pfalzen. Unter ihm setzte sich in Mitteleuropa das Silber als Münzmetall durch. Im 9. Jahrhundert wurde die Liste der Münzprägestätten immer länger. Bischöfe und Äbte wurden weitere Nutznießer von Münzprivilegien – Könige und Kaiser machten sich damit die Vertreter der Kirche gewogen. Um 1150 gab es nach Schätzungen schon mehr als 200 Münzstätten im deutschen Reich.

Es war ein regelrechtes Münzchaos, das den Fernhandelskaufleuten zu schaffen machte. Im Gebiet der Hanse galt gleichzeitig die lübische, pommersche, preußische und rigische Mark. Dazu kam im Osten der brandenburgische Taler und im Westen der rheinische Gulden. Erst 1551 und 1559 hatten Reichsmünzordnungen das Ziel, das Durcheinander an Währungen zu begrenzen. Die Herstellungstechnik war noch immer der Hammerschlag unter Einsatz von Prägeeisen. Wieder waren ganze Heerscharen von Handwerkern mit der Herstellung beschäftigt. Erst im 16. Jahrhundert setzten sich Prägemaschinen durch. Werkstätten in Nürnberg waren bevorzugte Lieferanten.

Der Umgang mit dem Geld blieb während des Mittelalters und der frühen Neuzeit ein Gegenstand der Diskussion. Thomas von

Aquin stellte als besondere Eigenschaft heraus: Geld ist von Natur aus unfruchtbar. Das Argument diente zur Verurteilung des Geldverleihs gegen Zins, sprich: des Wuchers. Bereits Aristoteles bezeichnete den Wucherer als „hassenswert, der aus dem Gelde selbst den Erwerb zieht und nicht aus dem, wofür das Geld da ist. Denn das Geld ist um des Tausches willen erfunden worden, durch den Zins vermehrt es sich aber durch sich selbst … Diese Art des Gelderwerbs ist also am meisten gegen die Natur.“ Impulse erhielt die Diskussion in der frühen Neuzeit. Geld war nach den Worten von Thomas Hobbes (1588-1679) einfach das „bequemste Mittel, den Wert aller übrigen Güter zu bestimmen.“ Der Wert der Güter, das war aber stets nichts anderes als der Wert der Arbeit, die darin steckt.

Teile des einfachen Volkes durchschauten den Mechanismus. Entlarvend hieß es auf einem Flugblatt, das 1652 in Nürnberg gedruckt wurde:

„Du edles Fräulein Geld, du bist der Erden Herze
der Herzen ihr Magnet, der Augen Liebeskerze
mehr als Penelope;
es buhlt die ganze Welt um Dich, du bist die Braut
Du edles Fräulein Geld, um die ein jeder wirbt.
Man reitet, man fährt, man lauffet
man rennet nur nach Dir, um Dich man sich rauffet …“

Die allgemeine Verbreitung von Geld stärkte das Recht auf unbegrenztes Eigentum, schrieb John Locke (1632-1704). Der englische Philosoph argumentierte: Gott habe die Welt den Fleißigen und Vernünftigen zum Gebrauch gegeben – die Erfindung des Geldes gab diesen aber erst die Möglichkeit, ihr Eigentum nach dem Grad des Fleißes über das hinaus zu vermehren, was sie selbst besitzen konnten, und zugleich beständig zu machen. Locke definierte das Geld als eine „beständige Sache, welche die Menschen, ohne dass sie verdarb, aufheben und nach gegenseitiger Übereinkunft gegen die wirklich nützlichen, aber verderblichen Lebensmittel eintauschen konnten." Das Geld wurde das „große Schwungrad im Wirtschaftskreislauf und ein großes Hilfsmittel im Handel", wie es Adam Smith (1723-1790) ausdrückte.

Im Geld, so die These von James Buchan, nehmen Begierden eine Gestalt an. Geld sei eine Art von Rangierbahnhof für die Wünsche und Träume unzähliger Menschen. Es entsteht ein Konsumverhalten. Zeitgeist und Modeerscheinungen bestimmen die Formen dieses Verhaltens. Die Bekleidung ist das beste Beispiel dafür: Wenn im Alten Rom Bürger für den Kauf einer erlesenen Tunica sparten, so sind das heute vielleicht Jeans, die einen bestimmten Markennamen tragen sollen.

Verändert haben sich im Laufe der Zeit die Regeln zur Festsetzung des Tauschwerts von Geld. Bis weit in die Neuzeit hinein gehörte dies zu den Privilegien der Fürsten. Philip VI. von Frankreich ließ 1346 seine Untertanen ganz klar wissen: „Niemand kann Zweifel haben, dass es Uns und Unserer Majestät allein zusteht, Geld herzustellen, und ihm jenen Kurs und jenen Preis zu geben, wie er Uns gefällt …" Damit war die Möglichkeit geschaffen, „schlechtes Geld" auszugeben – um das Budget des Staates zu erhöhen und Schulden zu verringern. „Sie slugen kreutzer und pfennig, dabei kein silber war, nur kupfer", heißt die Klage in einer Quelle aus der Mitte des 15. Jahrhunderts.

Es war die Zeit der so genannten Schinderlinge. Geldfälscher traten zunehmend in Erscheinung, um immer mehr Geld in Umlauf zu bringen. Die erste Strafvorschrift gegen Münzfälscher wurde in Deutschland schon 818 unter Ludwig dem Frommen erlassen. Im königlichen Gesetz hieß es: „Wegen falscher Münze befehlen wir:

Wer überführt wird, sie geprägt zu haben, dem werde die Hand abgeschlagen. Und wer diesem zustimmte, der büße, wenn er Freier ist mit 60 Schillingen, als Knecht mit 60 Schlägen." Im 14. Jahrhundert war es Brauch, solche Missetäter in Wasser und Öl qualvoll zu Sieden, bis der Tod eintrat. 1565 wurden auf Betreiben der Stadt Nürnberg mehrere Geldfälscher in Würzburg dingfest gemacht, zum Tode verurteilt und gehenkt. In Großbritannien wurde erst 1832 die Todesstrafe für Geldfälscher unter dem Druck der Öffentlichkeit durch lebenslange Haft ersetzt – 628 Personen waren in den 30 Jahren zuvor wegen Geldfälschung im Königreich gehängt worden.

Der Kampf gegen Geldfälscher blieb trotz aller Strafen ein Problem. Am 25. August 1844 gab beispielsweise die Königliche Regierung von Schwaben bekannt: „Ein Wirth zu Kempten wurde kürzlich mit zwei falschen Guldenstücken bezahlt, welche nach einer von dem königlichen Hauptmünzamte vorgenommenen Untersuchung aus Messing bestehen und stark galvanisch versilbert sind … Indem hiermit das Publikum vor der Annahme solcher falschen Münzen gewarnt wird, erhalten zugleich sämtliche Polizei-Behörden den Auftrag, wegen deren Verfertigung und Verbreitung geeignete Späher eintreten und sich die Entdeckung der Verfertiger dieser Münzen umso mehr angelegen sein zu lassen, als die letzteren von den ächten Münzen nur schwer zu unterscheiden sind, und die gelungene Nachahmung eine leichte Vervielfältigung dieser falschen Münzen befürchten lässt."

Das 17. Jahrhundert bezeichnen Historiker als das Zeitalter der Kipper und Wipper. So nannte man die Münzherren, die das „gute" Geld einschmelzen und als Ersatz geringhaltiges prägen ließen. Die Begriffe leiten sich vom niederdeutschen kippen (gleich abschneiden) und von wippen (gleich dem schnellen Wurf in die Waagschale) ab. Die Münzverschlechterung grassierte insbesondere im zeitlichen Umfeld des Dreißigjährigen Krieges – denn mit diesem Krieg verbanden sich Rüstungsausgaben in bislang kaum bekannter Größe. Sie lösten einen enormen Geldbedarf aus. Flugschriften sprachen von „bösem Geld“ und verglichen es mit der Pest. Der Blick auf die Preisentwicklung belegt das Phänomen. So kostete um 1600 ein Scheffel Weizen in Dresden 2 Reichthaler 15 Groschen, 1622 waren dafür 11 Reichstaler 5 Groschen zu zahlen.

Inflationen haben seit der Antike die Lebensbedingungen der Menschen verschlechtert. Richard Gaettens schrieb zusammenfassend: „Das entwertete, von verantwortungslosen Regierungen ausgegebene Geld ist der Zerstörer des Eigentums. Inflationen sind das größte Verbrechen gegen eines der Grundrechte des Menschen, gegen das private Eigentum.“ Heute ist es die Aufgabe der unabhängigen Europäischen Zentralbank (EZB), mit ihrer Geldpolitik Preisstabilität abzusichern. Es war jedoch ein weiter Weg bis zum Artikel 108 des EG-Vertrags, der festlegt: Weder die Europäische Zentralbank noch eine nationale Zentralbank noch ein Mitglied ihrer Beschlussorgane darf Weisungen von Organen oder Einrichtungen der Europäischen Gemeinschaft, Regierungen der EU-Mitgliedstaaten oder anderen Stellen einholen oder entgegennehmen. „Schlechtes Geld“ – das kann es auf dieser Grundlage nicht mehr geben.

Fatale Folgen hatte die zwangsweise Einführung von Münzgeld bei Naturvölkern durch die europäischen Kolonialmächte. Bis zum Vorabend der Französischen Revolution war beispielsweise in Afrika praktisch kein Geld in Umlauf: Waren wurden direkt getauscht, sie wurden sogar den Bediensteten in den Niederlassungen der Kolonialmächte als Sold ausgegeben. 1783 erreichten die ersten Münzen aus dem Pariser Münzamt den französischen Verwaltungs-Stützpunkt Saint Louis. Die Bezahlung von einheimischen Zwischenhändlern und Angestellten wurde nach und nach auf Geld umgestellt. Banknoten wurden nicht akzeptiert – wer sollte auch angesichts des Analphabetentums die Beschriftung des Papiers lesen können? In der zweiten Hälfte des 19. Jahrhundert berichteten Reisende ins Innere Afrikas davon, dass die Eingeborenen zwar Geldstücke horteten, ihnen aber keinen festen Gegenwert zuordneten.

Am Beispiel Afrikas lässt sich aufzeigen, welche verheerenden sozioökonomischen Folgen die Einführung von Geld auf traditionelle Gesellschaften hatte. Der Vorgang wurde zu einem Instrument struktureller Gewalt, die ganz Afrika den europäischen Interessen zu unterwerfen half. Der

Begriff der strukturellen Gewalt wurde 1971 von dem Norweger Johan Galtung eingeführt, der 1987 den Alternativen Nobelpreis erhielt. Galtung definierte Strukturelle Gewalt anfangs als „vermeidbare Beeinträchtigung grundlegender menschlicher Bedürfnisse oder, allgemein ausgedrückt, des Lebens, die den realen Grad der Bedürfnisbefriedigung unter das herabsetzt, was potenziell möglich ist." Strukturelle Gewalt sei, so die Beschreibung weiter, „in das System eingebaut und äußert sich in ungleichen Machtverhältnissen." Sie kommt teilweise von innen, teilweise von außen.

Fatal war die Einführung von Kopfsteuern durch die Kolonialmächte. Die erste solche Anordnung der französischen Kolonialverwaltung wurde im Senegal am 4. August 1860 erlassen. Im Jahre 1904 summierten sich die Einnahmen der Kolonialverwaltung in Französisch-Westafrika aus Kopfsteuern auf 12,6 Millionen Franc. Der zu zahlende Betrag schwankte von Gebiet zu Gebiet zwischen 0,25 und 5 Francs. Die Frage war, woher sollten die Einwohner an Geld kommen, um die verordnete Steuerpflicht gegenüber den weißen Herren erfüllen zu können?

Die Vertreter der europäischen Handelsgesellschaften bezahlten Geld für Erdnüsse oder Baumwolle – also begannen die Bewohner von immer mehr Dörfern, diese Produkte anzubauen, auf Kosten der traditionellen Nahrungsmittel für den eigenen Bedarf. Rasch expandierten die Export-Monokulturen. Ersatzweise war durch Saisonarbeit in den Plantagen an der Küste zu Geld zu kommen. So wurden Migrationsbewegungen in Gang gesetzt, die bis zum heutigen Tage anhalten, und in manchen Regionen insbesondere Westafrikas die Hälfte der arbeitsfähigen männlichen Bevölkerung monatelang von den Heimatdörfern forttreiben. Rund 200.000 Bewohner von Französisch-Westafrika wanderten in die britischen Nachbarregionen aus. Die Arbeitskraft fehlt zu Hause – ein Faktor, der zum Zusammenbruch der traditionellen Subsistenzwirtschaft führte und zu den Haupthindernissen von „Entwicklung“ zählt. So wurde die Wirtschaft der afrikanischen Völker auf die Wünsche der Kolonialherren ausgerichtet und Unterentwicklung nachhaltig zementiert. Dörfer, die eine Steuerzahlung verweigerten, wurden zum Ziel militärischer Interventionen.

Einschneidend war die Einführung von Papiergeld. Erste Noten kamen in China zur Zeit der Tang-Dynastie (618-907) im Umlauf. Damit wurde dem Mangel an Kupfer für die Münzprägung begegnet. Wegen des geringen Gewichts sprachen Zeitgenossen von „fliegendem Geld“. Fehlender Metallnachschub führte seit dem Ende des 15. Jahrhunderts auch in Europa zur Ausgabe von „Notgeld“ – zum Beispiel in belagerten Städten. Städtische Schuldscheine, die an Dritte weiter gegeben werden konnten, und Depot-Quittungen für hinterlegtes Edelmetall werden oft in die Tradition des Papiergeldes gestellt. Solche Papiere gab es seit dem 13. Jahrhundert. Private Wechsel und Schuldbriefe fanden im 14. Jahrhundert Verbreitung – sie erschlossen eine neue Dimension des Umgangs mit Geld. 1581 beschrieb der Händler Davanzati aus Florenz die geschäftlichen Gepflogenheiten der Konkurrenten aus Genua bei ihren Messen: „Im Gegensatz zur Messe von Lyon findet in ihnen kein Warenhandel statt, sondern es kommen nur 50 oder 60 Bankiers zusammen, jeder mit einem kleinen Papierbuch, um die Wechselgeschäfte von fast ganz Europa zu regulieren und sie durch Rückwechsel zu den untereinander vereinbarten Zinsen zu erneuern."

Das Papiergeld war die Voraussetzung für neue Ausmaße der Inflation. Das mussten die Arbeiter in Deutschland in den Jahren nach dem Ersten Weltkrieg erleben. Im November 1923 entsprachen 154 Milliarden Mark nur noch dem Wert des Jahres 1914 von 15,4 Pfennigen. 1922 wurden erstmals 5000- und 10.000-Markscheine ausgegeben. Mit der Herstellung des Papiergeldes waren nicht nur 7500 Mitarbeiter der Reichsdruckerei beschäftigte, sondern dazu 33 weitere Druckereien. 1723 Pressen spuckten landesweit unablässig Geld aus. Schließlich waren Banknoten im Wert von mehr als 500 Trillionen Mark im Umlauf. Dazu kamen etwa 200 Trillionen Mark von Kommunen und Konzernen. 1923 waren die meisten deutschen Bürger Billionäre. Mit Waschkörben trugen die Arbeiter ihren Lohn zum nächsten Geschäft, um das Nötigsten für ihre Familien zu kaufen. Denn die Unternehmen gaben Löhne, die, ein paar Tage früher festgesetzt, am Zahltag oft schon auf die Hälfte zusammen geschrumpft waren.

Schwer wiegen die Vorwürfe des Historikers Golo Mann: Die Finanzfachleute und Großindustriellen, die „die neuen Herren an der Spitze" berieten, hätten „kein Interesse an der Rettung der Mark" gehabt: „Sie hatten ein Interesse an ihrem Sturz … Der völlige Ruin der deutschen Währung sollte den Reparationszahlungen ein Ende machen." Dazu kamen „weniger edle Motive": „Geld ist bedrucktes Papier; dadurch, dass Papier seinen Wert verliert, gehen keine wirklichen Werte verloren. Sie wechseln nur die Hände. Die Reichen werden reicher, die Armen ärmer. Jene, die nur Papier besaßen, den papierenen Anspruch auf wirkliche Werte, die Rentner, die kleinen Sparer, jene vor allem, die nur mit Papier bezahlt wurden, die Arbeiter, Angestellten und Beamten, ihnen wurde genommen; jene, die wirkliche Werte besaßen, die Grundstücke, die Fabriken, die Bergwerke, ihnen wurde gegeben."

Die ersten Banknoten im heutigen Sinne wurden 1609 von der Bank von Amsterdam und 1661 als „Vertrauensscheine" in Schweden ausgegeben. Für den Durchbruch in Europa sorgte die 1694 gegründete Bank von England als unabhängiges Geldinstitut. Als Gegenleistung für das Recht zur Ausgabe von Banknoten gewährte sie dem Staat Darlehen. Frankreich folgte 1703 mit der Ausgabe von Papiergeld unter Ludwig XIV. Erwähnt werden muss der aus Schottland stammende Ökonom John Law (1671-1729) – eine schillernde Persönlichkeit, die mit seiner 1705 verfassten Schrift *Money and Trade Considered, with a Proposal for Supplying the Nation with Money* für Furore sorgte. Banknoten, die durch Edelmetalle und Grundvermögen abgedeckt waren und tatsächlich Vertrauen genossen, waren der Kerngedanke seines Konzepts.

1716 gründete Law die Banque Generale, die Kredite auf der Basis von Papiergeld vergab und zwei Jahre später zur Banque Royale aufgewertet wurde. 1719 stieg der gebürtige Schotte zum Generalkontrolleur der Finanzen in Frankreich auf: Zugleich war er Direktor der französischen Mississippi-Kompanie, die rund ein Drittel des Territoriums des nordamerikanischen Kontinents beanspruchte, mit zahlreichen Privilegien ausgestattet war und Aktien ausgab. Law verstand es, den Staat, die Bank und die Kompagnie zu eine gemeinsamen Unternehmung zu verknüpfen. Wilde Spekulationen führten jedoch zu einer Aktien- und zu einer Banknoteninflation – und zum ersten Börsencrash in der Geschichte. Die Bank wurde im Oktober 1721 liquidiert. Damit war es zunächst wieder aus mit dem Vertrauen ins Papiergeld.

Dem Papiergeld hafteten noch lange Unsicherheiten an, weshalb es sich in vielen Staaten erst im späten 19. Jahrhundert durchsetzen konnte. Ein Problem bestand darin, die Noten fälschungssicher zu machen. Erste Experimente zur Fertigung von geeignetem Spezialpapier werden aus dem 18. und 19. Jahrhundert berichtet. In einer Propagandaschrift, betitelt als *Blick in die Geschichte der Zettelbanken in Europa und auf die Errichtung einer Notenbank in Baiern*, wetterte noch 1822 ein anonymer Autor: „Gott schütze unsern König und sein königliches Haus. Er bewahre unser Land vor Krieg, Seuchen und Misswuchs. Er erhalte uns die sparsamen Gold- und Silberstücke, welche uns der Krieg und die Teuerungsjahre übrig gelassen haben. Er verderbe in unserem von der Papierpest noch freien glücklichen Lande allen Samen, aus dem dieses tausendjährig wuchernde Unkraut kommt!" Ein wichtiger Markstein bei der Entwicklung des Geldwesens war 1816 – nach dem Sieg über Napoleon – die Einführung der Goldwährung in England. Nach diesem Vorbild richteten allmählich die meisten europäischen Staaten ihre Währung nach dem Gold aus, das damit das Silber ablöste. Nur eine Episode blieb die vorübergehende Einführung der Platinwährung in Russland 1828: Der Rohstoff für die „weißen Dukaten“ stammte aus sibirischen Minen. Weil aber dieses Geld zunehmend im Ausland verschwand, schaffte es der Zar 1845 wieder ab.

In der Gegenwart sinkt die Bedeutung von Münz- und Papiergeld. Kreditkarten eroberten die Einkaufswelt. Ihre Anfänge reichen ins Jahr 1917 zurück. Damals führte in Chicago das Kaufhaus Sears Metalltäfelchen ein, auf denen die wichtigsten Daten der Kunden vermerkt waren. Das neue System sollte das über Hand genommene „Anschreiben lassen“ vereinfachen: Die Kassierer machten von diesen „Kauftafeln“ einfach eine Papierkopie. Zahlungen über das Internet haben das jüngste Kapitel des Zahlungsverkehrs eingeleitet.

Der E-Commerce-Umsatz stieg in Deutschland zwischen 2017 und 2018 um weitere 11,4 Prozent auf über 65 Milliarden Euro.

Kreditkarten und Online-Bestellungen aber sind verführerisch – nämlich mehr von der „kahlen Ware“ auszugeben, als jemand eigentlich hat. Das Phänomen ist mit eine der Ursachen für Verschuldung. Die Menschen haben zu allen Zeiten Schulden gemacht. In Nürnberg zählt heute noch der Schuldturm zu den Sehenswürdigkeiten der Stadt. Er wurde 1320 erbaut. In London saßen 1730 gleichzeitig mehr als 4000 Personen im Schuldgefängnis. Versuchungen bergen heute mehr als in der Vergangenheit Kredite in sich. Nach dem von Creditreform herausgegebenen Schuldneratlas Deutschland vom Herbst 2018 konnten zu diesem Zeitpunkt rund 6,9 Millionen Bundesbürger über 18 Jahre ihre Kredite nicht zurückzahlen. Hauptursachen sind Arbeitslosigkeit, Trennungen/Scheidungen, Krankheit oder eben übermäßiger Konsum.

Egal, welche Form es hat, der Nutzwert von Geld bleibt immer abhängig von der Möglichkeit, es auszugeben. Der Eigentümer von einer Million russischer Rubel oder einer Million jemenitischer Rial wird in kaum einer Bäckerei in Deutschland dafür nur eine Brezel bekommen. Es gibt außerdem Ereignisse, durch die der Zugriff auf Geldvermögen unmöglich gemacht wird. Als in Argentinien 2001 das Finanzsystem in den Kollaps schlitterte, durften die Bürger des Landes qua Regierungserlass vorübergehend pro Monat nur noch umgerechnet 500 Euro von ihren Konten abheben. Es ging dann auch mit weniger Geld: Es entstanden Tauschringe, in denen nicht nur Waren, sondern vor allem Dienstleistungen ausgetauscht wurden. Die dabei verwendeten „Créditos“ wurden zu einer inoffiziellen Komplementärwährung des Peso.

Die Finanzkrise in Ländern wie Griechenland ist ein spezielles Thema, auf das angesichts seiner Komplexität von internen wie externen Ursachen hier nicht eingegangen werden kann. Die Gier nach mehr Geld war sicherlich ein Faktor. Akteure waren Kreditgeber im Ausland, die auf Zinsen hofften, ebenso wie im Inland viele reiche Bürger, die durch Steuerhinterziehung dem Staat die notwendigen Einnahmen vorenthielten. Vorbildlich hat Island mit seinen gerade 320.000 Einwohnern seine Finanzkrise gelöst. Bankvorstände des Landes hatten zunächst Anleger im Ausland mit hohen Zinsen angelockt. Doch 2008 waren eigene Schulden nicht mehr rückzahlbar – die Banken gingen Pleite. Anders gesagt: Die Regierung ließ die Banken Pleite gehen und verstaatlichte sie.

Banken können im Prinzip überall auf der Welt zusammenbrechen. Dank einer EU-Richtlinie – veröffentlicht am 12. Juni 2014 im Amtsblatt der Europäischen Union – haben immerhin die meisten Länder Europas eine „Einlagensicherung" von 100.000 Euro pro Bankkonto eingeführt.

Was aus einer anderen Erscheinung der Gegenwart wird, bleibt abzuwarten. Die Rede ist von sogenannten Kryptowährungen als digitalen Zahlungsmitteln. Als bekannteste ist der erst seit 2009 gehandelte Bitcoin. Der Run darauf brachte ungeahnte Wertsteigerungen, und anschließend ein böses Erwachen – 2017 stieg der Kurs von 839 Euro im März auf knapp 16.500 Euro Mitte Dezember. Ende 2018 waren es nur noch 3.252,63 Euro.

Glanzzeit der Feudalherren

"Das verschwenderische Hofwesen zu München; die kostspieligen Reisen der herzoglichen Söhne; des Erbfürsten Vermählungsfeier im Palast von Nancy mit Elisabeth von Lothringen; eine lange Reihe leichtmütig ersonnener Bedürfnisse, außer Verhältnis mit den öffentlichen Einkünften, und die Unordnung in der Haushaltung des Hofes, hatten über Bayern eine unerhörte Schuldenmenge gehäuft … Düster stach neben dem Glanz des Hofes die Not des armen Landmannes ab, der nur geboren zu sein schien, mit der Frucht seines Schweißes den Überfluss derer anzuhäufen, welche den Beruf hatten, ihn zu beglücken."

So liest es sich in einer Schrift aus Bayern kurz vor Ende des 16. Jahrhunderts. Die Blütezeit höfisch-ritterlicher und zugleich kostspieliger Kultur wird schon für das 12. und 13. Jahrhundert angesetzt. Locker saßen im Mittelalter und in der frühen Neuzeit die Hände der Fürsten, wenn es um das Geldausgeben ging. Sie waren gierig, genügend Geld dafür zu haben.

Die großen „events" jener Tage waren Hoftage und Turniere. Dort stellten sich die Herrschaften zur Schau. Zu einem Hoftag von Kaiser Friedrich Barbarossa im Mai 1184 in Mainz sollen bis zu 70.000 Teilnehmer angereist sein. Allein die Verpflegung war teuer. Von einem einfachen Fürstentreffen um 1500 in Nürnberg ist die Speisekarte überliefert: Es wurden 3272 Pfund Rindfleisch und 2666 Pfund Kalbfleisch verzehrt. Dazu kamen 1185 Pfund Schweinefleisch, 375 Pfund Lammfleisch, 109 Masthähne, 826 Hühner, 836 andere Vögel, 36 Rebhühner, 44 Hasen, sieben Enten, 47 Eichhörnchen und tausende von Fischen. Getrunken wurden 218 „Eimer“ Frankenwein und 300 Liter Wein aus Istrien. Zur Unterhaltung der Gäste waren stets Spielleute, Possenreißer, Mimen und Gaukler angeheuert.

Hochzeiten der Adeligen, bei diesen Anlässen die Mitgift, Kutschen und Pokale, das alles erforderte reich gefüllte fürstliche Haushaltskassen. Um das Volk zu beeindrucken, stellten die Herrschaften und ihre Frauen bei öffentlichen Auftritten Schmuck und prunkvolle Kleider zur Schau. Standesgemäß war sicherlich das perlenbesetzte Gewand, das Karl der Kühne auf dem Reichstag in Trier 1475 trug – es kostete nach heutigen Maßstäben rund zwei Millionen Euro. Teuer waren Ritterrüstungen. Die Angaben für den Gegenwert allein eines Kettenpanzerhemdes schwanken zwischen 20 und 100 Ochsen, der Gegenwert eines Pferdes lag bei fünf bis zehn Ochsen.

Doch woher kamen die Vermögen, aus denen sich der fürstliche Prunk bestreiten ließ? „Im Mittelalter war das, was man heute Eigentumsordnung nennen würde, auch rechtlich gesehen identisch mit der politischen Struktur. Wesentliche Ansatzpunkte der Herrschaft waren Rechte am Boden, der neben der menschlichen Arbeit bis in das 19. Jahrhundert hinein im größeren Teil Europas der entscheidende Produktionsfaktor war“, schrieb Helmut Rittstieg. Es war, anders ausgedrückt, das Prinzip des Feudalismus, das den Alltag der europäischen Völker prägte. Es basierte auf dem Lehensrecht der Grundherren und war zugleich Hoheitsrecht. Der König stand an der Spitze der Lehenspyramide. Er vergab Lehen, die dann in kleinere aufgeteilt und weitervergeben wurden.

Dieses Recht versetzte die adeligen Herren in die Lage, sich die Arbeit der Bauern anzueignen und damit ihren eigenen Besitz zu bewahren und zu vermehren. „Hörigkeit“ war der Schlüsselbegriff. Er bedeutete: Die große Mehrzahl der bäuerlichen Bevölkerung befand sich in der Abhängigkeit von Grund-, Leib- und Gerichtsherren. Damit war persönliche Unfreiheit verbunden. Die Bauern mussten zu einem festen Termin den größten Teil ihrer Erzeugung abliefern – nicht nur Getreide, sondern auch das Ergebnis ihrer Viehzucht, einschließlich der tierischen Produkte wie Eier, Käse, Honig oder Wolle. Immer wieder wurden diese Tribute von den Adeligen mit Gewalt eingefordert. Im Gegenzug stand den abhängigen Bauern zumindest theoretisch Schutz zu. Ein süddeutsches Rechtsbuch aus dem 13. Jahrhundert stellte das klar: „Wir sullen den herrn darumbe dienen, daz sie uns beschirmen. Beschirmen si uns nit, so sind wir inen nicht dienstes schuldig."

Doch die Menschen im Mittelalter litten nicht nur unter den ordnungspolitischen Vorgaben fürstlicher Macht. Die demographische Entwicklung verschlechterte ihre Situation weiter. Zwischen dem 11. und dem 14. Jahrhundert verdreifachte sich nach übereinstimmenden Schätzungen die Bevölkerung Mitteleuropas – trotz zwischenzeitlichen Perioden der Pest und der Hungersnöte in Folge von Missernten. Dadurch wurde überall das Land knapp, das von den weltlichen und kirchlichen Herren an die Bauern verteilt werden konnte. Die Rodung neuer Flächen hatte vielerorts seine Grenzen erreicht. Bestehende Felder wurden immer häufiger geteilt, und boten kaum mehr eine hinreichende Existenzgrundlage. Im 13. Jahrhundert lebten in Schwaben und großen Teilen Bayerns die Bauern auf Viertelhufen. In manchen Gegenden waren Landstücke in 16 oder gar 100 einzelne Parzellen zersplittert. Unterschiedlich waren die Erbfolgeregelungen. In Süddeutschland wurde der bäuerliche Besitz vorzugsweise unter allen männlichen Erben aufgeteilt. In Norddeutschland war die Übertragung des Gutes an einen einzigen Erben der häufigere Fall. Wem genügend Land blieb, der konnte trotz der Abgaben Überschüsse erwirtschaften, die auf dem städtischen Markt gegen Geld veräußert werden konnten. So versuchten die Bauern, möglichst viel Überschussproduktion für sich zu behalten und auf eigene Rechnung zu verkaufen. Der Kampf um die Verteilung der landwirtschaftlichen Erträge zwischen den Bauern und ihren Herren verschärfte sich.

Tatsächlich bildete sich bis zum Hochmittelalter eine Schicht von wohlhabenden Bauern heraus, denen es wirtschaftlich gar nicht so schlecht ging – solange nicht Krieg über ihre Heimat hinweg zog und nicht Missernten zu beklagen waren. Ein Chronist vom Oberrhein klagte: „Durch Reichtum sind die Bauern in unserer Gegend und in manchen Teilen Deutschlands üppig und übermütig geworden. Ich kenne Bauern, die bei der Hochzeit von Söhnen und Töchtern so viel Aufwand machen, dass man dafür ein Haus und ein Ackergut neben einem kleinen Weinberg kaufen könnte."

Auf der anderen Seite stand die arme Schicht nachgeborener Bauernsöhne. Sie hatten je nach Region eine unterschiedliche Bezeichnung: Kötter, Seldner oder Gärtner. „Geringes Brot, Haferbrei oder gekochtes Gemüse ist ihre Speise, Wasser und Molken ihr Getränk" heißt es in einer zeitgenössischen Quelle. Als Tagelöhner mussten sich die armen Landbewohner bei den reichen Bauern verdingen oder ein ländliches Handwerk ausüben. Dazwischen gab es eine bäuerliche Mittelschicht, die mehr schlecht als recht durchs Leben kam. Je nach Region gehörten ihr 25 bis 50 Prozent der Landbevölkerung an.

Die Herrschaften kontrollierten von ihren Burgen und Schlössern aus ihre Lande – als Festungen ausgebaut, zur Abwehr von neidischen Feinden. Ab dem 11. Jahrhundert lösten, von Frankreich ausgehend, Steinbauten die Wallanlagen als sichtbare Zeichen von Macht ab. Hunderte entstanden während der 38 Regierungsjahre von Friedrich I. Barbarossa. Die Landschaften veränderten sich. Der Bau kostete in jedem Fall ein Vermögen – zur Bezahlung eines

Heers von Steinmetzen, Zimmerleuten, Schmieden und allerlei Handlangern. Obwohl das Leben hinter den Mauern in der Regel nicht allzu komfortabel war, so flößten die fertigen Burgen den Vasallen und Leibeigenen in ihren Hütten dennoch Respekt ein. Mehr oder minder willig lieferten sie angesichts der Bedrohung durch die hinter den Mauern vermutete Waffengewalt ihre Abgaben ab und leisteten sie Frondienste. Der von Friedrich Barbarossa 1158 erlassene Mühlenzwang schrieb den Untertanen sogar vor, wo sie, kostenpflichtig, ihr Getreide mahlen lassen durften.

Alltag, das war zugleich der Kampf um konkurrierende Rechte und Privilegien, in den die Fürsten in „Zank und Hass" verstrickt waren, wie es ein Chronist aus dem 16. Jahrhundert ausdrückte. Dabei ging es um das Zollrecht an Wegen und Brücken, um die Kontrolle über Handelswege, Häfen und Bodenschätze – alles Faktoren, die den Reichtum des jeweiligen Fürsten mehren sollten. Die Grundlage war die Einheit von Eigentum und öffentlicher Gewalt, die im juristischen Sinne das Mittelalter prägte. Es drehte sich im Kreis: Der Wunsch der adeligen Herren nach Reichtum und Prunk erforderte Geld, doch dazu waren Kriege nötig, die auch wieder Geld kosteten. „Wer Krieg führt, fischt mit einem goldenen Netz", war im 16. und 17. Jahrhundert ein gebräuchliches Sprichwort.

Land und Burgen wechselten häufig den Besitzer – zum Teil freiwillig, zum Teil durch Eroberungen. Solche Veränderungen sind Gegenstand der meisten Urkunden, die aus dem Mittelalter und der frühen Neuzeit erhalten blieben. Das las sich dann, um ein Beispiel zu nennen, wie folgt: „König Ludwig (von Bayern) verpfändet an Ritter Heinrich von Schwarzenburg seine und des Reiches Vogtei über die Dörfer Aitrang und Geisenried, welche im Eigentum des Klosters zu Füssen sind. König Ludwig versetzt die Dörfer um 100 Münchner Pfennige als Gegenleistung für die Dienste, welche

Schwarzenberg ihm und dem Reiche erbracht hat und noch erbringen wird. Die Vogtei geht mit allen Rechten und Nutzungen an Schwarzenberg über, bis sie vom Aussteller oder seinen Erben um 100 lb wieder rückgelöst wird." Besiegelt wurde dies am Thomastag, den 21. Dezember, 1322. Die Praxis der Verpfändungen und des Lehnswesens war insgesamt sehr kompliziert und würde viele Bücher füllen.

Nicht selten wurden Fürsten durch habgierige Ratgeber angestachelt. Im *Fürstenspiegel*, den Johannes von Anneux im 14. Jahrhundert dem Wilhelm III von Hennegau-Holland widmete, steht die Mahnung: Den Fürsten stehe ihr Geld eigentlich nur zur Erfüllung ihrer Aufgaben zu; ein schlechter Fürst dagegen gibt es zur Vergrößerung seines Hofstaates aus. Johannes von Anneux empfahl den Fürsten, nicht nur bei der Auswahl eines Pferdes, sondern auch bei den Ratgebern sehr sorgfältig zu sein. Und er beklagte, dass habgierige Herrschaften jene für gute Berater hielten, die ihr Fürstentum vergrößern und ihre Geldbörse füllen helfen. Gier aber verführe Ratgeber, Beamte und Richter zur Korruption.

Da die Schreibkundigen meistens in Diensten des Adels standen, gab es nur wenige offene, schriftliche Klagen über die Habgier der Herrschaften. Von dem um 1010 geborenen Dekan Otloh aus dem Regensburger Kloster Sankt Emmeram ist ein solches Dokument überliefert. In seinem *Liber visionum* lässt er einen Bettler sagen, dass Kaiser Heinrich III „vor allem wegen seiner Habsucht tadelnswert" sei. Und: „Lange wird der Kaiser nicht mehr leben, wenn er nicht von seiner lasterhaften Habgier lässt." Es folgt – als zeitgenössische Warnung an die Fürsten – eine Vision, in der die Hauptfiguren drei Arme sind. Nachdem der dritte vom Kaiser vertröstet und abgewiesen wurde, sei eine Stimme vom Himmel erschollen: „Hinweg mit diesem Herrscher! Lasset ihn unter quälenden Strafen fühlen, wie hart die Armen auf seinen Richterspruch warten. Er empfange, was er gegeben, und lerne so, was es um das Aufschieben ist." Und plötzlich sei der Kaiser aus der Versammlung hinweg gerafft worden, ist zu lesen.

Von den gewaltsamen Auseinandersetzungen zwischen den Fürsten profitierten nicht nur diese selbst. Landsknechte und Soldaten bereicherten sich durch die Kriegsbeute. Aus der Zeit des Dreißigjährigen Krieges im 17. Jahrhundert ist das folgende Kinderlied überliefert: „Die Schweden sind gekommen, haben alles mitgenommen. Haben's Fenster eingeschlagen, Haben's Blei davongetragen. Haben Kugeln daraus gegossen, Und die Bauern erschossen." Steuerbücher der Stadt Augsburg zeigen, dass das Vermögen der Bürgerschaft während dieses Krieges auf gerade ein Viertel sank. Die Zahl der Steuerzahler in der schwäbischen Metropole nahm in dieser Zeit von 9532 auf 4822 ab. Der Heimatkundler Anton Mayr stellte zu den Auswirkungen des Krieges fest: „Wie ein furchtbarer Hagelschlag war dieser unheilvolle Kampf über die letzten Ährenfelder der frühkapitalistischen Aussaat niedergegangen."

Die kirchlichen Herren standen den weltlichen in ihrer Habgier kaum nach. Manche mittelalterlichen Päpste lieferten das Vorbild. Anfang des 7. Jahrhunderts zog Papst Sabinianus die Wut des Volkes auf sich, weil er – reichlich unchristlich – in schwerer Hungersnot der Bevölkerung nur zu Wucherpreisen Getreide verkaufte. Spätestens unter Urban II. (1088-1099) wurde das Bild einer Erobererkirche immer deutlicher, die die Kreuzritter als Gefolgsleute zu den Wirkungsstätten Jesu Christi schickte. Schamlos betrieb Bonifaz IX. (1389-1404) den Ablasshandel.

Der Kirchenhistoriker Hans Kühner schrieb dazu: „Vergebens sucht man in der Welt kleinlicher Habsucht und unermüdlicher Raffgier, in der das Papsttum versunken war, noch nach einem Anflug geistiger Kraft, religiöser Substanz und christlichen Denkens." Ländereien des Kirchenstaates verpachtete Bonifaz als Vikariate an zahlungskräftige Familien. Von Paul II. (1464-1471) berichtet Kühner ein „kindliches Vergnügen am Sammeln von Juwelen." Über seinen Nachfolger Sixtus IV. (1471-1484) wird berichtet, dass er den Betrieb von Bordellen in Rom unterstützte und daran jährlich 80.000 Golddukaten verdiente. Der Heilige Stuhl bot zu jener Zeit 650 Ämter zum Kauf an.

Innozenz III. (1484-1492) gehört für Kühner „zu den erbärmlichsten Figuren, die je die Tiara erlangt haben." Die Interessen „des trägen, völlig ungebildeten Mannes endeten beim Geld." Innozenz hielt demnach im Vatikan Einzug in Begleitung seines Sohnes Franceschetto, der die Spielhöllen in Rom unsicher machte. Schon von Zeitgenossen zum Atheisten erklärt wurde Alexander VI. (1492-1503) aus dem Hause Borgia – seinen neun Kindern (darunter Lucrezia Borgia) von verschiedenen Mätressen schanzte er alles an Macht und Reichtum zu, was in Italien zu jener Zeit nur zu haben war. Einen weiteren Höhepunkt erreichte die dunkle Epoche der Papstgeschichte mit Leo X. (1513-1521) aus dem Geschlecht der Medici. Kühner bringt es auf den Punkt: „Mehr Bankier als Papst, entwickelte der uneheliche Sohn des Lorenzo il Magnifico den Ablasshandel zum Wirtschaftssystem größten Ausmaßes und unterhielt daneben 2200 käufliche Ämter." Erst Innozenz XII. (1691-1700) machte mit der Bulle *Romanum decet Pontificem* der päpstlichen Vetternwirtschaft ein Ende. Der nächste Inhaber des Stuhles Petri, Klemens XI. (1700-1721), brach endgültig mit der Tradition päpstlicher Habgier und verteilte statt dessen eine Million Scudi an die Armen. Bei seinem Tode fand man nur noch 60 Scudi als Hinterlassenschaft.

Der Gegensatz zwischen dem Reichtum der weltlichen wie der geistlichen Fürsten und der Armut des einfachen Volkes führte zu den so genannten Bauernkriegen zwischen 1524 und 1526. In ihnen machte sich auf dem europäischen Kontinent erstmals breiter

Widerstand gegen die Ungleichheit Luft. Die Führer beriefen sich dabei auf Argumente christlicher Ethik. Als Ideologe unterschied Thomas Müntzer zwischen „Auserwählten" Gottes und „Verdammten". In der Schrift *An die Versammlung gemeiner Bauernschaft* von Ende April/Anfang Mai 1525, die Thomas Müntzer oder seinem Anhänger Hans Hut zugeschrieben wird, wurde das angemaßte „Raubrecht" der Fürsten und Herren gegeißelt. Zitat: „Sie schetzent und reißent den Armen das Mark aus den Beinen, und das müssen wir verzinsen. Wo bleibent hie die Stecher und Renner, die Spieler und Bankettierer, die da völler sein dann die kotzende Hund? Dazu müssen wir Armen ihnen Steuern, Zinsen und Gult geben, und soll der Arm nichtdesterminder weder Brot, Salz noch Schmalz daheim haben mitsamt ihren Weibern und kleinen erzogenen Kindern … Hat Gott ihnen solche Gewalt gegeben? In welchem Kappenzipfel steht doch das geschrieben? Ja, ihre Gewalt ist von Gott; aber doch so fern, dass sie des Teufels Söldner sein und Satanas ihr Hauptmann."

Der aus Nürnberg stammende Buchdrucker Hans Hergot fasste 1526 in der bildhaften Sprache seiner Zeit die Meinung und Hoffnung des einfachen Volkes in einer Flugschrift zusammen: „Es sind gesehen drei Tisch in der Welt: Der erste überflüssig und zu viel darauf, der andere mittelmäßig und ein bequeme Notdurft, der dritte ganz notdürftig. Da sein kommen die von dem überflüssigen Tisch und wollten nehmen von dem wenigeren Tische das Brot. Hieraus erhebt sich der Kampf und dass Gott wird umstoßen den überflüssigen Tisch und den geringen Tisch und wird bestätigen den mittleren Tisch." Solche Gedanken erschienen der Obrigkeit so ketzerisch, dass Hergot dafür zum Tod verurteilt wurde.

Die Bewegung der Bauern flammte zuerst im Südwesten Deutschlands und im Thüringer Wald auf. Rasch verbreitete sich das Feuer vom Oberrhein bis nach Tirol, Franken, Thüringen und

Sachsen, bis der Aufstand von den Fürsten blutig niedergeschlagen war. In unzähligen Beschwerden und Forderungen schrieben die Bauern ihre Ziele nieder. So heißt es kurz und knapp in der Aufforderung der Aufständischen im thüringischen Frankenhausen an den Adel: „… dass ihr wollt lassen frei sein, was Christus hat frei gemacht: Holz, Wasser, Weide, Wildbann, ein jeder nach seiner Notdurft zu gebrauchen …"

Konflikte entzündeten sich seit dem Hochmittelalter insbesondere an den Waldnutzungs-Rechten. Zunächst ging es um die Reservierung von Jagdrevieren, zunehmend geriet aber der ökonomische Nutzen des Holzes in den Vordergrund. Der Wald lieferte das Brennmaterial für die Feuerstellen und das Baumaterial für die Häuser. Vielerorts wurden deshalb Wald- und Forstordnungen erlassen. Mit der Expansion der Städte erhöhte sich der Bedarf an Bauholz und damit die Möglichkeit einer profitablen Vermarktung. Dazu kam die steigende Nachfrage der städtischen Handwerker. Rohmaterial wurde durch den Bergbau gewonnen, doch dafür benötigte man Holz für die Sicherung der Stollen. Viele Gewerbezweige hatten Feuerstellen zur Voraussetzung oder verarbeiteten Holz. Forscher sagen: Wie die heutige Wirtschaft vom Erdöl, so war die des Mittelalters vom Wald abhängig.

Rasche Verbreitung fanden die „Zwölf Artikel" der Bauern, in denen die Forderungen systematisch aufgelistet waren. Die beiden ersten Artikel befassten sich mit der freien Priesterwahl und der Besoldung der Pfarrer. Der dritte verlangte die Abschaffung der Leibeigenschaft: „… Man hat uns bisher für Eigenleute gehalten, was zum Erbarmen ist, wenn man bedenkt, dass Christus uns alle mit seinem Blut erlöst hat." Artikel Nummer vier und fünf reklamierten die freie Jagd, den freien Fischfang und das Recht zum Sammeln von Bau- und Brennholz. Der sechste, siebte und achte Artikel regelte die Abgaben und Dienstleistungen für die Herren des

Landes. Nummer neun zielte auf eine Neuordnung des Gerichtswesens, Nummer zehn betonte das Recht der Gemeinde auf Nutzung der Wiesen und Äcker, Nummer elf forderte die Abschaffung der Leichensteuer und die Nummer zwölf war eine Bekenntnis zur Heiligen Schrift.

Dass die Bauern scheiterten, bezeichnete der Historiker Leo Sievers als eine nationale Katastrophe. Deutschlands Chance, Zentrum einer neuen Ordnung zu werden, sei dadurch vertan worden. Die Rechtsverhältnisse, um die sich die Auseinandersetzung drehte, waren allerdings sehr komplex und vielerorts gab es regionale Besonderheiten. Das traurige Los vieler Bauern noch in der zweiten Hälfte des 17. Jahrhunderts schildert die Klage des „rusticus queribundus", des „gequälten Bauern" eines Niels Hannsen aus dem Jahr 1668: „Ich bin nur ein Bauersmann, verachtet wird mein Stand, schlecht ist er bei allen … Meine Arbeit segnet Gott, doch wenn jeder hat sein Teil, bleibt mir nur wenig. Landgeld zahle ich meinem Herrn, Mastlohn auch für meine Schweine, darf er gleichfalls nehmen. Zehnten gebe ich meinem Pfarrer, der Kirche, dem Könige ebenso, eine Hocke dem Küster; dem Schreiber seinen Scheffel, auch der Hardesvogt will einen, für seine Mühe haben. Füllen, Lamm, Kalb zehnte ich, und von allem Futtervieh, gebe ich stets die Rente; Pfarrer, Küster, säumen nicht, sie sogleich mit vielem Fleiß bei mir abzuholen. Auch gebe ich dem König Schatz, aber kommt es nicht sogleich, sofort sie exiquieren. Muss verkaufen Schwein und Kuh, um aufzubringen Reiterschatz, für die Offiziere … Auch das Saatkorn muss ich leihen, habe ich noch so viel Kredit, um es zu erhalten. Wenn ich wieder geben soll, muss ich geben dreimal mehr. Was bleibt dann zurück?"

Noch in der *Münsterschen Eigentums-Ordnung* des Kurfürsten Maximilian Friederich vom Mai 1770 steht, dass ein „Eigenbehöriger" seinem Gutsherrn „entweder mit Pferden, oder wann er deren keine hat, noch halten kann, mit Hand- und Leibarbeit zu dienen, schuldig sei." Dem Gutsherrn war es nach einem der insgesamt 235 Paragraphen dabei „unbenommen", die Dienste für Geld „zu cedieren, und zu überlassen" – das heißt, die Abhängigkeit ging so weit, dass die Gutsherren die Arbeitskraft ihrer Leibeigenen verkaufen konnten.

Natürlich kamen beim Verkauf des Gutes auch die Menschen an einen neuen Besitzer: „Wann einer sein eigenbehöriges Gut, oder Erbe vertauschet, verschenket, verkaufet, oder auf eine andere gültige Art einem anderen eigentümlich übertraget, so treten die dazu gehörige Leibeigene aus dem Eigentum ihres vorigen Herrns in die Leibeigenschaft des neuen Gutsherrn, und werden demselben eigen." Auch in der Beziehung zum neuen Besitzer galt: „Ein Eigenbehöriger muss seinem Gutsherrn treu, hold, gewärtig, auch in billigen Dingen, und in so weit ihm über seine hergebrachte Pflichten nichts zugemutet wird, willfährig, und gehorsam sein" – wer nicht die „geziemende Ehrerbietung" zeigt, für den gab es eine Züchtigung, entweder „auf einige Stunden in den Spanischen Mantel, oder auch auf 24 Stunden in einer Kammer auf Wasser und Brod."

Der Aufschwung der Städte

„Ich aber bin ein Handelsmann / Hab mancherley Wahr bey mir stan / Würtz, Arlas, Thuch, Wolln un Flachs / Sammat, Seiden, Honig und Wachs / Und ander Wahr hier ungenannt / Die führ ich eyn und aus dem Land / Mit grosser Sorg und Gfehrlichkeit / wann mich auch offt das Unglück reit.“

So stand es in der *Beschreibung aller Ständ auff Erden*, gedruckt in Frankfurt am Main 1568, mit reich illustrierten Versen des Nürnberger Poeten Hans Sachs. Die Kaufleute im Mittelalter und in der frühen Neuzeit waren zusammen mit den Handwerkern die großen Gewinner einer zunehmenden Urbanisierung. Der Aufschwung der Städte sorgte nicht nur für neue Siedlungsformen, sondern auch für neue Chancen geschickter Hände und cleverer Köpfe – und damit für neue Möglichkeiten zur Erlangung von Einkommen und Reichtum, die allzu oft in Habgier mündeten. Natürlich hatte es in den Hochkulturen der Antike bereits Städte mit einer mächtigen Händlerschicht gegeben – manche, wie das alte Rom als wahrscheinlich erster Millionenstadt der Menschheit, würde man heute als Megacities bezeichnen. Die Städte waren im Imperium Romanum das tragende Element des politischen und wirtschaftlichen Lebens. Nachhaltig war dies nicht.

Im mittelalterlichen Zentral- und Westeuropa lebten die meisten Menschen auf dem Land und, wie beschrieben, in feudaler Abhängigkeit – und wegen der geringen und von Naturkatastrophen bedrohten Erträge der Landwirtschaft in ständiger Angst vor dem Hunger. Der Druck nahm zu, als sich in Westeuropa zwischen dem

7. und dem 14. Jahrhundert die Bevölkerungszahl verdreifachte. Die ungleiche Verteilung von Rechten schuf die Voraussetzung für die Spaltung der Gesellschaft in arm und reich. Zum Unterschied zu den ländlichen Siedlungen hatte die Stadt nicht nur ein anderes Erscheinungsbild, dazu gehörten auch andere Rechte. Hinter Stadtmauern war Hörigkeit auf Dauer schwer aufrechtzuerhalten. Die persönliche Freiheit, das Recht auf Grundbesitz und ein Erbrecht schufen neue Spielregeln für das Miteinander.

Neben der Landbevölkerung zog es manche Rittersleute in die Städte. Sie hatten ihre bisherigen Lebensbedingungen satt. Ulrich von Hutten schilderte in einem Brief vom 25. Oktober 1518 dem Nürnberger Patrizier Willibald Pirckheimer sein Los. Von Burgenromantik war darin keine Spur: „In den Städten könnt ihr nicht nur friedlich, sondern auch bequem leben … Vergleiche nicht Dein Leben mit meinem! … Man lebt auf dem Feld, im Wald und in den bekannten Burgen auf dem Berg. Die uns ernähren, sind bettelarme Bauern, denen wir unsere Äcker, Berge, Weinberge, Wiesen und Wälder verpachten. Der einkommende Ertrag ist, gemessen an der aufgewandten Mühe, geringfügig … Sodann müssen wir uns in den Dienst eines Fürsten stellen, von dem wir Schutz erhoffen … Die Burg selbst ist nicht als angenehmer Aufenthalt, sondern als Festung gebaut. Sie ist von Mauer und Gräben umgeben, innen ist sie eng und durch Stallungen für Vieh und Pferde zusammengedrängt. Daneben liegen dunkle Kammern, vollgepfropft mit Geschützen, Pech, Schwefel und sonstigem Zubehör für Waffen und Kriegsgerät. Überall stinkt es nach Schießpulver; und dann die Hunde und ihr Dreck, auch das ist ein lieblicher Duft …“

Die Zeiten waren vorbei, in denen sich mit dem Leben eines Ritters Heldentum und Tapferkeit, Luxus und Ansehen verband. Manchen Rittersleuten blieb nichts anderes übrig, als Äcker selber zu bestellen. Sie waren der Kälte im Winter, der Unbequemlichkeit und Einsamkeit ausgesetzt. Seit Mitte des 14. Jahrhunderts sind durch die Quellen zunehmende Burgenverpfändungen nachgewiesen. In manchen deutschen Fürstentümern verlor jedes zweite adelige Geschlecht seine Burgen. Es entstand ein regelrechter Burgenmarkt, an dem neuzeitliche Immobilienfirmen ihre helle Freude gehabt hätten. Mit den Gemäuern fielen alle damit verbundenen Güter und Rechte in andere Hände. Zeitweise boten die Kreuzzüge eine Chance zur Auswanderung. Raubrittertum war ein anderer Ausweg – aber das war keine wirklich erstrebenswerte Existenzform. Wenige dieser Spießgesellen brachten es zu Reichtum.

In den Städten war durch Spezialisierung auf handwerkliche Fertigungen und durch Handels- und Geldgeschäfte ein sozialer Aufstieg möglich. Handwerker und Kaufleute bildeten das wirtschaftliche Rückgrat der Städte. Die Bürger der Stadt Huy an der Maas im heutigen Belgien gelten als diejenigen, die als erste diesseits der Alpen ihrem Herrn – dem Bischof von Lüttich – das Stadtrecht abkauften und dieses beurkunden ließen. Der Ort wurde mit einem weitgehenden Asylrecht ausgestattet. Unfreie blieben zwar unfrei, wenn sie innerhalb der Mauern Zuflucht suchten – aber ihr Herr musste den Nachweis erbringen, dass sie ihm gehörten, und das war ein mühsamer Prozess. Der Höhepunkt der mittelalterlichen Stadtgründungen wird für das 12. und 13. Jahrhundert angesetzt. Viele erwarben den Status einer unabhängigen Reichsstadt. Das „Karlsprivileg“ verlieh Aachen 1166 Stadtrechte und erhob es zur Reichsstadt. Kaiser Friedrich II machte Nürnberg 1219 durch einen Großen Freiheitsbrief ebenfalls zu einer solchen. Lübeck folgte 1226. Erst aus dem Jahre 1475 datiert die offizielle Erhebung Kölns zur Reichsstadt. Der Reichstag 1521 in Worms listete 85 dieser Städte auf.

Frei von den traditionellen Abgaben zu werden, war die eine Erfahrung der städtischen Bevölkerung – Eigentum bilden und vermehren zu können, eine weitere. Forscher haben Testamente aus dem 13. Jahrhundert daraufhin untersucht. Sie stießen zunächst nur auf bewegliche Habe wie Vieh, Hausrat oder Schuldforderungen. Im 13. Jahrhundert taucht überhaupt erstmals der Begriff „egendom" in der deutschen Sprache auf. Es war ein langer Prozess, bis die Handwerker der Städte über stabile Grundlagen für den Erwerb, die Vermehrung und Sicherung von Besitz verfügten. Dazu verhalf die Einführung von Zunftordnungen. Durch sie bekamen klar definierte Gruppen von spezialisierten Stadtbewohnern das exklusive Recht der Berufsausübung zugeordnet. Die Aufnahme in eine Zunft blieb in der Regel den Söhnen oder Schwiegersöhnen eines Meisters vorbehalten.

Die ältesten Statuten deutscher Handwerkszünfte stammen aus dem 12. Jahrhundert: 1106/07 aus Worms, 1128 aus Würzburg, 1149 aus Köln. In Brandenburg gaben im 13. Jahrhundert die Stendaler Gewandschneider von 1231 und die Tuchmacher von 1233 ein Vorbild. Die erste Berliner Zunfturkunde betraf die Bäcker und ist aus dem Jahr 1272 datiert.

Es bildeten sich differenzierte Abgrenzungen zwischen einzelnen Handwerksbereichen heraus. In Nürnberg wurden über die Jahrhunderte hinweg rund 200 verschiedene Handwerkssparten gezählt, von „Ätzmahlern“ und Ahlenschmieden bis zu Zopfmachern und Zuckerbäckern. Für den Schutz der Zünfte vor „Störern“, „Pfuschern“ oder „Bönhasen“, die konkurrierende Ware außerhalb der Jahrmärkte oder innerhalb der städtischen Bannmeile feilboten, waren die Stadträte verantwortlich. Im Zweifelsfall wurde den fremden Handwerkern Ware und Werkzeug abgenommen.

Die Handwerkerzünfte dienten dazu, „Arbeitsbeziehungen zu regulieren und mit außerökonomischen Mitteln die Wirkung der

Marktgesetze bezüglich der Arbeitskraft einzuschränken", stellt Bronislaw Geremek fest. Ein Ausnahmefall war Nürnberg: Dort erließ ein städtisches „Rugsamt" die Handwerkerordnungen. Entscheidender Punkt war die Gerichtsbarkeit, die an den anderen wichtigen Gewerbeorten den Zünften zustand. Das Modell entstand nach dem Scheitern eines Handwerkeraufstands 1348/1349. Handwerker überfielen den Stadtrat bei seiner Versammlung, um selber die Stadtregierung zu übernehmen. Die Aufständischen scheiterten daran, dass Handel und Gewerbe in der Stadt zusammenbrachen. Die Aufrührer mussten nach wenigen Monaten aufgeben.

Das Ende der Zünfte kam endgültig mit dem preußischen Gewerbesteueredikt vom 2. November 1810. Künftig war der Erwerb eines Gewerbesteuerscheins die Voraussetzung, um ein Handwerk ausüben zu können. Es bedurfte fortan nicht einmal mehr einer besonderen Vorbildung, um ein Gewerbe zu betreiben. Mit der Gewerbereform war das freie Niederlassungsrecht verbunden. Die Zünfte blieben vielerorts nur noch als Privatvereine bestehen, entsprechend eines weiteren Edikts vom 7. November 1811.

In den Städten des Mittelalters und der frühen Neuzeit bildete sich parallel zu den Handwerkern rasch eine Schicht von Kaufleuten und Händlern im Fernhandel heraus, die nach dem Vorbild der weltlichen und geistlichen Fürsten bestrebt war, Vermögen zu erwerben und zu sichern. In der Antike hatte dieser Fernhandel zu boomenden, das heißt vermögenden Stadtstaaten geführt. Das alte Athen lebte unter anderem vom Getreidehandel über große Distanzen hinweg. Kaufleute spielten eine wichtige Rolle in Babylon: Das alte Mesopotamien war ein rohstoffarmes Land und musste Metalle importieren; Holz und Wein standen ebenfalls auf den Warenlisten. Die Waren, die die Fernhändler nun transportierten, waren aber nicht mehr Naturprodukte, sondern entstammten dem verarbeitenden Gewerbe. Das war ein völlig neuer, expandierender Markt.

Nach heutigen Begriffen bildete sich ein ausgefeiltes Logistiksystem heraus, in dem diverse Dienstleistungen gefragt waren. Dazu gehörten die besoldeten Fuhrmänner. Etwa um 1350 gab es in Nürnberg „Aufdinger". An ihre Stelle traten später die „Güterbestätter", die „Aufgeber der Güter und Waren". Dazu kamen „Lader", „Spanner" und Ballenbinder. Auf der Liste standen außerdem die Boten. Das Interesse an möglichst profitablen Geschäften brachte ein ausgefeiltes Nachrichtenwesen hervor. Seit dem 15. Jahrhundert gab es regelrechte Botenlinien. Vom Handelsknotenpunkt Nürnberg aus gingen sie nach Lyon und Amsterdam ebenso wie nach Venedig – zur Lagunenstadt waren sie vier bis sechs Tage unterwegs. Die Nachrichten, die die Boten brachten, handelten von den Marktverhältnissen, von politischen Veränderungen, und befassten sich mit der Sicherheit der Straßen. Gebiete mit kriegerischen Auseinandersetzungen zwischen den Fürsten konnten somit umgangen werden. Bald sprach man von „Zeitungen" oder „Zeitungsbriefen", die zunächst zwischen privaten Händlern ausgetauscht und weitergegeben wurden.

Das Verlangen nach Handelsprofiten führte zu Kooperationen. Der Grundgedanke war eine Risikoteilung. Der einzelne Kaufmann verteilte seine Waren im Fernhandel gern auf verschiedene Planwagenzüge oder Schiffe – vor allem, wenn große Distanzen zu überwinden waren. Ein Beispiel für geschäftliches Missgeschick liefert der Bericht eines Georg Ayermann aus Nürnberg 1623: „Die Silberflotte war in Spanien nicht einkommen, sondern hat Unglück gelitten; diese Zeitung muss zutrefen, denn ich hab meine eignen Leut in Spanien. Das Kupfergeld allda, dessen aus Mangel an Silber zuviel gemünzt, verderbt das ganze Land, sonderlich den Handel."

Das bedeutendste Beispiel für Kooperationen war die Hanse. Ursprünglich handelte es sich um eine Fahrtgenossenschaft von Kaufleuten. Daraus entwickelte sich eine Städtegemeinschaft von bedeutendem politisch-militärischem Gewicht. Bei wechselnder Beteiligung waren etwa 200 Orte angeschlossen. Oberste Instanz der Gemeinschaft war seit 1356 der Hansetag. Er wurde am häufigsten in Lübeck abgehalten, das wegen seiner geographischen Lage zu allen Zeiten eine Vormachtstellung einnahm. Die Handelsgüter waren anfangs Fisch, Salz und Getreide. Hinzu kamen Pelze aus Russland und Tuch aus Flandern. Eine Tonne Wachs in der Schiffsladung brachte doppelt so viel Gewinn ein wie eine Tonne Getreide. Die wirklich reichen Kaufleute waren fast alle Angehörige des Patriziats der Stadt, in der sie lebten. So verbanden sich wirtschaftliche und politische Macht.

Anderswo sorgten Kaufmannsdynastien für die Organisation weitverzweigter Geschäfte – vergleichbar mit heutigen Handelskonzernen. Die Fugger und die Welser in Augsburg sind in der vordersten Reihe zu nennen. Sie waren erheblich vermögender als die Kaufleute der Hanse. Aus dem 16. Jahrhundert berichtete ein Chronist: „Im engen Umfange von neuntausend Schritten wohnten zu Augsburg die reichsten Kaufleute Deutschlands beisammen, welche, mit Nürnbergern, Florentinern und Genuesen verbunden, auf eigenen Schiffen den ostindischen Handel, neben den Portugiesen, betrieben. Die Flotten der goldenen Fugger zogen über alle Meere. Sie hatten zu Antwerpen ihre Niederlagen und Häuser … Den reichen Welsern gehörte unterpfändlich Stadt und Gebiet von Venezuela in Amerika."

Der Beginn der Fugger'schen Geschichte folgte dem typischen Muster. 1367 war Hans Fugger (Fucker), Sohn eines Bauern und Webers mit gleichem Namen, vom Land in die Stadt Augsburg gezogen. Er stammte aus Graben am Lechfeld und heiratete in der

Stadt die Tochter eines ansässigen Webers – das war eine glänzende Partie, denn damit erwarb er zugleich das Bürgerrecht. 1386 wurde Hans Fugger Zunftmeister der Weber. Bald war er der einflussreichste Händler und Geschäftsmann in Augsburg. 1399 summierte sich sein versteuertes Vermögen auf 3000 Gulden. Zum Besitz zählten drei Häuser in Augsburg. Hans Fugger starb 1408 und seine Söhne Andreas, Michael und Jakob führten den Betrieb weiter. Doch es kam zur Trennung und das Familienvermögen wurde aufgeteilt. Die Linie des Andreas ging Pleite, jenes des Jakob erlangte Weltgeltung. Der Name Fugger wurde in ganz Europa zu einem Synonym für Reichtum.

Die Familie expandierte mit ihren Geschäften nach Nürnberg, bald nach Venedig, und verfügte am Ende in allen wichtigen Zentren Europas über Faktoreien. Das Geheimnis des weiteren Aufschwungs war vor allem die Rolle als Großbankier und Montanunternehmer. Die Fugger waren der größte Metalllieferant jener Zeit – vor allem Kupfer war die Voraussetzung für viele Handwerker, ihr Gewerbe ausüben zu können. Berg- und Schmelzwerke der Familie waren in Tirol und in Ungarn, in Spanien und in Schlesien in Betrieb. Das Silber aus den Gruben allein im Salzburger Land warf nach Schätzungen zwischen 1487 und 1494 rund 400.000 Gulden ab. 1546, unter Anton Fugger, erreichte das Familienvermögen rund fünf Millionen Gulden.

Die Geldgeschäfte deckten den Kreditbedarf der Staaten und fürstlichen Hofhaltungen. Jakob Fugger gab Kredite an vier Päpste, an die Habsburgerkaiser Maximilian I. und Karl V., die Könige von England, Portugal und Ungarn und an zahlreiche Mitglieder des Hochadels und der Kurie. Vor allem die Kredite für die Wahlgelder, die 1519 die Wahl des spanischen Königs Karl I. zum deutschen König und in der Folge seine Kaiserkrönung als Karl V. ermöglichten, festigten den politischen Einfluss der Familie. Eine solche

Vermischung von Politik und Geld war bis dahin in der Geschichte Europas ohne Vorbild. In den 15 Jahren bis zum Tod des Jakob Fugger 1525 vervielfachte sich das Kapital des Unternehmens.

Neue Gewürze, die aus dem Orient kamen, veränderten die Küchenrezepte und den Lebensstil der reichen Stadtbewohner nachhaltig. Vor allem die Nürnberger „Pfeffersäcke“ beschafften sie über den Hafen von Venedig, sorgten für den Weiterverkauf nördlich der Alpen und verdienten dadurch ein Vermögen. Es ging nicht nur um Geschmack, die Gewürze waren auch gesund und wurden deshalb anfangs in Apotheken verkauft. Die Liste der Gewürze reichte von Zimt über Koriander, Kardamom und Safran bis zu Muskat, Ingwer und Pfeffer. Der Wert von Pfeffer und von Safran wurde zeitweise mit dem des Goldes gleichgesetzt: Wer auf seiner Tafel ein Pfefferfässchen aufstellen konnte, demonstrierte damit seinen gehobenen Status und seinen Reichtum. Dazu kamen Pinienkerne, Mandeln und Pistazien. Das Geschäft war so profitabel, dass Spanier und Portugiesen nach einem Seeweg nach Indien suchten – so landete Kolumbus am Ende in Westindien.

Kein gutes Haar ließ zu einer späteren Zeit Friedrich List am Kaufmannsstand im Allgemeinen. Er schrieb 1840: „Der Handel ist in ganz anderer Weise unproduktiv, werterzeugend als Ackerbau und Manufakturen. Diese bringen Güter hervor, der Handel vermittelt nur den Tausch der Güter. Ihm ist es gleichgültig, in welcher Weise die von ihm eingeführten Waren auf die Sittlichkeit, den Wohlstand und die Macht der Nation wirken. Er führt Gifte und Heilstoffe ein. Ganze Nationen entnervt er durch Opium und Branntwein. Im Krieg versorgt er den Feind mit Waffen und Munition. Er würde, wäre es möglich, Äcker und Wiesen ans Ausland verkaufen und, hätte er das letzte Stück des Landes abgesetzt, sich auf sein Schiff setzen und sich selbst exportieren.“

Die Expansion der Städte ermöglichte es an vielen Orten geschäftstüchtigen Leuten, durch Immobilienspekulation ein Vermögen anzuhäufen. Ein Beispiel ist der Nürnberger Großgrundbesitzer Sebald Schreyer (1446-1520). Im Laufe seines Lebens wurde Schreyer Eigentümer von 76 Häusern in der Stadt, und im Umland besaß er 18 Güter und Höfe, 18 Äcker, drei Gehölze sowie einen Weinberg. Das brachte enorme Zins- und andere Einnahmen, Fastnachts- und Herbsthühner, Lammsbäuche und „Weihnachtswecken" von den Gutsbewohnern inbegriffen. Schreyer kaufte und verkaufte und war außerdem am Silberbergbau in Sachsen und an Kupferschmelzen in Thüringen beteiligt. Im Vergleich zu heute waren Stadthäuser wegen der Holzbauweise und der leichten Materialbeschaffung in den umliegenden Wäldern billig. Der mittlere Preis mag nicht viel höher als der für ein gutes Streitpferd gewesen sein. Trotzdem konnten sich Handwerker dieses nicht aus dem Stand leisten. Leihebriefe für Häuser waren deshalb im 13. Jahrhundert typisch für die Eigentumsordnung. Erst im 15. Jahrhundert fiel die Leihe weg und erfolgten Eigentumsübertragungen durch gerichtlich bestätigte Urkunden.

Auf der anderen Seite mussten sich viele Stadtbewohner als Tagelöhner durchschlagen. Alte, Kranke und Behinderte, Witwen und Waisen wurden zu Bettlern, die auf Almosen angewiesen waren. Steuerrollen geben Aufschluss über die Verteilung von arm und reich in spätmittelalterlichen Städten. In Frankfurt/Main zählten 1405 rund 73 Prozent der steuerpflichtigen Bevölkerung zur armen Schicht, die weniger als 100 Gulden besaß. Memmingen und Konstanz kamen 1450/1460 auf 61 bzw. 63 Prozent „arme" Bürger, Basel 1475/76 auf 66 Prozent, Augsburg zur gleichen Zeit auf 79 Prozent, Dresden 1488 auf 58 Prozent.

Die Armen spielten eine wichtige Rolle. Als Empfänger von Almosen sicherten sie den reichen Bürgern, so habgierig sie auch gewesen sei mögen, das Seelenheil. Prediger wie der Dominikaner Giordano da Rivolto aus Pisa definierte die Vergabe von Almosen als Bestandteil eines Tauschverhältnisses: Der Empfänger hatte für den Geber zu beten. Das war wie ein Vertrag. Unzählig waren deshalb die privaten Stiftungen. Ein Lübecker Bürger bestimmte 1355 in seinem Testament, 19.000 Armen ein Almosen zukommen zu lassen – bei einer Bevölkerungszahl in der Stadt von höchstens 24.000.

Der tendenziell zunehmende Pauperismus war dennoch den meisten Stadtvätern ein Dorn im Auge. So gab es nach neuzeitlichem Sprachgebrauch immer wieder regelrechte Razzien. Der Nürnberger Stadtrat beschloss beispielsweise im November 1449, alle Bettler, „die nicht burger seyn, auszutreiben" und zu erforschen, „wer sunst nicht burger sey." Die alten Protokolle geben es wieder: Der Stadtrat beschloss, wer das Recht zu betteln hatte und wer nicht. Auf der Liste stand mal eine „sundersieche frawen", ein andermal ein „Kind mit den Froschen" oder ein Mann aus der Umgegend, „der sich in ein beyn gehawen hat." Außerdem bedurften Frauen eine Genehmigung des Stadtrats, um „Kindbett hier zu halten", sprich: ihr Kind innerhalb der Stadtmauern zur Welt zu bringen, wenn sie nicht „normale" Bürgerfrauen, sondern beispielsweise Mägde waren.

Jüdische Mitbürger nahmen in den aufstrebenden Städten des Mittelalters eine wichtige Funktion ein – um nämlich einen Beitrag zur Geldbeschaffung zu leisten. Das geliehene Geld diente den Kaufleuten als Grundlage für profitable Geschäfte und ermöglichte manchen Handwerkern erst den Kauf von Rohmaterial. Ins Handwerk konnten Juden selber nicht aufgenommen werden, denn dort hätten sie einen (christlichen) Handwerkseid leisten müssen. So erlangten sie als Finanzdienstleister eine besondere, konstruktive Stellung, ohne die es den Boom der Städte kaum gegeben hätte.

Es gehört nicht viel Phantasie dazu, um zu erklären, was dann geschah. Die Zinsen, auf die sich die Kreditnehmer zunächst gerne einließen, und die Tilgungsraten erwiesen sich für die Kundschaft mit der Zeit als eine Last, der sie sich zu entledigen suchten. So kamen den Schuldnern die Verfolgungen der jüdischen Bevölkerung sehr gelegen. Die Juden wurden für alle negativen Erscheinungen verantwortlich gemacht: Mal wurde ihnen die Schuld an einer Teuerung in die Schuhe geschoben, ein andermal eine Verschwörung zur Brunnenvergiftung unterstellt, wenn mangels unzureichender hygienischer Zustände in den Städten die Pest um sich griff. Um diese Form des mittelalterlichen Rassismus schüren zu können, hatte der Klerus simple Argumente: Schließlich seien es die Juden gewesen, die Jesus Christus ans Kreuz geliefert hätten.

Die Quellen entlarven aber einen anderen Zusammenhang. Im Verlauf der Pogrome wurden alle Schuldbriefe im Besitz der Juden verbrannt. So geschah es unter anderem bei den Judenverfolgungen in den oberrheinischen Städten, in deren Verlauf allein in Straßburg am 14. Februar 1349 rund 2000 Juden ermordet wurden. „Wären sie arm gewesen, und wären die Landesherrn nicht ihre Schuldner gewesen, so wären sie nicht verbrannt worden“, schrieb dazu ein Chronist in aller Offenheit. Ein anderer berichtete knapp: „Die Schätze der Juden wurden an die Bürger verteilt.“

Schätze an fernen Ufern – die Eroberung der Welt

„… Selbst diejenigen, die aufpassen sollten, nahmen die goldenen Schmucksachen und was sie wollten … und jeder von den Reichen nahm entweder goldene Schmucksachen oder seidene Stoffe, und was er am liebsten mochte, trug er fort … und der Allgemeinheit des Heeres gab man davon nichts, noch auch den armen Rittern oder den Fußsoldaten, die geholfen hatten, es zu gewinnen … Es gab so viel prächtiges Geschirr aus Gold und Silber … und so viel kostbare Juwelen, dass es ein schönes Wunder war von dem vielen Gut, das an jenen Ort gebracht wurde. Und niemals, seitdem diese Welt geschaffen wurde, gab es so viel Gut, so schön und so prächtig, weder gesehen noch erobert …“

Der Text beschreibt die Eroberung Konstantinopels während des vierten Kreuzzuges im April 1204 – verfasst vom Chronisten Robert von Clary. In zeitgenössischen Darstellungen verbanden sich mit den Kreuzzügen Schlagwörter wie die Befreiung Jerusalems, die Bekehrung der Heiden, die bewaffnete Wallfahrt ins Heilige Land und Absolution der Kreuzzugsteilnehmer. Doch ein Motiv kam dazu: Die Beutelust – sprich: Habgier – der frommen Ritter und Mannen. Die Schätze der Heiden im Morgenland versprachen eine schnellere Vermehrung des Vermögens, als dies in der Heimat möglich war.

Typisch ist die Darstellung von Ludwig Stacke 1877 in seinen *Erzählungen aus der Geschichte des Mittelalters*: „Das Verlangen, in der Kirche des heiligen Grabes zu beten, die Sehnsucht, den Boden zu betreten, wo der göttliche Erlöser gewandelt und gelitten, der Glaube, dass solch frommes Werk von allen Sünden reinige und zum Himmel führe, spornte Unzählige an, das gelobte Land zu besuchen. Dazu kamen in der Folge auch irdische Triebfedern, Ehrgeiz und Gewinnsucht, und namentlich wurden viele Reisen des Handels wegen unternommen, als die Christen die Erzeugnisse des Morgenlandes kennen gelernt hatten.“ Angesichts der ständigen Teilungen der edlen Herren Güter, die in vielen Landen des Abendlandes immer geringere Besitzchancen zur Folge hatten, war die Beute im Morgenland eine willkommene Kompensation. Der päpstliche Segen als zusätzlicher Lohn für ein Abenteuer in der Ferne, das Aussicht zur Erfüllung von Habgier gab, kam gerade recht.

Die Konquistadoren, die sich von den Meereswinden nach Westen über den Atlantik treiben ließen, standen mit ihrer Gier in der Tradition der Kreuzfahrer. Beflügelt wurden sie durch die Reiseberichte des Marco Polo: Unbeschreibliche Schätze und Reichtümer warteten demnach im Orient auf Inbesitznahme. Und obwohl Marco Polo selbst den Landweg genommen hatte, so war dennoch seine Botschaft: Indien und China waren von Meer umgeben, sie mussten also über den Seeweg nach Westen erreichbar sein. Wieder ließ sich die Kirche einspannen – indem sie die Parole ausgab, dass die Seelen von Heiden jenseits des Meeres zu retten seien.

Das Abenteuer sollte die Geschichte der Menschheit nachhaltig verändern. Auf der anderen Seite des Atlantik gab es Gold in Mengen, die sich niemand in Europa wirklich vorstellen konnte – nach Schätzungen waren um 1500 in Europa gerade 3500 Tonnen Gold und 37.500 Tonnen Silber im Umlauf oder in den Schatztruhen gehortet. Doch auch Pelze waren in der Ferne zu holen, es gab Sklaven als billige Arbeitskräfte, und in Asien reichlich Gewürze, mit deren Hilfe sich eine neue Esskultur entwickelte. Die Verfügung darüber brachte die Menschen in neue und unvorhergesehene

Abhängigkeiten und änderte ihr Leben grundsätzlich – so brachte es der amerikanische Gelehrte Eric R. Wolf treffend auf den Punkt.

Alle europäischen Nationen mit Zugang zum Meer versuchten sich im Laufe der Jahrhunderte als Akteure im Kolonialgeschäft: Spanier und Portugiesen, Engländer und Franzosen, Holländer und Dänen, Schweden und Russen, Italiener und Deutsche. Sogar einige Staaten des europäischen Binnenlandes schlossen sich der Ausbeutung dessen an, was von den Ufern der anderen Kontinente zu holen war. In weniger als zwei Jahrhunderten weiteten die europäischen Mächte den Horizont ihrer Beute- und Handelsaktivitäten auf alle Kontinente aus und machten gleichzeitig weite Teile die Welt zu einem blutigen Schlachtfeld.

Es war zwar nicht die erste Transatlantikfahrt, aber Kolumbus, dem Genueser im Sold der spanischen Könige, gebührt die Ehre eines Pioniers – seine Reisen hatten im Gegensatz zu denen der Wikinger zuvor nachhaltige Folgen. 1492 brach Kolumbus mit drei Schiffen auf, um einen Weg nach Indien westwärts über den Atlantik zu finden. Nach heutiger Währung kostete die Expedition bis zu einer Million Euro. Unter den Reiseandenken, die Kolumbus dem Königspaar bei der Rückkehr vorlegte, waren neben fremdartigen Bodenfrüchten auch Goldkörner, Goldstaub und Goldschmuck. Bald war klar, dass Spanien weitere Expeditionen in die Neue Welt schicken würde. Mit den Entdeckungen verband sich das Recht auf Besitznahme, ohne Rücksicht auf eingeborene Landrechtssysteme.

Damit unterschieden sich die Spanier von den chinesischen Seefahrern, die zuvor auf der anderen Seite der Welt auf Erkundungsfahrten gegangen waren. Legendär ist der Admiral Zheng He, der zwischen 1395 und 1433 sieben Fahrten in den Pazifischen und Indischen Ozean unternahm und bis nach Arabien und Ostafrika gelangte. Die Flotte bestand aus bis zu 300 Schiffen mit 20.000

Personen. Aber den Chinesen ging es zu jener Zeit nicht um Eroberungen; sie gründeten keine Kolonien, erhoben keine territorialen Ansprüche und missionierten nicht. Im Vordergrund stand der Handelsaustausch – Weihrauch und Zuchtpferde bekamen die Chinesen in Arabien im Austausch gegen ihr Porzellan.

Aber wie konnte abgesichert werden, dass die spanischen Entdecker die Schätze an den fernen Ufern wirklich in Besitz nehmen konnten? Die Frage wurde schnell zu einem Problem der hohen Diplomatie, denn die benachbarten Könige Portugals beanspruchten das Herrschaftsmonopol über das Meer. Spanische Sonderbotschafter erwirkten deshalb 1493 vom Papst Alexander Borgia eine Bulle, die festlegte: Jenseits einer Linie, die 100 spanische Meilen (rund 550 Kilometer) westlich der Azoren und dem Kap Verde zu ziehen sei, sollte den Spaniern alles gehören. Im Vertrag von Tordesillas einigten sich die Könige der beiden Entdeckernationen ein Jahr später darauf, die Grenze noch einmal neu zu bestimmen – nämlich 370 Meilen westlich der Azoren entlang des 46. Längengrades.

Die spanischen Konquistadoren konnten trotz ihrer päpstlich zugestandenen Besitzrechte nicht verhindern, dass Vertreter anderer Nationen ebenfalls aufbrachen, um sich einen Teil der Reichtümer auf der anderen Seite des Meeres anzueignen. Dazu gehört eine Episode, die sich mit dem Augsburger Handelshaus der Welser verbindet. Bartholomäus V. Welser ließ sich 1528 von Kaiser Karl V. als Gegenleistung für eine staatliche Anleihe einen Generalvertrag ausstellen. Er machte die Welser zunächst für vier Jahre zu Statthaltern Venezuelas – das nun Klein-Venedig hieß. Es war die erste überseeische Kolonie von Deutschen. Die Welser entsandten drei Schiffe mit Siedlern und Bergarbeitern in ihre Besitzung. Sklavenimporte und der Handel mit Edelhölzern versprachen gute

Geschäfte – und natürlich hatte man vom Gold in der Neuen Welt gehört.

Eine weitere Siedlung der Welser gründete 1529 nicht weit davon Ambrosius Ehinger (oder Alfinger) 1529 unter dem Namen Neu-Nürnberg – daraus wurde später die Stadt Maracaibo. Doch der Widerstand der Eingeborenen und der ansässigen spanischen Siedler war zu groß. Das Venezuela-Geschäft brachte nur Verluste, es erwies sich als Flop. Bei einer Expedition ins Landesinnere wurde Bartholomäus Welser ermordet. Bald gingen die Rechte an dem Land wieder verloren.

Die spanischen Eroberer schmiedeten am Ende innerhalb von rund 70 Jahren ein Weltreich, das in der Länge etwa 8600 und in der Breite rund 7000 Kilometer Ausdehnung hatte. „Mehr als an Gold und Reichtum war ihm gelegen an Ruhm und Ehre“ – so enden scheinheilig die meisten Lebensbeschreibungen der Eroberer. Die Begleiterscheinung von Gewalt wurde nicht als Problem wahrgenommen. Berechnungen ergeben, dass der spanischen Krone im Verlauf des 16. Jahrhunderts sieben Millionen Kilogramm Silber zufielen, die die Kapitäne als „Königsfünftel“ abzuliefern hatten. Andere Schätzungen besagen, dass Spanier in nur zwei Jahrzehnten 15.000 Kilogramm Gold aus Haiti abtransportierten. Doch egal, welche Mengen es unter dem Strich wirklich waren: Der Glanz blendete, und die Gier schaltete den Verstand aus. Ernst Samhaber behauptet, dass die Aufwendungen wesentlich höher lagen als die Einnahmen aus dem Silbergeschäft. Die Silbergeschäfte hätten letztlich zuerst das spanische Kolonialreich, dann die spanischen Staatsfinanzen und die spanische Wirtschaft ausgehöhlt und zerstört.

Das Geld wurde ausgegeben, noch bevor Gold und Silber ins Land kamen. Die Folge war das Damoklesschwert des Staatsbankrotts, das jahrzehntelang über der spanischen Krone schwebte.

1543 wies der Staatshaushalt einen Fehlbetrag von 700.000 Dukaten aus. Abhängigkeiten von Kreditgebern und ein Anziehen der Steuerschraube waren die Folge. Immer mehr Gewerbetreibende gaben wegen der Steuern ihr Handwerk auf. Handelsmessen wurden nicht mehr besucht. Gleichzeitig stieg die Inflation im Lande auf immer neue Höhen. Diejenigen, in deren Truhen Gold und Silber flossen, sahen nur den absoluten Anstieg der Mengen, beachteten aber nicht, wie sich ihr relativer Wert veränderte. Nachträgliche Berechnungen zeigen, dass im 16. Jahrhundert innerhalb von 50 Jahren für den gleichen Warenkorb die doppelte Menge Silber ausgegeben werden musste.

Mit ihrer Flotte, der Armada, hatte Spanien für lange Zeit die Macht über die Meere fest in der Hand. Das Königreich verteidigte die Position mit militärischer Gewalt. Ein spanischer Chronist klagte Anfang des 17. Jahrhunderts: „All das, was Spanier aus Las Indias herbeischaffen, was sie sich auf langen, entbehrungsreichen und gefährlichen Fahrten beschaffen und was sie unter Blut, Schweiß und harter Arbeit erwirtschaften, schaffen Fremde dann leicht und bequem in ihre Heimat, wo sie mit den in Spanien geraubten Reichtümern staunenswerte Paläste errichten." Doch die spanische Krone Spanien wurde in ihrer Begierde übermütig – Philipp II. wollte zu gern das Inselreich Großbritannien erobern. Der Konflikt zwischen beiden Mächten spitzte sich Jahr für Jahr zu. Auf britischer Seite ging Francis Drake in die Offensive – einst nicht mehr als ein Freibeuter, der zum Vizeadmiral aufgestiegen war. 1587 griff er den spanischen Hafen von Cádiz an. Ein venezianischer Diplomat berichtete: „Seht nur diesen Drake – wie gering sind seine Kräfte. Doch er hat dem spanischen König in der Meerenge von Gibraltar 25 Schiffe verbrannt, ebenso viele im Hafen von Lissabon. Er hat überall gute Prisen gemacht, die Insel San Domingo ausgeplündert und steht jetzt in solcher Achtung, dass seine Leute für ihn durchs Feuer gehen, um an seinem Gewinn teilzuhaben. Die Gegner vor ihm fliehen, weil die Furcht sie antreibt."

Im folgenden Frühjahr war die spanische Armada zum Gegenangriff bereit. Genau 130 Kriegsschiffe mit mehr als 2600 Geschützen und 30.000 Mann Besatzung sandte Spanien los, zur Invasion der britischen Inseln. Doch nur 76 der Schiffe sollten zurückkehren. Die Engländer waren dank ihrer Geschütztechnik und ihrer Taktik den Spaniern überlegen. Am 7. August 1588 kam in der Schlacht vor Calais das große Desaster für die spanische Flotte. Mit der Zerschlagung der als unbesiegbar gehaltenen Armada stieg England zur führenden Seemacht auf.

Nachdem die spanische Macht gebrochen war, wollten andere europäische Nationen ebenfalls ihren Anteil an dem Reichtum vergrößern, der von den Küsten auf der anderen Seite des Ozeans zu holen war. Manche Geschichtsschreiber bezeichnen die Rivalität der Flotten zwischen den Jahren 1580 und 1650 sogar als den eigentlichen ersten Weltkrieg. Große Seeschlachten gab es dabei kaum. Aber überall lauerte für Handelsschiffe die Gefahr, von Freibeutern mit staatlichem Patent gekapert zu werden. Unendlich ist die Chronologie der Landeroberungen, die den Kapitänen im Dienste der einzelnen europäischen Herrscher noch im 17. und 18. Jahrhundert gelang.

Besonders erfolgreich waren die Holländer mit ihrem Kaperkrieg im Atlantik. Er ging auf das Konto der 1621 gegründeten niederländischen Westindischen Kompanie. Der größte Coup gelang dem Generalkapitän Piet Heyn 1628 mit der Erbeutung einer spanischen Silberflotte. Auf 13 bis 14 Millionen Gulden wurde der Gesamtwert der Beute geschätzt. 3,75 Millionen Gulden wurde unter den unbeteiligten Aktionären der Kompanie verteilt. Eine Randerscheinung der Geschichte war der Kampf um Salz auf der anderen Seite des Atlantiks. Salz: Das war für viele Holländer, die vom Fischfang lebten, wertvoller als Gold. In ganz Europa wurde schließlich der niederländische Hering verkauft. Zwischen Johanni und Jakobi fuhren regelmäßig fast 2000 Schiffe mit 15.000 Mann Besatzung zu den Doggerbänken, um ihre Fangnetze auszuwerfen. 300.000 bis 400.000 Tonnen Fisch waren pro Saison ihre Beute.

Zur Konservierung brauchten die Fischer eben viel Salz. Das wurde zuvor von den Salzpfannen im südlichen Spanien bezogen, doch seit sich 1581 die sieben nördlichen Provinzen der Niederlande von Spanien und dem Haus Habsburg losgesagt hatten, war diese Quelle versiegt. Auf der Suche nach weiteren Salinen rückte der karibische Raum ins Blickfeld. Die Salzpfannen nahe der Landzunge von Punta del Rey in Venezuela galten als eine der ergiebigsten. Erbitterte Kämpfe zwischen Spaniern und Holländern meldeten Chronisten zu Beginn des 17. Jahrhundert aus dieser Teil der Erde.

Natürlich blieben die Spanier weiter mit im Geschäft. Allerdings erforderte der Handel über den Atlantik, die Ausstattung der Schiffe und die Bestückung mit Waren von allen Beteiligten viel Geld. Dieses Kapital hatten viele spanische Kaufleute selbst nicht mehr in genügender Menge. Sie wurden zu Strohmännern, ebenso mittellose junge spanische Adlige – ein Prozent des Warenwertes bekamen sie von fremden Kaufleuten dafür, dass sie nur ihren Namen hergaben. So flossen nach Schätzungen Anfang des 18. Jahrhunderts zeitweise neun Zehntel des spanischen Amerikahandels in die Taschen ausländischer Finanziers. Ein französischer Beobachter berichtete aus dem Haupthafen Cádiz: „Die Warendeklarierungen für die Frachten belaufen sich niemals auf mehr als die Hälfte der tatsächlich an Bord befindlichen Güter … Die Offiziere der Galeonen deklarieren grundsätzlich überhaupt nichts von den an Bord ihrer Schiffe befindlichen Waren, sondern entladen auf der Reede von Cádiz die ihnen überlassenen Waren gleichsam von Bord zu Bord auf die ausländischen Schiffe.“ Schmiergelder flossen dabei massenhaft. Es handelte sich um einen der größten Korruptionsskandale in der Geschichte.

Ein frühes Plädoyer auf den Freihandel hielt 1633 der niederländische Völkerrechtler Hugo Grotius. Er sah das beanspruchte „Recht auf Handel als Eigentum“ im Widerspruch mit der Natur des Eigentums. Das Recht, Handel zu treiben, sei nichts Materielles und nicht „mit Händen zu greifen.“ Grotius argumentierte bereits 122 Jahre vor Jean-Jacques Rousseau: „Die Natur hatte einst allen alles gegeben.“ Und er schloss daraus: „Aber als die Menschen vom Gebrauch vieler Dinge, die wir zum Leben brauchen, durch die örtliche Distanz ferngehalten wurde, weil ja … nicht alles überall wächst, wurde der Transport über das Meer unerlässlich.“

Zu einem der wertvollsten Schätze wurde der Zucker von den Westindischen Inseln. Nach 1625 strömten „Schwärme von englischen und französischen Kolonisten wie die Fliegen in die Karibik“, berichtete ein Chronist. Es war wie später der Goldrausch in Kalifornien. Über eine Million Tonnen Zucker lieferten die Plantagenbesitzer in der Karibik auf dem Höhepunkt der Produktion zwischen 1766 und 1770 nach Europa. Doch wie waren die Siedler zum Land gekommen? Nach rechtlichen Maßstäben folgte die Inbesitznahme unterschiedlichen Mustern, wie die Beispiele von Barbados und Martinique zeigen. 1627 landete eine Gruppe Engländer auf Barbados. Sie fanden die Insel unbewohnt und beschafften sich von der Küste Guyanas Tabak- und Zuckerrohrpflanzen – und 32 Indios, die den Anbau besorgen sollten. Das war eine klassische Form der Okkupation, dem auch ein Cicero zugestimmt hätte, und die niemandem schadete. Bis 1645 erwarben 11.200 Europäer ein Landbesitzpatent auf Barbados – eine Zahl, die bis 1667 wieder auf 745 sank. 1750 lebten auf der Insel nur noch 238 sogenannte Zuckerbarone, die sich 536 Plantagen teilten und 356 Windmühlen unterhielten.

Ganz anders – nämlich nach dem Prinzip des Landraubs – verlief die Inbesitznahme von Martinique. 1635 entsandte der französische Gouverneur von St. Christopher dorthin rund 100 Kolonisten. Sie stießen auf der Insel auf eingeborene Kariben und lieferten sich mit ihnen bis in die 1650er Jahre blutige Kämpfe. Das ließ die Zahl der europäischen Siedler nur langsam ansteigen: etwa 1000 waren es 1640, rund 3000 im Jahr 1660. 1736 war die Höchstzahl von 447 Zuckerplantagen in Betrieb.

Als erster deutscher Fürst bemühte sich Herzog Jakob I. von Kurland im 17. Jahrhundert um eine Niederlassung in Südamerika – genau gesagt in den 1670er Jahren auf der Insel Tobago. Bayerns Herrscherhaus fasste in den 1660er Jahren ebenfalls ein koloniales Engagement ins Auge. Die Niederländische Westindien Kompanie bot dem Kurfürsten zu München ein ganz konkretes Stück Land an – ausgerechnet den Ort, auf dem sich heute die Stadt New York breit macht. Das Projekt wurde aber sang- und klanglos aufgegeben.

Der Indische Ozean wurde zu einem weiteren Schauplatz des Runs auf die Schätze an fremden Ufern. 1600 gründeten die Engländer ihre East India Company, 1602 entstand die Niederländisch-Ostindische Gesellschaft. Der Kampf aller gegen alle auf dem Meer erfasste die andere Seite des Globus. Das große Finale bei der Neuverteilung der Erde kam mit der Besitznahme des australischen Kontinents. Angeregt durch den Landungsbericht des Kapitän Cook von 1770, entsandte die britische Regierung 1787 fünf Schiffe mit 778 Gefangenen unter dem Kommando des Kapitäns Arthur Phillip zur Botany Bay, um dort eine Strafkolonie aufzubauen. Am 18. Januar 1788 erreichte das erste Schiff der Flotte nach acht Monaten und einer Woche Reise das Ziel. „Aber die neuen Siedler waren nicht allein. Es begannen, in völliger Unbegreiflichkeit, begleitet von Angst und Krankheiten, zwei Jahrhunderte des Konflikts: Trotz allen Widerstands wurde die Kultur der ursprünglichen Australier zerstört", heißt es in der australischen Geschichtsliteratur.

Missverständnisse prägten den ersten Kontakt. Weil die Ankömmlinge in Australien keine Bärte trugen, wussten die Aborigines zunächst nicht, ob unter den Kleidern der Fremden Männlein oder Weiblein steckten. Groß war ihre Überraschung, als sie sich von den Lebensmitteln und Tieren der Weißen bedienen wollten. Sie hatten seit Menschengedenken alle Nahrung geteilt – jetzt widersetzten sich die Ankömmlinge dem guten Brauch. Niemand fragte die Aborigines, wem das Land gehörte, das Philipp und seine Nachfolger verteilten. Nach den Verordnungen aus London bekamen Offiziere außer Dienst 52 Hektar Land, private Siedler 32 Hektar und Sträflinge, die ihre Zeit verbüßt hatten, 12 Hektar. Außerdem wurde den Siedlern für zwölf Monate Kleidung, Werkzeuge und Verpflegung gestellt. Doch manche Siedler scheiterten, und 1793 wurden die ersten zugewiesenen Parzellen Land gegen Geld weiterverkauft.

Land: Wo immer die europäischen Kolonialmächte Siedlungskolonien für ihre Staatsbürger einrichteten, verband sich dies mit der Aneignung von fremdem Landbesitz. So geschah es in der Karibik ebenso wie in Australien oder in Afrika. Unter dem Vorwand einer „zivilisatorischen Mission" drückten die Europäer den kolonisierten Völkern ihren Stempel auf. Nur wenige europäische Politiker waren so distanziert wie der belgische Arbeitsminister Joseph Wauters, der in einem Bericht über eine Reise in den Kongo 1924 schrieb: „Neben den bewundernswerten Taten sind unbenennbare Grausamkeiten von Weißen begangen worden, die vom Geist der Plünderung besessen waren."

Der größte Landraub in der Geschichte der Menschheit wurde auf dem nordamerikanischen Kontinent vorgenommen. Die Landesgeschichte der USA ist nichts anderes als die Beschreibung des gewaltsamen Enteignungsprozesseses der Indianervölker. Der Zug der neuen, weißen Siedler gen Westen war ein Marsch der Gewalt, von militärischen Truppenverbänden unterstützt.

Die Begierden wurden frühzeitig geweckt. Ein Beispiel ist der Bericht des Francis Higginson aus Neu-England, der 1630 in London erschien. Higginson pries die Fruchtbarkeit des Bodens und die Fülle des Getreides: „Es ist schier unglaublich, welchen Gewinn einige unserer Pflanzer schon durch unser indianisches Korn erzielten." Higginson berichtete weiter vom Weideland, auf dem Kühe, Ziegen und andere Nutztiere prächtig gedeihen. Holz gebe es nirgendwo auf der Welt ein besseres. Der Reichtum an Fischen in den Küstengewässern sei ebenfalls jenseits aller Vorstellung.

Der Text macht deutlich, dass es den Siedlern nicht um das Land an sich ging, sondern um den Nutzen, der daraus zu erzielen war. Der Bodenbesitz war Mittel zu Zweck. Nicht das Land brachte Reichtum, sondern das Korn und das Vieh, das auf dem Land prächtig gedieh. Das deckte sich mit dem Verständnis der Indianervölker. Unterschiedlich war jedoch die Rechtsauffassung. Für die Indianer waren unbesiedelte Landstriche Reserve-Jagdgründe; sie galten in dieser Funktion als ein kollektiver Besitz des Stammes. Die Weißen waren auf das Prinzip des individuellen Eigentums fixiert. Sie verstanden die Stammes-Ländereien als rechtsfreies Territorium. Der spätere Präsident Theodore Roosevelt prägte in den 1890er Jahren den Satz: „Dieser große Kontinent konnte nicht einzig und allein als Jagdgebiet für schmutzige Eingeborene bestehen bleiben." Die Entdeckung war ausschlaggebend für die Inbesitznahme von Land – die USA folgten der gleichen Kolonial-Philosophie wie andere Mächte.

Von Deutschland aus wanderten zwischen 1820 und 1930 knapp sechs Millionen Menschen nach Amerika aus. Es waren vor allem arme Bauern und Tagelöhner, Knechte und Heimarbeiter, die auf der anderen Seite des Atlantik ein besseres Los und, endlich, ein wenig Reichtum erhofften. Südwestdeutschland und die ostelbischen Gebiete gelten als Schwerpunktländer bei der Herkunft der neuen Einwanderung in die USA. Die Briefe der Auswanderer an die Heimat gaben immer mehr Familien Anreiz, sich auf den Weg zu begeben. 1841 schrieb einer: „Hier rinnt mehr Fett auf dem Spülwasser, als in Deutschland auf der Suppe.“ Eine ehemalige Dienstbotin berichtete 1887, man könne in Amerika „ein schönes Geld verdienen und mit der Zeit gut verheiraten.“ Das alles erschien, im Vergleich zur Existenz daheim, vielen Deutschen wie der Garten Eden.

Vertragsbeziehungen mit den Indianern waren anfangs die Regel, und für lange Zeit auch noch unter der eigenständigen US-Regierung die offizielle Leitlinie. Die Ära endete mit dem *Indian Appropriations Act* von 1871. In der Praxis waren die Indianerstämme bereits unter britischer Herrschaft der Land-Aneignung durch die weißen Siedler ausgesetzt. Nach den amerikanischen Unabhängigkeitskriegen verschärfte sich dieses Phänomen. Viele Indianerstämme gerieten durch ihre Verträge mit den Briten in die Rolle der Verbündeten der alten Kolonialmacht, und kämpften für die Interessen der Briten. Südlich des Ohio-Flusses griffen Horden der Cherokee-Indianer auf Bitten der Briten zwischen 1776 und 1778 die Siedlungen von abtrünnigen weißen Amerikanern an. Im zweiten Unabhängigkeitskrieg von 1812 wiederholte sich die Parteinahme. Die Briten wurden am Ende aus dem Kontinent verjagt – die Indianer aber blieben unter Existenzbedingungen von Verlierern.

Die Erinnerung an die Allianz prägte ein Jahrhundert lang das Feindbild, meinen amerikanische Geschichtsschreiber. Jedenfalls war die Verliererrolle der Indianer eine Rechtfertigung bzw. ein willkommener Anlass für weiteren Landraub. Nach dem Verständnis der Sieger in ihrem neuen nationalen Selbstbewusstsein waren die Indianer zu bestrafen, wurde die Landübertragung als eine Form der Reparationsleistung gerechtfertigt. Der Verwaltungsapparat, der sich zentral mit den Indianer-Angelegenheiten befasste, war dem Kriegsministerium unterstellt.

Die Rechte der Indianer wurden häufig Karrieren von Kongressabgeordneten geopfert, die als politische Vertreter der neu erschlossenen Territorien nach Washington kamen. Ihre Wählerschicht kam aus dem Strom der Siedler, die mit ihren Trecks in die einstigen Indianerterritorien vorgedrungen waren. Der politische Druck, für mehr Land zu sorgen, wuchs in Washington von Jahr zu Jahr. So blieb den Indianern aus dem Präsidialamt die Unterstützung versagt, die sie dort suchten. Besonders konsequent war der dritte Präsident Jefferson bei der Unterstützung der Siedler-Interessen an mehr Land. Zuvor wurden den Indianer aus den bundeseigenen Handelsstützpunkten alle Warenwünsche erfüllt. Damit machte Jefferson Schluss. Die Überlegung war einfach: Verschulden sollten sich insbesondere die Häuptlinge, denn „in dieser Situation werden sie immer Land abtreten, um ihre Schulden los zu werden.“ Darüber wurden weiterhin Verträge abgeschlossen.

Zu den besonders skrupellosen Unterhändlern zählte der Gouverneur des Gebiets von Indiana, William Henry Harrison. 1809 vereinbarte er mit Häuptlingen verschiedener Stämme einen Tausch von rund 120 Quadratkilometern Land gegen Handelsgüter im Wert von 7000 Dollar und einer Jahreszahlung von 1750 Dollar. In Georgia wurde Indianer-Land durch eine Lotterie vergeben. Zwischen 1815 und 1825 verloren die meisten Indianerstämme östlich des Mississippi ihren Landbesitz. Sie bekamen Land im Osten zugewiesen – doch nicht selten mussten die Indianer erleben, dass die neue Heimat ebenfalls bereits von Siedlern besetzt war. Goldfunde in Kalifornien verstärkten den Strom der Weißen nach Osten und brachten weiteren territorialen Druck.

Um 1845 begann das Finale bei der militärischen Auseinandersetzung mit den Indianern. Der letzte große Indianerführer Geronimo kapitulierte 1886. Das Abschlachten der Büffelherden durch die Weißen trug mit dazu bei, die Indianer aus ihren angestammten Lebensräumen zu vertreiben. Unablässig strömten die weißen Siedler nach. Der Oregon-Trail war eine der Routen – rund 350.000 Einwanderer nutzten ihn zwischen 1841 und 1867. Ausgangspunkt war der Mississippi, der Weg führte durch Kansas, Nebraska, Wyoming und Idaho 3200 km weit über die Prärie und die Rocky Mountains bis nach Oregon zur Westküste. Es schreckte die Siedlungswilligen nicht, dass es genügend Wasser nur auf der ersten Teilstrecke gab. Schätzungsweise 10.000 Menschen starben auf der Tour – meist an Krankheiten wie Cholera.

Erst nach dem Zweiten Weltkrieg begann sich das Blatt zugunsten der Indianer zu wenden – mit der *Indian Claims Commission Act* von 1946. Die Überlebenden vieler Indianervölker versuchen seitdem, ihre alten Landrechtsansprüche geltend zu machen. Die *Alaska Native Claims Settlement Act* brachte 1971 einen ersten großen Durchbruch: 40 Millionen Acres, 462,5 Millionen Dollar Entschädigungssumme und Schürfrechte wurden den Ureinwohner gerichtlich zugestanden. Der *Maine Indian Claims Settlement Act* brachte den Indianern in den Neu-England-Staaten auf der anderen Seite des Kontinents 12,5 Acres Land zurück, und eine Vergütung von 27 Millionen Dollar.

Auch die Nachkommen der Urbevölkerung in Kanada haben den Kampf um ihre alten Landrechte aufgenommen. Sie beklagen eine „Konspiration der Gesetzgebung" in der Vergangenheit. Diese Gesetzgebung der weißen Einwanderer schloss die Indianer nicht nur vom Wahlrecht und damit von der politischen und legislativen Willensbildung aus, sie verbot sogar die traditionellen Tänze und Feierlichkeiten, die als Erbe der Vorväter zum Besitzstand der

Ureinwohner gehörten. Am einschneidendsten war auch in Kanada die Ausgrenzung der Indianer vom Landbesitz. In einem *Indian Act* von 1876 hieß es: kein Indianer in der Provinz Manitoba, den North-West Territories oder im Gebiet von Keewatin solle „in der Lage sein, Siedlungsland, Vorkaufsrechte oder irgend ein Stück Grund, sei es vermessenes oder unvermessenes Land, erworben zu haben oder zu erwerben."

Ein Antrieb für die Inbesitznahme des Landes in fernen Ländern waren häufig die Ressourcen unter der Erdoberfläche. Unter den Schätzen, die die europäischen Kolonialherren aus den fernen Ländern holten, waren Edelmetalle und Diamanten die wertvollsten. Joseph Wauters berichtet von den Diamantenfeldern der Provinz Kasai im belgischen Kongo: 17.000 Einheimische schürften unter der Aufsicht von 155 Weißen. Für sechs bis acht Francs im Monat holten sie ein Vermögen aus dem Boden. „Mit einem gewissen Erstaunen" sah Wauters sogar Kinder von nur zehn bis zwölf Jahren auf den Feldern. Eine der Erscheinungen, „die mich am meisten enttäuschten", war außerdem der vehemente Widerstand der belgischen Händler und Industriellen vor Ort gegen eine Verordnung, die für die Schwarzen strikte Anstellungsbedingungen vorsah – wie das Recht auf Unterkunft, Kleidung, medizinische Versorgung und ausreichende Verpflegung.

Nach dem Verlust ihrer Kolonie in Amerika begannen die Briten, sich neben Australien in anderen Teilen der Welt nach neuen Gebieten umzusehen. Es begann insbesondere in Afrika ein Wettlauf mit den Franzosen. Die Kongokonferenz vom 15. November 1884 bis zum 26. Februar 1885, zu der der deutsche Reichskanzler Bismarck nach Berlin einlud, stellte die Weichen: Die „Kongoakte" als Schlussdokument wurde zur Grundlage für die Aufteilung Afrikas in Kolonien. Zu diesem Zeitpunkt war das Deutsche Reich mit ins Rennen gegangen. 1884 war die Gesellschaft für Deutsche Kolonisation gegründet worden. Die deutschen Schutzgebiete existierten seit dem genannten Jahr in Südwestafrika, Togo und Kamerun, ein Jahr später in Ostafrika. Sogenannte Schutzbriefe mit einheimischen Häuptlingen waren die Grundlage dafür. Die Deutsche Kolonialgesellschaft entstand 1887 als wirtschaftlicher Interessenverband. Hinzu kamen 1897 Tsingtau und 1899 die Karolinen und Marianen.

„Die Zeiten, wo der Deutsche dem einen seiner Nachbarn die Erde überließ, den anderen das Meer und sich selbst den Himmel reservierte, wo die reine Doktrin thront – diese Zeiten sind vorbei“, rechtfertigte am 16. Dezember 1897 der Staatssekretär im Auswärtigen Amt Bernhard von Bülow vor dem Reichstag das Engagement. Er schloss seine Rede mit den Worten: „Wir wollen niemanden in den Schatten stellen, aber wir verlangen auch unseren Platz an der Sonne.“ Die Erwartungen des Handels auf Gewinne spielten in der Propaganda eine untergeordnete Rolle, aber sie lieferten den Hintergrund.

Wenn man „Produkte herholen kann, welche für uns von Wichtigkeit sind, und wo man Waren und Industrieerzeugnisse hinschaffen kann, welche dort von großem Werte sind“, so ergebe das einen „besonderen Gewinn“, argumentierte Carl Woermann von der gleichnamigen Handelsgesellschaft in einem Schreiben an die Abgeordneten des Reichstages. Kaffee, Kakao und Kautschuk standen weit oben auf der Liste. Baumwolle war wichtiger als Diamanten. Die Selbstversorgung des Reiches war das Ziel. Plantagen entstanden und Infrastrukturprojekte wurden in Angriff genommen. Allein der Bau der Nordbahn in Kamerun verschlang 40 Millionen Reichsmark. 1909 ging das Kolonialamt in Berlin von einem Bedarf Deutschlands an tropischen Erzeugnissen im Wert von 1,25 Milliarden Mark aus. Tatsächlich hatten im Jahr davor die Importe aus den eigenen Kolonien gerade einmal die Marke von 100 Millionen

Mark überschritten. Der Erste Weltkrieg beendete die Kolonial-Episode deutscher Geschichte.

In der politischen Theorie stellt sich die Frage nach der Abgrenzung zwischen den Begriffen Kolonialismus und Imperialismus – sie bleibt eher unscharf, geht aber sicherlich einher mit dem Übergang des Wettlaufs um koloniale Eroberungen oder Brückenköpfe in ein System von Dauerherrschaften der Industrienationen über Völker in Asien und Afrika. Das vollzog sich in einem schleichenden Prozess. Für Ekkehart Krippendorf begann die eigentlich imperialistische Phase mit dem Übergang von der militärischen zur politisch-administrativen Unterwerfung. Als Datum für den Beginn der imperialistischen Phase setzt Krippendorf eher willkürlich die Schlacht von Plassey in Indien 1757 an, die die britische Vorherrschaft im nordöstlichen Indien absicherte.

In der Gegenwart hat sich am Run auf Bodenschätze an fremden Ufern nichts geändert. Der Nachschub an Rohöl prägt politisch-strategisches Handeln – doch von der Ressource soll später die Rede sein. Neue Akteure sind im Zeitalter der Globalisierung im Wettbewerb um Metalle ins Spiel gekommen, in Afrika ist es China als neue wirtschaftliche Supermacht. Neue Rohstoffe kamen hinzu, wie Tantal, das in der modernen Mikroelektronik (zum Beispiel bei der Herstellung von Mobiltelefonen) unverzichtbar ist. Sogenannte Seltene Erden stecken in mehr Produkten, als es sich Verbraucher vorstellen können. Und Märkte in der Ferne sind weiterhin wie Schätze, die es für Unternehmen zu finden gilt.

Räuber werden zu Helden

Es lebt in einem Flecken, ein alter Handelsjud.
Der tat im Bett verstecken, sein ganzes Hab und Gut.
In einer dunklen Winternacht, stieg Hannes bei ihm ein;
Und hat ihn langsam umgebracht, man hört ihn schrecklich schrein.
Die Bauern packte wilder Graus, und keiner traut sich aus dem Haus.

Es lebte in Kurhessen, ein Pfaff in Amt und Ehr.
Der hatte viel gefressen, drum war sein Wanst gar schwer.
Als dieser Pfaff alleine, einst durch den Taunus ritt,
Packt ihn ein Kerl am Beine, und sprach: „Ich reite mit.“
Dem Pfäfflein ward es kalt und heiß, es schlug ein Kreuz und kam in Schweiß.

Drauf zog ihm der Halunke, Rock, Hemd und Hose aus,
Und sprach: „Du fette Unke, Krauch auf dem Bauch nach Haus.
Die Pfaffen und die Jieden, das ist mein schlimmster Hass;
Drum sei es wohl zufrieden, wenn ich Dich leben lass.“
Dann schnitt er ihm mit frevler Hand, Vom Leibe, was er irgend fand.

Auch wenn sie nach heutigen Maßstäben diskriminierend ist, so verführt die Räubergeschichte doch zum Schmunzeln – die Moritat vom Räuber Schinderhannes, der 1778 unter dem Namen Johannes Bückler geboren wurde. Sie ist ein Zeugnis zeitgenössischer Wahrnehmung der Schere zwischen arm und reich und ein Spiegelbild des damaligen Mainstreams.

Das 18. und beginnende 19. Jahrhundert gilt als die große Zeit der Räuber. Waren sie von bloßer Habgier getrieben? Egal, ob sie einzeln auftraten oder in Banden: Alle wurden von den Besitzenden gefürchtet. Das einfache Volk der Armen und Unterdrückten dagegen feierte viele von ihnen insgeheim als Helden. Denn die Räuber brachten den Unmut gegen die Unterschiede zwischen Besitzenden und Besitzlosen zum Ausdruck, den die Masse der Bevölkerung nicht offen zu äußern wagte. Selten verfolgten die berühmt gewordenen Räuber jener Zeit freilich eine Ideologie, Philosophie oder gar eine Vision.

Besonders auf dem Lande lebten noch in der zweiten Hälfte des 18. Jahrhundert viele Menschen unter Bedingungen wie zu den dunkelsten Zeiten feudaler Gesellschaftsordnung. Beispielhaft zeigt die *Eigentumsordnung* für Münster des Kurfürsten Maximilian Friedrich aus dem Jahre 1770, wie eng die rechtlichen Spielräume der meisten Menschen abgesteckt waren. Die Verordnung regelte in erster Linie die Leibeigenschaft. In Paragraph 1 steht umständlich geschrieben: „Die Leibeigenschaft ist eine Personal-Dienstbarkeit und rechtliche Verbindung, vermöge welcher jemand – seinem freien Stande zum Nachteil – einem anderen in Absicht auf einen gewissen Hof, Erbe oder Kotten mit Gut und Blut zugetan; und zur Abstattung sicherer Pflichten, neben dem auch – wenn er einen Hof, Erbe oder Kotten nach Eigentumsrecht wirklich unter hat – gegen den Genuss und Erbnis-Brauch seinem Gutsherrn die hergebrachte oder vereinbarte jährliche Prästanda abzutragen schuldig ist.“

In den folgenden Paragraphen sind die Abhängigkeiten weniger kompliziert klargestellt: „Ein Eigenbehöriger muss seinem Gutsherrn treu, hold, und gegenwärtig, auch in billigen Dingen, und insoweit ihm über seine hergebrachten Pflichten nichts zugemutet wird, willfährig und gehorsam sein.“ Der Gutsherr hatte die „Macht und Gewalt", zu entscheiden, ob er sich die fällige Pacht in Naturalien oder in Geld auszahlen lassen wollte. Natürlich hatte der Leibeigene „seinem Gutsherren entweder mit Pferden, oder wenn er keine hat, noch halten kann, mit Hand- und Leibarbeit zu dienen." Aber: „Sollte ein Eigenbehöriger der auf habenden Pflicht in Erzeigung geziemender Ehrerbietung, welche er seinem Gutsherrn schuldig ist, nicht nachkommen, sondern gegen denselben, oder die Seinige sich mit unanständigen Gebärden, Worten, oder Werken ungeziemend aufführen, oder halsstarrig und widerspenstig bezeigen, so gebührt dem beleidigten Gutsherrn … eine mäßige Correction und Züchtigung."

Wer von „leibeigenen Eltern geboren" worden war, blieb „demjenigen leibeigen, dem die Eltern eigen sind." Noch 1770 brauchten nach diesem System Leibeigene die Genehmigung ihres Gutsherrn, um zu heiraten. Sie sollten sich „vor Schulden hüten, und wenn sie Geld aufzunehmen genötigt sind, solches und die Ursach', warum sie zur Aufnahme gezwungen werden, ihrem Gutsherrn vortragen, und bei demselben sich um die gutsherrliche Bewilligung geziemend bewerben." Außerdem konnten die Leibeigenen „kein Testament machen, noch durch eine andere letzte Willens-Verordnung über das erworbene Vermögen disponieren." Pech hatte derjenige Leibeigene, der „durch Krieg, Verwüstung, Hagelschlag, Viehsterben, und andere dergleichen zufällige Begebenheiten, große Unglücksfälle erlitten." Ob dann der Gutsherr einen Nachlass bei der jährlichen Pacht oder Abgabe zugestand, dazu wollte der Kurfürst ausdrücklich „nichts Gewisses bestimmen." Der Pechvogel war abhängig von des „Leibeigentumsherren des gnädigsten Zutrauens, dass sie selbst in dergleichen Fällen die Billigkeit vor Augen haben."

In manchen deutschen Landen waren die Lebensbedingungen im 18. Jahrhundert härter als zuvor. In Preußen war der ständige Ausbau des Militärsystems dafür mitverantwortlich. Zwischen 1717 und 1721 wurden die Reiterkompanien in die Städte verlegt – dafür mussten die Bauern ein „Kavalleriegeld" bezahlen. Beispiele wie das des Bauern aus Hinterpommern, der von 22 Talern Einkommen aus seinem Hof im Jahr 18 Taler Kavalleriegeld zu zahlen hatte, waren eher die Regel denn die Ausnahme.

Angesichts solcher Lebensumstände kann es eigentlich nicht überraschen, dass ein Großteil der Landbevölkerung den Räubern Sympathie entgegen brachte. Dahinter verbarg sich ein Gefühl der Solidarität zwischen allen, die von der Obrigkeit geknechtet wurden – und das Schicksal von Armut teilen mussten. So stand im 18. Jahrhundert an einer Kerkerwand geschrieben:

„Die Armut die war freilich schuld,
weil man sie nicht mehr hat geduld.
Die meisten Herrn sind schuld daran,
dass mancher tut, was er sonst nicht getan."

In der Literatur wird gelegentlich zwischen Sozialbanditen und „eigentlichen kriminellen Räubern" unterschieden. 1788 verwies ein Landrichter im bayerischen Landau auf die Helfer: „… ist es aber auch ein Wunder, dass Bayern noch Merkmale der rohesten Barbarei hat, dass es von Spitzbuben wimmelt? Der Unterschlüffe und Hehler gibt es genug; ansässige Bauern geben sich schon mit diesem Handwerk ab."

Der hessische Gelehrte Karl Philipp Theodor Schwencken listete 1822 eine Reihe ganz unterschiedlicher Räuber-Gruppen auf. Offene Gewalt wandten die „Schränker" an, ebenso die „Stratekehrer". „Zierliche Schränker" bevorzugten den stillen Einstieg in der Nacht.

Am helllichten Tag in die Zimmer schlichen die „Mackener", „Jomackener", „Taldalemisch" und „Klutherisch". Kurz vor Sonnenaufgang, wenn die Knechte die Türen geöffnet hatten, aber sonst noch alles schlief, kamen die „Dorfmackener" und „Steinkuffen". Bei Unwetter suchten „Tchillesgänger" oder „Kittenschieber" gern reiche Kaufmannshäuser heim. Den Taschendiebstahl beherrschten die „Torfdrucker", „Geilefzieher" und „Beutelschneider".

Die Mehrzahl der Räuber entstammte der ungebildeten, oft „unbehausten", armen Unterschicht, die des Lesens und Schreibens unkundig war. Schätzungen über den Anteil der sogenannten Vagierenden an der zentraleuropäischen Gesamtbevölkerung im 18. Jahrhundert schwanken zwischen acht und fünfzehn Prozent. Wie alten Polizeiakten zu entnehmen ist, waren viele Räuber vormals Soldaten gewesen – die entweder aus fürstlichen Diensten ordnungsgemäß entlassen worden oder desertiert waren, auf jeden Fall aber mit Waffen umzugehen verstanden.

Dazu kamen Vertreter „unehrenhafter" Berufe wie Abdecker oder Hirten, die ihr Zuhause auf der Straße hatten. Die Abschottung der Zünfte und der Gesellenverbände versperrte vielen Menschen, die nicht als Erstgeborene in den elterlichen Handwerkerbetrieb einsteigen konnten, eine gesicherte Existenz, und sorgte für weiteren Zulauf. Hausierer, Tagwerker, Musikanten, Korbflechter, Pfannenflicker, Scherenschleifer und noch manche andere, die berufsbedingt ständig unterwegs waren, ergänzten das Rekrutierungspotenzial von Räuberbanden. Polizeilich aufgefallen sind sie in der Regel zunächst als Bettler – und wegen Eigentumsdelikten. Schon Bagatell-Diebstähle dieser Bevölkerungsschichten wurden drakonisch bestraft – schnell war dann der Schritt zu einer räuberischen Lebensweise vollzogen.

Nur in wenigen Orten versuchte die Obrigkeit, durch gezielte Maßnahmen das Los der Unterschicht zu mildern und damit die

Schere zwischen arm und reich zu schließen. Als ein Beispiel mag das 1774 gegründete Armenhaus in Potsdam gelten. In der Gründungsurkunde heißt es: Seine Königliche Majestät habe sich „allergnädigst entschlossen“, ein Gebäude zu errichten, um das „Publikum von der bisherigen Last der überhand nehmenden Bettelei gänzlich zu befreien, und das Armenwesen daselbst auf einen solchen Fuß zu setzen, dass einheimischen Kranken, Alten und unvermögenden Armen, die sich außer Stande befinden ihren Unterhalt zu erwerben, ein beständiges Unterkommen und die nötige Verpflegung verschafft. Mutwillige Bettler aber und anderes unfug-treibendes, liederliches Gesindel werde, sich wie bisher dem Müßiggang zu überlassen und, indem sie unbefugter Weise ihren Unterhalt durch Ungestüm von ihren Nebenmenschen erpressen, eine unnütze Last der Erde sein.“ Eine Zählung kurz vor Eröffnung des Gebäudes ergab eine Zahl von 114 Armen in der Stadt – darunter 93 Frauen, von denen wiederum 78 (meist Soldaten-) Witwen waren.

Dokumente über Frauen in den Räuberbanden sind spärlich. Bekanntheit erlangte die Buzliese-Amie, eine Geliebte des Schinderhannes. Die „Geschichte einer Räuberin“ von Jakob Friedrich Abel aus dem Jahre 1787 berichtet von den bösen Taten der 1760 hingerichteten Räuberbraut Christina Schettinger. Mit dem Schwert hingerichtet wurde, wegen fortgesetzten Diebstahls, 1788 die Elisabeth Gassner – sie war als die „schwarze Liesel“ gefürchtet. Nach dem Text auf einem Flugblatt jener Zeit soll sie auf dem Schafott erklärt haben: „Lange genug bin ich herum geirrt, und bin im Dunkeln, wie die Pest, geschlichen, bis mir das Gut meines Nächsten eine Beute wurde …“

Einer der prominentesten Räuber war zweifelsohne Robin Hood. Doch die Historiker müssen enttäuschen: Die Figur des vielfach zum Filmhelden erkorenen Anführers einer Räuberbande aus dem

Sherwood Forest nördlich von Nottingham ist eine Fälschung. Den Geschichtsforschern gelang es trotz allen Bemühungen nicht, den „Ur“-Robin Hood einer Region oder Epoche zuzuordnen. Erstmals erwähnt wird die Legendenfigur in schottischen Chroniken aus dem 15. Jahrhundert. Im 17. Jahrhundert war er Gegenstand vieler Balladen, allein 1656/7 wurden zehn Fassungen geschrieben.

Robin Hood verkörperte die Sehnsucht nach einem Leben auf dem Lande, frei von herrschaftlicher Peitsche – in einer Gemeinschaft, die alles teilt. Robin Hood war ein Idol, in das das einfache Volk solche Idealvorstellungen projizierte und in dem das Aufbegehren gegen Armut eine willkommene Personifizierung fand. Gerade im 16. und 17. Jahrhundert, auf dem Höhepunkt von Robin Hoods Verehrung, verschärfte sich in England angesichts der ungleichen Landverteilung die Spaltung zwischen arm und reich. Auf 80.000 schätzen zeitgenössische Quelle die Zahl der Vagabunden auf den britischen Inseln. Manche abhängige Hörige oder landlose Bauern beneideten die Vagabunden um ihr Los, das sich mit dem Gefühl der Freiheit verband. Viele wünschten sich einen Robin Hood im eigenen Wald.

Als Robin Hood der Hansezeit wird Klaus Störtebeker bezeichnet, der um die Wende zum 15. Jahrhundert die Ost- und Nordsee unsicher machte. Viele Legenden ranken sich um ihn und seine Herkunft. Immerhin gibt es zu dieser Gestalt authentische historische Quellen – zum Beispiel eine britische Klageschrift aus dem Jahr 1405, die Störtebeker und seinem Kumpan Godeke Michel vorwarf, über ein Dutzend englische Kaufmannsschiffe ausgeraubt zu haben. Einen Namen machte er sich erstmals, als er gemeinsam mit Godeke Michel im mecklenburgisch-dänischen Krieg 1389 die eingeschlossene Stadt Stockholm mit Lebensmitteln versorgte – mit

„Vitalien“, woraus sich der Name der Gesellschaft der Vitalien-Brüder ableitete. 1398 wird ihre Zahl auf rund 2000 Männer geschätzt.

Zu den Legenden gehören Geschichten über Störtebekers Sympathie für die Armen, die er geschont und unterstützt haben soll. Andere sehen in der Figur eher den raffgierigen Seeteufel. Marienhafe in Ostfriesland war Störtebekers Versteck und Ruheplatz. Ein Denkmal in Hamburg erinnert an ihn, und einmal im Jahr knüpft eine Speisung der Armen in Velden – wo Störtebeker sieben Kirchenfenster stiftete – noch bis in die Gegenwart hinein an seine soziale Einstellung an.

Was auf dem Land die Räuber waren, das waren auf den Meeren die Piraten. Seit den Zeiten der Alten Ägypter sind Quellen zu finden, wie sie Herrscher und Kaufleute in Angst und Schrecken versetzten. Um das Jahr 4000 vor unserer Zeitrechnung tauchten kleine Gruppen räuberischer Minoer aus Kreta auf. Von den Phöniziern ist die Einrichtung einer ersten Marine-Schutzpolizei gegen das Piratenwesen überliefert. Im 2. und 1. Jahrhundert v. Chr. fügten Piraten dem römischen Staat und seinen Händlern über das Meer immensen Schaden zu. Von 67 v. Chr. datiert ein Gesetz, das der Volkstribun Gabinia gegen die Piraterie entwarf, die die Getreideversorgung Roms bedrohte. Die Flotte bestand aus 500 Schiffen und das Budget hatte das ungeheure Volumen von 36 Millionen Denaren. Der junge Julius Cäsar fiel im Alter von 23 Jahren in die Hände von Piraten.

Die Geschichten ziehen sich quer durch die Jahrhunderte. Marseille wurde 848 von den Sarazenen geschliffen, die Wikinger-Kolonien auf Grönland wurden im frühen 15. Jahrhundert von englischen und schottischen Seeräubern überfallen. Das große Zeitalter der Piraten kam mit der Entdeckung des amerikanischen Kontinents. Die Vielzahl der karibischen Inseln und unbesiedelten

Küsten war von den Kolonialmächten weder kontrollierbar noch überwachbar, und bot räuberischen Seefahrern unzählige Verstecke. 1595 schrieb der Finanzbeamte Diego de Ybarra aus Santo Domingo: „Die Korsaren sind so zahlreich und beharrlich, als wären die Häfen in ihrem eigenen Land. Sie lauern auf allen schiffbaren Routen nach Westindien. Egal, ob wir ankommen oder abfahren, haben wir immer einen Korsaren im Blick."

1608 waren nach zeitgenössischen Schätzungen rund 500 Piratenschiffe in der Karibik auf Beutejagd unterwegs. Seit den Zeiten der holländischen Ostindienfahrer bekamen Piraten sogar von den Seefahrtstaaten die Lizenz zum Rauben: durch den Erwerb von Kaperbriefen wurden sie zu Freibeutern. Außerhalb der staatlichen Flotten war es ihnen erlaubt, selbst in Friedenszeiten Schiffe anderer Nationen zu überfallen und als sogenannte Prise zu nehmen. Zwischen dem 16. und beginnenden 19. Jahrhundert waren die Piraten, die an den Küsten Algeriens offizielle Protektion der Machthaber genossen, im ganzen Mittelmeerraum gefürchtet. Im 17. Jahrhundert sprach man vom heutigen Algerien allgemein von der Piratenküste oder „Barbarey".

Zu den großen Seeräuberhelden zu Beginn des 17. Jahrhundert zählt der britische Kapitän Peter Easton. 1602 landete er, mit allen notwendigen Papieren eines Freibeuters ausgestattet, erstmals auf Neufundland. Als die Lizenz auslief, jagte Easton weiterhin die Fischerboote aus aller Herren Länder, die die reichen Fischgründe an Neufundlands Küsten ausbeuteten. 1610 war er Admiral einer Piratenflotte von rund 40 Schiffen und Herr über eine eigene Siedlungskolonie an Land. Das Vermögen, das Easton für sich selbst einbehielt, wird von Forschern auf zwei Millionen Pfund Sterling geschätzt. Easton wurde schließlich vom britischen König begnadigt, ließ sich in seinen alten Tagen an der französischen Riviera nieder und starb mit dem gekauften Titel eines Marquis von Savoyen. In Neufundland ging er als einer der großen Helden in die Geschichtsbücher ein.

In der Gegenwart können Piraten nicht mehr Sympathie erwarten. Vor der Küste Somalias bedrohen die Nachfahren der „Helden“ die internationalen Schifffahrtsrouten. Anfangs rekrutierten sie sich aus somalischen Fischern, die ihren Lebensunterhalt durch das Eindringen fremder Fangflotten in die Gewässer ihres Landes gefährdet sahen. Örtliche Warlords begannen, diese Gruppen für ihre Zwecke zu nutzen. Daraus entwickelte sich ein System zur gewaltsamen Geldbeschaffung für Terroristen.

Das Zeitalter der Revolutionen

„Der erste, der ein Stück Land eingezäunt hatte und dreist sagte: ‚Das ist mein' und so einfältige Leute fand, die das glaubten, wurde zum wahren Gründer der bürgerlichen Gesellschaft. Wie viele Verbrechen, Kriege, Morde, Leiden und Schrecken würde einer dem Menschengeschlecht erspart haben, hätte er die Pfähle herausgerissen oder den Graben zugeschüttet und seinesgleichen zugerufen: ‚Hört ja nicht auf diesen Betrüger. Ihr seid verloren, wenn ihr vergesst, dass die Früchte allen gehören und die Erde keinem'."

Für die großen Veränderungen, die zu einer Neuordnung der Eigentums- und Besitzverhältnisse führten, sorgte das gebildete Bürgertum. Es wollte nicht länger unter der Habgier des Adels leiden. So begann das Zeitalter der Revolutionen in der Neuzeit.

Jean-Jacques Rousseau, Spross einer kalvinistischen Genfer Bürgerfamilie, formulierte dazu 1755 in seinem *Diskurs über den Ursprung und die Grundlagen der Ungleichheit unter den Menschen* die zitierten Sätze. An anderer Stelle seines Werkes hieß es: „Sind nicht alle Vorteile der Gesellschaft für die Mächtigen und Reichen? Werden nicht alle lukrativen Beschäftigungen allein von ihnen ausgeführt? Sind nicht alle Gefälligkeiten und Vergünstigungen für sie reserviert, und ist nicht alle öffentliche Autorität ganz zu ihren Gunsten? … Wie verschieden ist doch das Bild des Armen! Je mehr die Menschlichkeit ihm schuldet, desto mehr versagt ihm die Gesellschaft."

Schärfer noch als Rousseau griff der Philosoph Morelly mit seinem 1754 erschienen *Kodex der Natur* die bestehenden ungleichen Eigentumsverhältnisse an. Die Teilung des gemeinsamen Erbes der

Erde verstieß nach Morellys Vorstellungen gegen das Naturgesetz und zerstörte die Harmonie zwischen Mensch und Natur. Die Gesetze zum Schutz des Privateigentums hätten „den Untergang der Gesellschaft gefördert und begünstigt, indem sie die verhängnisvolle Teilung der Naturerzeugnisse und sogar des Bodens herbeiführten, indem sie das teilten, was in seiner Ganzheit bestehen oder, wenn irgendein Zufall es geteilt hatte, wieder in diesen Zustand gebracht werden sollte. Ohne die Ganzheit der unbeweglichen Dinge zu verändern, sage ich, durften sie nicht dahin streben, das Eigentum zu verteilen, sondern nur dahin, den Gebrauch und die Verteilung der Sachen, die nicht beständig sind, zu ordnen."

In den grundlegenden Gesetzen eines von Morelly geforderten Staates sollte „nichts in der Gesellschaft jemandem als Eigentum gehören, außer den Sachen, die er wirklich braucht, sei es zur Befriedigung seiner Bedürfnisse, zu seinem Vergnügen oder für seine tägliche Arbeit." Diese „Sachen" sollten aus einem zentralen Vorratsspeicher ausgegeben werden, von dazu eigens ernannten Beamten. Für Habgier war dabei kein Platz. Jeder Bürger werde „ein Mann des Staates sein und auf Staatskosten beschützt, unterhalten und beschäftigt werden."

Eine solche Gesellschaftskritik und solche Ideen zu einer neuen Eigentumsordnung fielen nicht vom Himmel. Unter dem Sonnenkönig Ludwig XIV. hatte in Frankreich der despotische Herrschafts- und Eigentumsanspruch über ein Land seinen Höhepunkt erreicht. Der legendäre Ausspruch „L'état c'est moi", „Der Staat bin ich" war dafür kennzeichnend. Darin spiegelte sich die Überzeugung, dass das regierte Land Privatbesitz eines Herrschers sei. Der hemmungslose Griff in die Staatskasse zur Befriedigung persönlicher Wünsche stand damit im Einklang. Die Einstellung ist mit Ludwig XIV. nicht ausgerottet worden – nicht wenige Diktatoren der Neuzeit sind geistige Enkel des Sonnenkönigs.

Rousseau setzte mit seinen Idealen dagegen und trug damit dazu bei, den geistigen Nährboden für die Französische Revolution zu schaffen. Hegel verglich diese mit einem „herrlichen Sonnenaufgang“. Geburtsprivileg und Grundbesitz waren die Grundlagen der Gesellschaft des Ancien Régime gewesen, am Ende des 18. Jahrhundert stand jedoch die herrschende Feudalaristokratie praktisch vor dem Ruin. „Der Hofadel ruinierte sich in Versailles, der Provinzadel vegetierte auf seinen Ländereien“, fasste der Klassiker unter den Geschichtsschreibern der Französischen Revolution, Albert Soboul, die Situation zusammen. Und: „Je näher der Ruin rückte, um so unnachgiebiger forderte sie (die Feudalaristokratie) die Durchsetzung ihrer alten Rechte.“ Die Schulden des französischen Staates waren bis 1789 auf rund fünf Milliarden Livres angewachsen – das war doppelt so viel wie das im Umlauf befindliche Bargeld.

Den Bürgern und den handelnden Massen in Paris ebenso wie auf dem Land war der Wille gemeinsam, die Benachteiligung und Abhängigkeit gegenüber jenen zu beenden, die ihre Privilegien einzig und allein durch Geburt in einem anderen Stand begründen konnten. Die am 26. August 1789 angenommene Erklärung der Menschenrechte als „Katechismus der neuen Ordnung“ listete im Artikel 2 Freiheit, Eigentum, Sicherheit und Widerstand gegen Unterdrückung als natürliche und unverjährbare Rechte auf. Nach Artikel 17 wurde das Eigentum unverletzlich und heilig. Niemand sollte mehr seines Eigentums beraubt werden können – außer zur Befriedigung eines gesetzlich festzulegenden öffentlichen Bedürfnisses. In diesem Fall sollte für den Verlust von Eigentum eine Entschädigung zu zahlen sein.

Soboul hat an dieser Erklärung kritisiert, dass darin die Ungleichheit, die ihren Ursprung in Reichtum hat, unangetastet blieb. Zwar wurden durch die Ereignisse der Jahres nach 1798 in Frankreich die einstigen Untertanen zu Bürgern – um die ungeheure Masse der

Besitzlosen, die auf den Straßen und Feldern ihr Leben für den Bruch mit der alten Ordnung riskierte, kümmerten sich die Väter der Menschenrechtserklärung aber nicht.

In der Verfassung vom 24. Juni 1793 wurde das Recht auf Eigentum noch einmal bestätigt. Im Artikel 16 hieß es: „Das Eigentumsrecht steht jedem Bürger zu. Es bedeutet, dass jeder seine Güter und seine Einkünfte, den Ertrag seiner Arbeit und seines Fleißes nach freiem Belieben besitzen und darüber verfügen darf." Ähnlich hieß es in der Erklärung des Konvents 1795: „Das Eigentum ist das Recht, seine Güter, Einkünfte, die Früchte seiner Arbeit und seines Fleißes zu genießen und darüber zu verfügen" (Artikel 5). Frankreich wurde auf diese Weise zum „sicheren Boden für den Geschäftsmann", wie es ein Chronist ausdrückte. In der Geistesgeschichte wurde damit das bürgerliche Denken vom Eigentum als dem Nabel für die Existenz der Gesellschaft zementiert.

Die Wahlberechtigung wurde auf sogenannte Aktivbürger beschränkt, die Steuern zahlen und Besitz vorweisen konnten: ein Grundstück mit einem Pachtwert von 200 Arbeitstagen war das beispielsweise in Frankreich, oder Geldvermögen im gleichen Wert. Das musste jemand erst einmal haben. Einer der Väter dieser Verfassung, Boissy d'Anglas, hatte es in einer Rede vor dem Konvent klar ausgedrückt: „Wo die Besitzlosen regieren, herrscht Naturzustand" – und den wollte man nicht. Es war ein unmissverständliches Argument: „Wenn ihr Leuten ohne Eigentum uneingeschränkt die politischen Rechte zugesteht, und wenn diese irgendwann auf den Bänken der Gesetzgeber sitzen, dann werden sie Unruhe stiften oder tolerieren, ohne die Folgen befürchten zu müssen. Sie werden Handel und Landwirtschaft mit verderblichen Steuern belasten oder dies tolerieren, weil sie deren furchtbare Auswirkungen weder erkannt, noch gefürchtet oder vorhergesehen haben."

Es waren die klar abgegrenzten Interessen des besitzenden Bürgertums, die hinter diesen Worten steckten. So war die Französische Revolution denn nichts anderes als eine bürgerliche Revolution. Das Sagen hatte nun das Besitzbürgertum in Europa. Die Besitzlosen bekamen keine Chance, ihren Status zu verbessern. Die Möglichkeit dazu hätte bestanden – zum Beispiel bei der Verteilung der Kirchengüter im Wert von 400 Millionen Livres. Am 19. Dezember 1789 beschloss die Nationalversammlung, diese Güter zum Verkauf frei zu geben, in Form von sogenannten Assignaten, eine Art von Anteilsscheinen. Sie zu erwerben, setzte Besitz voraus. Eine Verteilung unter den Bauern wäre wirklich revolutionär gewesen.

Ein Dekret von 17. Juli 1793 schaffte das Prinzip der feudalen Abhängigkeit ab. Es sollte keine Gutsuntertänigkeit mehr geben, keine Privilegien der Gutsherren einschließlich der Gerichtsbarkeit. Profitiert haben davon aber nicht alle Bauern gleichermaßen. Kein Wunder freilich: In der Nationalversammlung in Versailles, die die neue Ordnung festlegte, waren Bauern nicht vertreten – sehr wohl aber Grundherren. Das gern verliehene Etikett einer Bäuerlichen Revolution verdienen jene Jahre in Frankreich deshalb nicht. Die gemeinsame revolutionäre Front von besitzenden und armen Bürgern und Bauern, der noch das Anfangsstadium der Französischen Revolution kennzeichnete, brach im Verlauf weniger Jahre auseinander.

Eine Vielzahl von Dekreten der Nationalversammlung schützte ausdrücklich die Besitzenden. Am 27. März 1791 erklärte die Versammlung, „dass kein Besitzer von Gütern, die im folgenden Domänen genannt werden, bei der Nutznießung gestört werden darf." Wenig später, am 5. Juni, hieß es in einem Dekret: „Die Besitzer können nach Belieben die Kultur und die Nutzung ihrer Länder verändern … Kein Landwirt kann von der Ausübung seiner Funktionen abgehalten werden, außer bei einem Verbrechen." Die

Schutzwürdigkeit des Eigentums erschien den Abgeordneten selbst in diesem Fall wichtig. So hieß es im genannten Dekret: „Auch bei einem Verbrechen muss immer Vorsorge für die Sicherheit des Viehs nach der Verhaftung getroffen werden."

Ansätze, Eigentum zu beschränken, gab es in jenen Tagen in Frankreich allenfalls 1793 unter der Herrschaft des Wohlfahrtsausschusses. Zu den Forderungen der Sansculotten vom Jardin-des-Plantes gehörte es: „Kein Vermögen darf eine bestimmte Höchstgrenze überschreiten. Ein Individuum darf nur über ein Maximum verfügen. Niemand soll in der Lage sein, mehr Grund und Boden zu pachten, als er für eine begrenzte Anzahl von Pflugstunden braucht. Derselbe Bürger darf nur eine Werkstatt, nur einen Laden haben." Das leuchtete vielen Zeitgenossen ein.

Um den Kaufleuten zu besseren Einkünften zu verhelfen, wurden frühzeitig Pläne für die Einrichtung von Börsen entwickelt. Zu einem entsprechenden Gesetzesentwurf erklärte der Delegierte Fabre im Frühjahr 1801 vor dem Tribunat: „Der Nutzen der Börsen ist von allen industriellen Völkern anerkannt worden. Diesen Einrichtungen ist das Wachstum und die Prosperität des Handels zu verdanken. Und ihnen verdanken die Kaufleute ihre Sicherheit und die Kenntnisse, die sie brauchen, um nicht ihr Vermögen auf Spiel zu setzen."

Das Eigentumsrecht als garantiertes Bürgerrecht prägte die politische und soziale Geschichte der folgenden Jahrhunderte. Die Verbindung von Freiheit und Eigentum gilt als ein Kennzeichen des Zeitalters der Aufklärung. Eigentum wurde zum Bürgerrecht, und das neue Bürgerrecht wurde zum unveräußerlichen Eigentum des Menschen.

Allerdings haben die Akteure der Revolution in Frankreich nur nachvollzogen, was auf der anderen Seite des Atlantiks bereits galt. Im ersten Abschnitt der Grundrechtserklärung Virginias 1776 wurde der Zusammenhang erstmals deutlich: „Alle Menschen sind von Natur aus in gleicher Weise frei und unabhängig und besitzen bestimmte angeborene Rechte, welche sie ihrer Nachkommenschaft durch keinen Vertrag rauben oder entziehen können, wenn sie eine staatliche Verbindung eingehen, und zwar den Genuss des Lebens und der Freiheit, die Mittel zum Erwerb und Besitz von Eigentum und das Erstreben und Erlangen von Glück und Sicherheit."

Ausgangspunkt der amerikanischen Unabhängigkeitsbewegung war der Protest gegen die Besteuerung der Kolonie durch das Parlament im fernen London. Die Väter der Bewegung sahen darin einen tyrannischen Eingriff in ihre Eigentumsrechte. „Freiheit und Eigentum" waren in ihren Schlachtrufen unmittelbar verquickt. Für den Gleichheitsgedanken war in diesem Modell kein Platz, im Gegenteil: Das Wahlrecht sollten nur jene haben, die „Mindestbesitzklauseln" erfüllten. Wie in den Counties des Mutterlandes seit 1429 die Sitte, hatte 1691 die Charter von Massachusetts allen „fortyshillings freeholders" – also Eigentümern mit 40 Pfund Eigentum – das Wahlrecht zum „General Court" übertragen. Schätzungen besagen, dass diese Bedingung in den amerikanischen Kolonien 50 bis 75 Prozent der Männer erfüllten.

Den neuen Verfassungsentwurf formulierte John Adams (1735-1836), der in einem puritanisch geprägten Elternhaus aufgewachsen war. Wer „gänzlich ohne Eigentum" sei, so das Argument, hätte auch keinen eigenen Willen – und sei auch künftig vom Wahlrecht ausgeschlossen. In den „town meetings" von Boston zu Anfang der 1770er Jahre sah das zunächst anders aus. Sie wählten „alles, was wie ein Mann ausschaut", berichtete der englische Gouverneur Thomas Hutchinson nach Hause. Ein Antrag, Besitzlose von den Treffen auszuschließen, wurde niedergeschmettert. Die Betroffen meinten, dass sie, wenn auch kein Eigentum, „so doch die Freiheit besäßen und ihre Nachkommen vielleicht einmal Eigentum besitzen würden.“ Doch Adams setzte sich in der verfassunggebenden Versammlung durch: Die „Eigentumsqualifikation“ beim Wahlrecht wurde in der Verfassung von 1780 sogar noch verschärft.

Frauen waren ausgeschlossen. Nur einmal wurde in der verfassunggebenden Versammlung von Massachusetts über einen Antrag abgestimmt, in der Formulierung „jede männliche Person“ das „männlich“ zu streichen – das erschien wohl so unsinnig, dass in den Protokollen nicht einmal die Stimmenzahl der Ablehnung festgehalten wurde. Ein Antrag, den Eigentumsnachweis bei den Wahlen zum Repräsentantenhaus fallen zu lassen, scheiterte mit 64 zu 27 Stimmen. Die Verfassung von Massachusetts aus dem Jahre 1780 bezeichnen einige amerikanische Historiker als „Sieg des Eigentums über die Demokratie.“ Erst 1820 bekamen durch eine Änderung der Verfassung alle männlichen Steuerzahler das Wahlrecht. Bis alle Männer dieses Recht erhielten, dauerte es bis zum Jahr 1891 – ausgenommen waren aber immer noch jene, die Armenunterstützung bezogen oder unter Vormundschaft standen.

Die Diskussion über den Zusammenhang zwischen Wahlrecht und Besitz wurde in Europa aufmerksam verfolgt, denn hier stellte sich die gleiche Frage. In Frankreich gab es 1846 bei rund 35 Millionen Einwohner schätzungsweise nur 240.000 Wahlberechtigte. Erst am 2. März 1848 wurde im Verlauf der Pariser Februarrevolution das allgemeine Wahlrecht eingeführt. In Preußen stellte die Städteordnung von 1808 noch einmal ausdrücklich fest, dass die Beteiligung an Wahlen städtischen Grundbesitz oder ein Mindesteinkommen voraus setzte. Aber bekanntlich sprang der revolutionäre Funke von Frankreich auf Deutschland über – er entlud sich in den Ereignissen des Vormärz 1848 und in der Deutschen Revolution von 1848/49.

In Deutschland wurde die Französische Revolution insbesondere vom gebildeten Bürgertum begrüßt. In der Frankfurter Nationalversammlung wurde die Diskussion zum Wahlrecht kontrovers geführt. Ein Vorschlag zielte auf die Gewährung des Rechts an Selbständige – unter Ausschluss der Arbeiter und Handwerksgehilfen. Ein Beschluss zielte sehr wohl auf ein allgemeines, gleiches Wahlrecht, doch das wurde rasch revidiert: Ende Mai 1849 wurde die Nationalversammlung durch die zweite Kammer des preußischen Abgeordnetenhauses ersetzt und ein Dreiklassenwahlrecht eingeführt. Wer auf eine Armenunterstützung angewiesen war, war vom Wahlrecht ausgeschlossen. Das sicherte die Macht der Besitzenden ab. Erst im Norddeutschen Bund wurde 1867 allen Männern das Wahlrecht eingeräumt. Das Deutsche Reich folgte 1871.

Zu den neuen Rechten, die die Menschen im 18. Jahrhundert nun Zug um Zug erwarben, kam das Recht auf Gewerbefreiheit. Es setzte klare Eigentumsrechte voraus, und wurde im Zuge der preußischen Reformpolitik zwischen dem Herbst 1810 und dem Sommer 1811 gesetzlich „von oben“ verankert. Eine einschneidende Veränderung territorialer Besitzverhältnisse kam in Deutschland 1803 mit dem Reichsdeputationshauptschluss. Er brachte die Aufhebung aller geistlichen Fürstentümer mit Ausnahme von Mainz, dem Johanniterorden und dem Deutschen Orden. Außerdem verloren die meisten Reichsstädte ihren Status. Ausnahmen waren die drei Hansestädte sowie Augsburg, Frankfurt und Nürnberg. Schätzungen besagen, dass damals rund 10.000 Quadratkilometer (elf Prozent der Reichsfläche) und drei Millionen Menschen (12,5 Prozent der Bevölkerung) den Herrscher wechselten. Ein *Blick auf den Zustand des Landes* Bayern zu Beginn des 18. Jahrhunderts, wie er rund 100 Jahre später beschrieben wurde, ergab: „Ungeheure Summen lagen in toter Hand von mehr denn hundert frommen Stiftungen, oder in unveränderlichen Geschlechtsgütern, dem Spielraum des Wandels entzogen, Pflegen prassenden Müßigganges oder verzehrender Bettelschaft.“

In Deutschland setzte sich die Abschaffung des alten, feudalen Systems vergleichsweise spät durch. Noch das Allgemeine Landrecht Preußens von 1794 sprach ausdrücklich von der Pflicht der Gutsuntertanen, ihren Gutsherren in der Landwirtschaft zu Diensten zu sein. Bau- und Frondienste konnten dazu kommen. Niemand durfte das Gut, zu dem er „geschlagen“ worden war, ohne Bewilligung der Gutsherrschaft verlassen; sogar Eheschließungen blieben von einer Erlaubnis abhängig. Zinsen und Naturalabgaben waren weiterhin zu entrichten.

Die persönliche Gutsuntertänigkeit wurde erst im Rahmen der preußischen Reformgesetzgebung am 9. Oktober 1807 aufgehoben. Das brachte den Betroffenen materielle Entlastungen. Doch die Bauernbefreiung blieb halbherzig. In einem Interpretationsedikt vom 8. April 1809 stand geschrieben: „Seine Königliche Majestät ermahnen sämtliche Dorfgemeinden zur unweigerlichen, pünktlichen Erfüllung und Leistung aller ihnen, vermöge des Besitzes robotpflichtiger Grundstücke, obliegenden Verbindlichkeiten, Dienste, Lasten und Abgaben, auf das ernstlichste und befehlen denselben, insbesondere aber auch dem Landgesinde nachdrücklichst, die ihnen obliegenden Dienste, treu, fleißig und unverdrossen zu verrichten, und niemals die Ehrerbietung und den Gehorsam, welche jeder Untergebene seinem Vorgesetzten, noch auch die Folgsamkeit und Treue, welche jeder Dienstbote seiner Dienstherrschaft zu bezeigen schuldig ist, aus den Augen zu setzen, wenn sie sich anders Seiner Majestät Gnade und fortgesetzten Fürsorge für das Beste der Landbewohner, wahrhaft würdig machen wollen.“

Gespenster und Genies – das 19. Jahrhundert

„Ihr werft uns mit einem Wort vor, dass wir euer Eigentum aufheben wollen. Allerdings, das wollen wir.“

So hieß es unerbittlich in einer Broschüre mit dem Titel *Manifest der Kommunistischen Partei*, die 1848 in London erschien. Erst einmal war es ein Gespenst, das von hier aus umging in Europa – doch die Sympathie für die Gedanken erfasste Massen überall. Karl Marx und Friedrich Engels sorgten dafür, dass Angst umging unter allen Besitzenden.

Die „kommunistische Revolution ist das radikalste Brechen mit den überlieferten Eigentumsverhältnissen“, bekam das erschreckte Bürgertum zu lesen.

Und weiter: Das Proletariat werde „seine politische Herrschaft dazu benutzen, der Bourgeoisie nach und nach alles Kapital zu entreißen, alle Produktionsinstrumente in den Händen des Staates, das heißt des als herrschende Klasse organisierten Proletariates, zu zentralisieren und die Masse der Produktionskräfte möglichst rasch zu vermehren. Es kann dies natürlich zunächst nur geschahen vermittelst despotischer Eingriffe in das Eigentumsrecht …“ Zur Klarstellung: „Was den Kommunismus auszeichnet, ist nicht die Abschaffung des Eigentums überhaupt, sondern die Abschaffung des bürgerlichen Eigentums.“ Wirklich eine Provokation!

Dabei waren die beiden Autoren selbst bürgerlicher Herkunft gewesen. Friedrich Engels wurde 1820 als Sohn eines rheinischen Industriellen geboren, Karl Marx zwei Jahre vorher als Sohn eines angesehenen Anwalts in Trier. Doch schon als Student hatte der junge Karl offenbar Probleme, mit Geld umzugehen. Wenige Monate vor seinem Tod schrieb ihm der Vater: „Als wären wir Goldmännchen, verfügt der Herr Sohn in einem Jahre für beinahe 700 Taler gegen alle Abrede; gegen alle Gebräuche, während die Reichsten keine 500 ausgeben."

Karl Marx beobachtet haarscharf: „Es muss doch etwas faul sein im Innersten eines Gesellschaftssystems, das seinen Reichtum vermehrt, ohne sein Elend zu verringern, und in dem die Verbrechen sogar rascher zunehmen als seine Bevölkerungszahl", schrieb er 1859 in einem Artikel unter der Überschrift *Bevölkerung, Verbrechen und Pauperismus*. Die Rolle von Habgier als eine Ursache von „Fäulnis" taucht in seinen Werken nicht auf. Marx sammelte aber viele Daten. Demnach erhielten 1850 in den verschiedenen Armenhausbezirken und Pfarrgemeinden von England und Wales 920.543 Männer und Frauen unter Aufsicht von lokalen Armenbehörden eine Unterstützung. 26.813 dieser Armen standen in dem genannten Jahr vor Gericht.

Die Begeisterung des Bürgertums über die Freiheitsrechte, die durch die Französische Revolution erlangt waren, konnte Karl Marx nicht teilen. Für ihn stand der damit begünstigte Privatbesitz im Gegensatz zur Freiheit. Marx schrieb im *Kommunistischen Manifest*: „Die Französische Revolution z. B. schaffte das Feudaleigentum zugunsten des bürgerlichen ab … Das moderne bürgerliche Privateigentum ist der letzte und vollendetste Ausdruck der Erzeugung und Aneignung der Produkte, die auf Klassengegensätzen, die auf der Ausbeutung der einen durch die anderen beruht. In diesem Sinne können die Kommunisten ihre Theorie in dem einen Ausdruck: Aufhebung des Privateigentums, zusammenfassen." Seine These an anderer Stelle: „Das Menschenrecht des Privateigentums ist also das Recht, willkürlich, ohne Beziehung auf andre Menschen, unabhängig von der Gesellschaft, sein Vermögen zu genießen und über dasselbe zu disponieren, das Recht des Eigennutzes." Das bedeutete in der Konsequenz: Die Freiheit des bürgerlichen Eigentümers ist potenzielle Unfreiheit für andere.

Lange vor Marx und Engels hatte in England Gerrard Winstanley als Agrarkommunist von sich reden gemacht. Die Geschichte begann Mitte April 1649, als Winstanley – seine Karriere als Kleiderhändler war gescheitert – mit einer Gruppe von Anhängern auf einem Gemeindegrundstück von St. George's Hill in Surrey Gemüse anzupflanzen begann. Die Beteiligten beriefen sich auf das Christentum und sorgten als „Digger" (Buddler) rasch für Aufsehen. Die Idee war einfach: Grund und Boden sollten den Armen zugänglich gemacht werden. Habgier und Eigensucht, ja schon der Sündenfall in der Bibel, seien im Privateigentum begründet, war Winstanleys Rechtfertigung. Freiheit war das große Ideal: Solange es Eigentümer gebe, „die das Land ihr eigen nennen und ihr gesondertes Eigentum von Mein und Dein aufrechterhalten, solange wird das einfache Volk nie seine Freiheit haben, noch wird das Land befreit werden von Bedrängnis, Härten und Klagen." Winstanley fragte: „Hat das Licht der Vernunft die Erde geschaffen, damit ein paar Menschen sie in Säcken und Scheunen an sich bringen und die anderen unter der Drangsal der Armut leiden?"

Winstanley war so naiv, zu glauben, dass die Landherren ihre Güter wegen der Berufung auf Gottes Willen freiwillig aufgeben würden. In seinem Hauptwerk *Das Gesetz der Freiheit* von 1652 entwarf er das Konzept einer neuen Gesellschaftsordnung. Auf dem besetzten Gemeindeland herrschten die Spielregeln einer Kommune. Gemeinsam zu arbeiten und das Brot zu essen, war die Botschaft. Doch die Gruppe von Männern und Frauen um Winstanley scheiterte. Nach weniger als einem Jahr brannten die örtlichen Landlords die Häuser der „Digger" nieder und vertrieben sie vom

St. Georges Hill. Der anschließende Versuch, sich auf einem Hügel in der Nachbarschaft niederzulassen, misslang ebenfalls.

Im 18. und 19. Jahrhundert wurde Eigentum und die Verfügbarkeit über große Vermögen zu einem Katalysator für gewaltige Veränderungen – wirtschaftliche wie gesellschaftliche. Sie verbinden sich mit dem Begriff der Industriellen Revolution, die in Großbritannien ihren Ausgangspunkt hatte. Ohne Geld, das die Funktion von Investitionskapital übernahm, aber auch ohne Erfindergenies hätte sie nicht stattfinden können. Geld war genügend in den Händen des Bürgertums gesammelt worden. Die Einkommen der reichen Landbesitzer stieg zwischen 1760 und 1790 um fast 50 Prozent. Dazu kamen die Handwerker und Manufakturbesitzer, die ebenfalls gute Gewinne erzielten. Besonders aber stellte der Kaufmannsstand seine immensen Ersparnisse durch Beteiligungen den Genies zur Verfügung. Ihren Reichtum verdankten viele Kaufleute dem Überseehandel. Am profitabelsten war der Handel mit den Westindischen Inseln: Die Zuckerrohrplantagen dort warfen eine hohe Rendite ab. Als Vermittler traten die Bankiers auf, deren Zahl sich ständig erhöhte.

Im Verlauf der Geschichte waren die Werkzeuge und Techniken, die man bei der Arbeit benutzt, immer besser geworden. Technische „Revolutionen" gab es immer wieder. Die Einführung des Pfluges und der Töpferscheibe als erster „Maschine" der Menschen waren solche. Über sie verfügten jene, die sie nutzten, selbst. Die Mühlen zur Nutzung der Wasserkraft befanden sich in den Städten in der Hand der Betreiber. Die Entdeckung der Dampfkraft aber führte zu einem grundlegenden Einschnitt: Die Anschaffung von Maschinen als Arbeitswerkzeugen (Produktionsmitteln) verlangte einen sehr hohen Kapitaleinsatz. Jetzt spaltete sich die Gesellschaft noch stärker in jene, die die „Werkzeuge" (dank ihres Kapitals) besaßen und jene, die „nur" über ihre Arbeitskraft verfügten.

Ein typisches Beispiel für die Partnerschaften zwischen kapitalkräftigen Bürgern und Erfindern liefert die Geschichte des James Watt. 1768 meldete er sein Patent einer Dampfmaschine an. Eigentlich war das nur eine – wenn auch geniale – Weiterentwicklung. Der Schmied Thomas Newcomen aus Devon hatte davor schon Maschinen mit Kolben und Zylindern konstruiert, die Wasser aus den Kohlen- und Erzminen pumpten. Doch diese Maschinen waren teuer, wenig wirksam und reparaturanfällig. Eine defekte Maschine landete an der Universität Glasgow, wo James Watt arbeitete. Dort war Watt – 1736 als Sohn eines Kaufmanns geboren – als Instrumentenmacher angestellt. Er erkannte schnell: Ein gesonderter Kondensator, der den Zylinder gleichmäßig heiß hielt, und eine vom Zylinderkessel getrennte Luftpumpe reduzierten den Wärmeverlust, machten die Maschine sparsamer und um 75 Prozent leistungsfähiger. Aber Watt hatte ein Problem. Ihm fehlte das Geld zum Bau der Maschinen.

Im Bergwerkbesitzer und Eisenfabrikanten John Roebuck fand James Watt einen finanzkräftigen Partner, dem er im Gegenzug für dessen Finanzspritze zwei Drittel seines Patents überschrieb. 1773 war Roebuck pleite. Er überschrieb seine Rechte an Matthew Boulton, dem Roebuck 1200 Pfund schuldete. Boulton war Sohn eines reichen Spielwarenfabrikanten. Berühmt war seine Fabrik in Soho, in der er Medaillen und Münzen fertigte. Der Regierung lieferte er 45 Millionen Ein- und Zwei-Penny-Stücke. Watt verbesserte das Maschinenmodell ständig – 1780 lösten Drehbewegungen dank Kurbel und Schwungrad die auf- und abgehenden Bewegungen der Maschine ab.

James Watt war nur einer von vielen schöpferischen Geistern, die die Industrielle Revolution vorantrieben. 1804 ging die erste Dampflokomotive in den Pen-y-Darren-Eisenwerken von Merthyr Tydfil in Südwales auf Jungfernfahrt. Bis zu zehn Waggons konnte die

Lokomotive mit einer Geschwindigkeit von acht Stundenkilometern ziehen. Der Maschinenbau wurde zu einer Schlüsselindustrie. Kohle und Eisen waren die Grundlage, und davon gab es in Großbritannien genügend. Die meisten Fabrikbesitzer konzentrierten sich auf die Herstellung billiger Massenartikel, die den besten Profit versprachen. Das wichtigste Beispiel war die Textilindustrie. 1785/86 entwickelte der englische Geistliche Edmund Cartwright den mechanischen Webstuhl, der diesen Industriezweig völlig verwandelte.

Während zuvor die Spindeln jedem Weber selbst gehörten, war jetzt der Besitz der neuen Webmaschinen wenigen Reichen vorbehalten. Viele Fabrikarbeiter hatten zuvor als Heimarbeiter ihre Familien ernährt. Sie verfügten über ein Stück Land, vielleicht eine Kuh oder eine Ziege, und wenn es keine Aufträge gab, ernährte sie der Garten. Das fiel in den Siedlungen rund um die Fabriken weg. Allein der Lohn sicherte jetzt die Existenz. Zwölf oder 14 Stunden Arbeitszeit waren die Regel. Dazu kam noch der Fußmarsch zur Arbeitsstätte bei jedem Wetter. Unternehmer, die Kinder von fünf Jahren Arbeit beschäftigten, verstanden sich als Wohltäter. Die Wohnverhältnisse waren miserabel. Armut machte sich breit. Typisch war ein Brief der Textilarbeiter aus Leeds an die Kaufleute und Fabrikbesitzer, der in einer örtlichen Zeitung erschien. 170 Spinnmaschinen seien in Leeds Tag und Nacht im Einsatz, hieß es darin, und jede einzelne ersetze die Arbeit von 20 Männern. Tausende hätten ihre Beschäftigung verloren, „wodurch sie in große Not gerieten, und nicht mehr in der Lage sind ihre Familien zu ernähren."

Es entstand eine neue Arbeitswelt, der Arbeitsrhythmus der Fabrik, und gleichzeitig ein neuer Abschnitt in den Beziehungen zwischen den Menschen, von denen die einen ihre Arbeitskraft für Lohn verkaufen, die anderen aus jener Lohnarbeit ihren Gewinn erzielen. Es war eine der gründlichsten Umwälzungen, so wie zuvor der Übergang von Jägern und Sammlern zu sesshaften Bauern. Der Prozess beschleunigte sich, den Peter Jay wie folgt beschrieb: Die menschliche Produktivität – die Produktion pro Person und Woche oder pro Stunde – wuchs dank der Maschinen schneller als die Bevölkerung.

Ein Karl Marx war es, den die Phänomene besonders inspirierten. Friedrich Engels schildete die Situation in der frühindustriellen Zeit wie folgt: „Natürlich; die Furcht, entlassen zu werden, die Furcht vor der Brotlosigkeit treibt sie, trotz ihrer Schwäche, trotz ihrer Schmerzen in die Fabrik; das Interesse des Fabrikanten leidet es nicht, dass seine Arbeiter krankheitswegen zu Hause bleiben, sie dürfen nicht krank werden, sie dürfen sich nicht unterstehen, ins Wochenbett zu kommen – sonst müsste er ja seine Maschinen stillsetzen oder seinen allerhöchsten Kopf mit der Einrichtung einer temporären Abänderung plagen; und ehe er das tut, entlässt er seine Leute, wenn sie sich unterfangen, unwohl zu sein.“ Das war der Ausgangspunkt für die Geschichte der Arbeiterbewegung.

Auf dem europäischen Kontinent erfolgte der Einsatz von Vermögen des Bürgertums für den Einsatz der neuen Techniken mit zeitlicher Verzögerung. Friedrich Engels schrieb 1851 in London über die Lage in seinem Heimatland: „Die Bourgeoisie Deutschlands war bei weitem nicht so reich und konzentriert wie die Frankreichs oder Englands. Die alten Manufakturen Deutschlands waren durch das Aufkommen der Dampfkraft und durch die sich rasch ausbreitende Vorherrschaft der englischen Industrie zugrunde gerichtet worden; die modernsten Industrien, die, unter dem napoleonischen Kontinentalsystem ins Leben gerufen, in anderen Teilen des Landes errichtet worden waren, boten keinen Ausgleich für den Verlust der alten.“ Doch die Aufholjagd begann.

Ein Hindernis: Das Bürgertum in Deutschland war gespalten. Golo Mann stellte fest: „Die liberale Bourgeoisie fürchtete sich vor dem demokratischen Kleinbürgertum und beide fürchteten sich vor dem Proletariat." 1830 klagte der preußische Reformer Heinrich Friedrich Karl Reichsfreiherr vom und zum Stein in einer Denkschrift: „Die Beschwerde über das Eindringen eigentumsloser, heimatloser Menschen in ländliche und städtische Gemeinden ist Seiner Königlichen Majestät bereits vom ersten westfälischen Landtag ehrfurchtsvoll vorgetragen worden." 1828 hatten die Stände auf dem zweiten westfälischen Landtag dann „Normen" beantragt, um gegen den „Andrang von ursprungslosem und sittenlosem Gesindel" zu schützen, und vorgeschlagen, einem älteren Einlieger nur unter der Bedingung die Erlaubnis zur Ansiedlung zu geben, wenn er ein Vermögen besitze, das aus einer Kuh, einem Bett, dem nötigen Hausgerät und 40 bis 50 Taler bestehe.

Stein zum Fortgang der Geschichte: „Zwei Jahre sind nunmehr verflossen, und das Übel des Zudrängens des heimatlosen, gewerbelosen Gesindels nimmt zu, mit ihm Unsittlichkeit, Felddiebstahl, Holzverwüstung und selbst Diebstahl mit Einbruch." Freiherr vom Stein forderte deshalb die Abgeordneten des dritten und vierten Standes zur Einigkeit auf, „um die Gefahr abzuwenden, welche von einer ganz andern Seite das Eigentum bedroht – die Gefahr nämlich, die aus dem Wachstum der Zahl und der Ansprüche der untersten Klasse der bürgerlichen Gesellschaft entsteht – diese Klasse besteht in den Städten aus dem heimatlosen, eigentumslosen Pöbel, auf dem Land aus der Masse der kleinen Kötter, Brinksitzer, Neubauer, Einlieger, Heuerlinge; sie hegt und nährt in sich den Neid und die Habsucht, die überhaupt die verschiedenen Abstufungen in der bürgerlichen Gesellschaft erzeugen." Die in der Frankfurter Paulskirche ausgehandelte Reichsverfassung sicherte 1848 das Eigentum des Bürgertums politisch ab und setzte das Fundament für eine bürgerliche Demokratie.

Die Einrichtung von Eisenbahnverbindungen förderte, wie in England, die wirtschaftliche Entwicklung in Deutschland. Die erste Eisenbahn wurde am 7. Dezember 1835 zwischen den Nachbarstädten Nürnberg und Fürth in Betrieb gesetzt – sie war einer unternehmerischen Initiative zu verdanken. Eine Rentabilitätsstudie hatte gezeigt, dass die Fürther Chaussee in Nürnberg eine der am meisten benutzten Straßen Bayerns war. Am 14. Mai 1833 gab Georg Zacharias Platner mit verschiedenen anderen Befürwortern eine Einladung heraus, sich an der Gründung einer Eisenbahngesellschaft zu beteiligen. Platner führte ein erfolgreiches Handelshaus, das am Import von Indigo ein Vermögen verdiente. Er selber erwarb 210 der 1400 Aktien zu je 100 Talern. Die Lokomotive kauften die Nürnberger von der Maschinenbau-Werkstatt des George Stephenson in Darlington in England. In Einzelteilen wurde sie in 19 Kisten verpackt und in Nürnberg in der Werkstatt des Johann Wilhelm Späth wieder zusammengesetzt. Die erste Dividendenzahlung lag bei 13,5 Prozent. Auf dem Höhepunkt waren es in einem Jahr 21 Prozent Dividende.

Alfred Krupp (1812-1887) baute die von seinem Vater Friedrich geerbte Gussstahlfabrik (die später in der ThyssenKrupp AG aufging) zum damals größten Industrieunternehmen Europas aus. Für das boomende Eisenbahnnetz lieferte die Firma die Schienen ebenso wie die nahtlosen Radreifen. Dazu kamen später Rüstungsaufträge – sie brachten Alfred Krupp den Beinamen „Kanonenkönig“ ein. Den geschäftlichen Durchbruch auf diesem Markt brachte 1860 der erste Auftrag für die Krupp’schen Gussstahlkanonen aus Preußen – sie führten dank ihrer Überlegenheit über die konventionellen Bronzegeschütze zum Sieg im Deutsch-Dänischen Krieg. Alfred Krupp behandelte seine Arbeiter streng, wollte zugleich aber einer sozialen Verantwortung gerecht werden: Es gab für sie billige

Wohnungen, eine Krankenversicherung und – für Deutschland in jener Zeit sensationell – eine betriebliche Rente.

Im 19. Jahrhundert begann der Aufschwung etlicher reicher Unternehmer-Dynastien. Jenseits des Atlantiks ist John Davison Rockefeller (1839-1937) einer der bekanntesten Namen. Bei seiner ersten Anstellung verdiente der junge Rockefeller gerade vier Dollar die Woche. Biografen beschreiben ihn als kalten Kalkulator. Im beginnenden Ölfieber im amerikanischen Mittelwesten wurde Rockefeller zum Mitbegründer einer Erdölraffinerie, aus der 1870 die Standard Oil Company hervorging. Rockefellers Erfolg beruhte auf der erstmaligen Verwendung von Pipelines für den Öltransport – eine Alternative zu den Bahntransporten. Durch seine Unternehmungen wurde er zum wohl reichsten Mann seiner Zeit. Gegner verglichen seine Organisation mit einer Krake, deren Arme alles an sich zogen. Zu seinen Unternehmen zählten die Ölgesellschaft Exxon und die Chase Manhattan Bank. Andererseits finanzierte Rockefeller aus seinem Vermögen auch etliche wohltätige Projekte.

Auf die Liste der Begründer reicher Dynastien gehört zweifelsohne Henry Ford (1863-1947), der Gründer der Ford Motor Company. Der Sohn von irischen Einwanderern hatte nur einfache Dorfschulen besuchen können. Aber mit 15 Jahren baute er seinen ersten Verbrennungsmotor. Seine berufliche Karriere begann mit der Lehrzeit im Raum Detroit. Anschließend arbeitete er als Ingenieur bei der Firma des Erfinders Thomas Alva Edison. 1899 gründete Ford mit anderen Investoren seine eigene Autofirma. In Autorennen ließ er seine Fahrzeuge gegen die anderer Hersteller fahren und bewies damit die Überlegenheit seiner Modelle. 1908 brachte Ford sein legendäres Modell T (auch Tin Lizzy genannt) auf den Markt. Zehn Jahre später war jeder zweite Wagen auf den Straßen Amerikas ein Fahrzeug dieses Typs.

Genial war, zur Steigerung des Profits, die Verbesserung der Fließband-Technik. In Fords Fabriken führte sie 1913 zu einer Produktionssteigerung, die niemand zuvor für möglich gehalten hatte. Zweieinhalb Dollar am Tag waren der Lohn für Fords Arbeiter. Sechs Jahre später waren es nach einem neuen, leistungsabhängigen Lohnsystem im Schnitt sechs Dollar – mehr als in jedem anderen amerikanischen Industriebetrieb. Konsequent war die Arbeitszeit in den Ford-Fabriken auf acht Stunden am Tag festgelegt; denn das brachte die besten Arbeitsresultate, wie Ford einmal erklärte. Zugleich reichte die Kontrolle der Arbeiter bis ins Privatleben, und im Durchschnitt hielt es keiner länger als drei Monate in Fords Fabriken aus. Gewerkschaften lehnte Henry Ford ab.

Im Juli 1938 bekam Ford diesseits des Atlantiks von den nationalsozialistischen Machthabern als erster Amerikaner das Großkreuz des Deutschen Adlerordens verliehen, „in Anerkennung der Pionierarbeit, um Autos für die Massen verfügbar zu machen." Die Recherchen der Historiker über seine Unterstützung für Adolf Hitler sind bis heute nicht abgeschlossen. In einem Fertigungsbetrieb in Berlin produzierte die Firma Ford nach 1938 mit Hilfe von Zwangsarbeitern rund 78.000 Lkw und 14.000 Kettenfahrzeuge für die deutsche Wehrmacht.

Das Blendwerk des Nationalsozialismus

„Wir wollen Schichtung des Volkes, hoch und niedrig, oben und unten. Aber die Aristokratie des kommenden Staates richtet sich nicht nach dem Besitz oder gar nach dem Geld, sondern einzig und allein nach der Qualität und der nach der Leistung. Verdienst erwirbt man durch Dienst. Die Arbeit stellt den Menschen nach oben und nach unten. Sie ist der untrügliche Messer für den Charakter und die Güte eines Menschen."

Es kann in diesem Buch kein systematischer Erklärungsversuch des Nationalsozialismus in Deutschland als Gewaltsystems erfolgen. Ein Mosaikstein war sicherlich die Botschaft von der deutschen „Volksgemeinschaft". Sie sollte jedem Mitglied ermöglichen, „die Mauern einzureißen, welche die Stände voneinander trennen, um jedem den Weg zum Aufstieg freizugeben, ein allgemeines Lebensniveau zu schaffen derart, dass auch der Ärmste ein gewisses Existenzminimum sicher hat, und schließlich zu erreichen, dass an den Segnungen der Kultur ein jeder teilhaben kann" – so Adolf Hitler 1942. Der Historiker Frank Bajohr entlarvte im Rückblick die Volksgemeinschaft als eine Beutegemeinschaft.

Einkommen und Herkunft waren nach der zitierten Botschaft von Propagandaminister Joseph Goebbels kein Maßstab für die soziale Stellung in der Gesellschaft mehr. Das kam als Versöhnungsbotschaft für alle Schichten der Bevölkerung gerade recht. Das damit verbundene Gemeinschaftsideal suggerierte Chancengleichheit – in der Praxis erschien die Partei als „Partei der unbegrenzten Möglichkeiten", die dafür zu sorgen schien, in der Gleichheit der

Ungleichen aufzugehen und damit persönliches Glück zu empfinden. Die Nationalsozialisten waren mit dieser populistischen Ideologie in der Lage, das Heer von Unzufriedenen für sich zu gewinnen. Aber die Parole von der Volksgemeinschaft war ein Blendwerk. Carl von Ossietzky schrieb 1932: „Nationalismus und Antisemitismus bestimmen das innere politische Bild Deutschlands. Sie sind die großen revolutionär kreischenden Jahrmarktsorgeln des Faschismus, welche das viel leisere Tremolo der sozialen Reaktion übertönen."

Unzufriedenheit gab es wegen sozialer und wirtschaftlicher Unterschiede zuhauf. Spätestens seit der Weltwirtschaftskrise 1929 und ihren Auswirkungen standen sich die einzelnen Gruppen und Schichten der Gesellschaft polarisiert und unversöhnlich gegenüber. So riet im August 1932 der damalige Reichsbankpräsident a. D. Hjalmar Schacht in einem Brief an Hitler: „Bringen Sie möglichst kein detailliertes Wirtschaftsprogramm. Es gibt kein solches, worüber sich 14 Millionen einigen könnten. Wirtschaftspolitik ist keine parteibildende Kraft, sondern sammelt bestenfalls Interessenten." „Gerade unter dem hauptsächlich betroffenen Heer von Arbeitern und Angestellten, Arbeitslosen und kleinen Kaufleuten breitete sich eine der Ohnmacht entspringende Aggressivität aus", bringt es der Soziologe Franz Janka auf den Punkt.

Vor allem solle „arbeits- und müheloses Einkommen" abgeschafft werden, stand es im Parteiprogramm der NSDAP. Der Nationalsozialismus versprach die Aufhebung alles Persönlichen und Privaten. Privatsphäre gab es nicht mehr, also spielte Privateigentum und persönliches Eigentum nur noch eine untergeordnete Rolle. „Gemeinnutz geht vor Eigennutz", hieß es weiter im Parteiprogramm der NSDAP. Hitler erklärte 1937 vor Kreisleitern in der Eifel: „Wir haben … die Freiheit des Individuums insofern gebändigt, als wir an die Stelle dieser zügellosen Freiheit des Individuums … die gebändigte Freiheit der Gemeinschaft, das heißt also, eine vom höheren Gesichtspunkt aus notwendige Disziplin, Führung, Autorität und so weiter setzen." Hitler 1940: „Jede Tätigkeit und jedes Bedürfnis jedes Einzelnen wird demnach von der durch die Partei vertretenen Allgemeinheit geregelt. Es gibt keine Willkür mehr, es gibt keine freien Räume, in denen der Einzelne sich selbst gehört." Das kam an. Teil einer Gemeinschaft zu sein war nach Feststellung von Psychologen ein ausreichendes Motiv, um sich Organisationen wie der Hitlerjugend mit seiner Einheitsuniform anzuschließen.

Dennoch galt unter dem Dach der Volksgemeinschaft der persönliche Besitz zugleich als „heilig". Das mag widersprüchlich erscheinen, war aber Teil der Dialektik des Nationalsozialismus – Eigentum war „anvertrautes Mittel der Allgemeinheit." Im *Grundgesetz über die Heiligkeit des Eigentums* klagte der SS-Reichsführer Heinrich Himmler 1935: „Unsern Vorfahren war Hab und Gut und Eigentum des andern heilig und unantastbar. Der zusammengebundene Strohwisch z. B. genügte als unverletzliches Bannzeichen, um das Betreten eines Grundstücks für andere zu sperren. Im Laufe unserer unseligen deutschen Geschichte und insbesondere in den Jahren der Nachkriegszeit und Inflation hat sich der Begriff von Eigentum und haben sich die strengen Gesetze von Redlichkeit, Unbestechlichkeit, Ehrlichkeit und Heiligkeit anvertrauten Gutes verwischt. Diebstahl, Unterschlagung, Unterschleif und Verschwendung anvertrauter Mittel der Allgemeinheit sind heute noch in Deutschland an der Tagesordnung." Es sei eine „Schande, dass in anderen Ländern wie in Skandinavien oder Japan, jeder jedes Hab und Gut, ob größten oder kleinsten Wertes, offen liegen lassen kann, weil er weiß, dass in seinem Volk nichts gestohlen wird."

Himmler ordnete deshalb an, dass ab dem 1. Dezember 1936 in allen Unterkünften der SS und der Totenkopfverbände sowie der Führerschulen „die Spinde wegfallen." In kurzer Zeit werde es „für einen SS-Angehörigen eine Selbstverständlichkeit sein, dass er sich einen nebensächlichen, wertlosen Gegenstand, wie die Zigarette eines Kameraden, ebenso wenig aneignet wie die größte wertvollste Kostbarkeit."

Der Nationalsozialismus ging von einer wechselseitigen Zuordnung von Arbeit und Eigentum aus. Die „Volksgemeinschaft der schaffenden Menschen" war das Ziel, dem der „nationalsozialistische Kampf entgegen strebt", wie Goebbels schrieb. Dazu kam eine weitere, unheilvolle Idee: Die Koppelung von Eigentum an Erbgut als Kennzeichen einer „Rasse", die „rein" gehalten werden sollte. In den Schriften der Nationalsozialisten ist nachzulesen: Die „erbbiologische Substanz" sei das „wertvollste Gut", das ein Volk sein eigen nennen könne. Dies rechtfertigte dann zum Beispiel die Gesetzgebung zur „Verhütung erbkranken Nachwuchses." Erbgesunde Familien, so die faschistische Ideologie, seien der Urquell von Leistung, von Arbeit und Eigentum. Der Gedanke fand in vielen Gesetzen seine Umsetzung, so etwa im Reichserbhofgesetz vom 29. September 1933: „Der Eigentümer des Erbhofes heißt Bauer", wurde dort festgeschrieben, und: „Bauer kann nur sein, wer deutscher Staatsbürger, deutschen oder stammesgleichen Blutes und ehrbar ist."

Solche diskriminierenden und menschenverachtenden Rechtsbeziehungen zwischen Mensch und Boden waren kennzeichnend für den Nationalsozialismus: Früher gehörte der Hof dem Bauern, fortan sollte der Bauer dem Hof gehören. Ein Bauer, ein Hof – das war die Leitlinie des Reichserbhofgesetzes. Einem Bauer konnten nicht zwei Höfe gehören. Und es galt der Sippengedanke. In gerader Abstammungsfolge war demnach die Erbschaft geregelt. Allerdings musste der Hoferbe „bauernfähig" sein. Das brachte durchaus Konflikte mit sich. In der Schriftenreihe des Reichsnährstandes hieß es

1939: „Vielfach sind von Bauern teils vor, teils nach 1933 Testamente errichtet worden, in denen die Ehefrau als Alleinerbin oder Anerbin bestimmt worden ist. Solche Bestimmungen sind als Anerbenbestimmung regelmäßig unwirksam. Wichtig ist jedoch, dass eine derartige unwirksame Bestimmung der Ehefrau als Anerbin umgedeutet werden kann in eine Anordnung der Verwaltung und Nutznießung."

Für Hitler war Nationalsozialismus „mehr noch als Religion: er ist der Wille zur neuen Menschenschöpfung." Die Parole von der Volksgemeinschaft konnte jedoch nur nachhaltig wirken, wenn es gleichzeitig einen Feind dieser Volksgemeinschaft gab. Ein Feindbild sollte Solidarität und Zusammenhalt fördern. Juden waren das Opfer. Bei ihnen war fette Beute für die Volksgemeinschaft zu holen.

Übel war die Hetze, die Julius Streicher 1922 in einer Rede in Nürnberg betrieb: „Der Jude ist zum Feilschen, Handeln und Nichtstun geboren … Ein Volk, das zum Schachern geboren ist, hat kein Recht, in einem Volke zu leben, das sich seit Jahrtausenden durch ehrliche Arbeit redlich ernährt. Das ganze deutsche Volk arbeitet, die Juden aber leben auf Kosten der Deutschen." Goebbels 1929: „Man kann den Juden nicht positiv bekämpfen. Er ist ein Negativum, und dieses Negativum muss ausradiert werden aus der deutschen Rechnung, oder es wird ewig die Rechnung verderben." Die „Rechnung", die die Juden bezahlten, war der Holocaust mit der Ermordung von mehr als sechs Millionen Juden – als das größte Verbrechen eines Regimes in der neueren Geschichte, wenn nicht überhaupt in der Geschichte der Menschheit in nur wenigen Jahren.

Hass gegen Juden hatte es über die Jahrhunderte gegeben, und er hatte praktisch überall in Europa zu Pogromen geführt. In Deutschland war dieser Hass vor dem Auftreten der NSDAP wieder einmal immer deutlicher hervorgetreten. Der Neid auf jüdische Besitztümer machte sich spätestens seit dem Ersten Weltkrieg zunehmend Luft. Juden wurden als Schmarotzer diffamiert. Typisch war die Kennzeichnung der Juden in einer Hetzschrift aus dem Jahre 1919 von Georg Heydner als ein Volk, das „seit zwei Jahrtausenden nicht mehr das Brot baut, das es täglich isst, das Kleid nicht mehr webt und macht, das es trägt, das Haus nicht mehr baut, in dem es wohnt und den Geist nicht mehr erzeugt, von dem es lebt, also seit zwei Jahrtausenden in anderen Völkern nur ein Schmarotzerdasein führt." Das war eine Saat. Und niemand forderte wie heute, solche Anfänge von Hass zu wehren.

Die Argumentation war unsäglich: „Ich weiß wohl, die schrankenlose Gier nach Besitz, besonders nach Gold, schlummert auch im arischen Geist, und ihm nachgeben ruft einen den Juden ähnlichen Menschenschlag hervor. Das Gold ist ja schon in der nach allen Seiten so tiefen und mahnenden deutschen Sage, aus der wir unsere Kindern nichts lernen, für die wir unsern Kindern die Judensagen eintrichtern lassen, als ein geradezu lebensgefährliches Unheil für unser Volk erkannt worden. Dieser Gefahr aber gilt es zu begegnen, nicht ihr eine Förderung zuteilwerden lassen durch schrankenlosen Einfluss eines nur auf Gewinn erpichten Volkes. Das deutsche Volk ist reich geworden, ist zu rasch reich geworden, und das verträgt der Deutsche weniger als jeder andere; der demokratische, der jüdische Zug zum Zusammenscharren hat in ihm über Hand genommen und seine guten Eigenschaften verkümmern lassen." Einfach interpretiert besagt die Polemik: die Juden seien durch ihr Vorbild schuld, wenn die Deutschen nach Reichtum und Profit gierten, und wenn sich aus ökonomischen dann auch soziale Unterschiede ergäben.

Angst wurde geschürt, dass Juden den Deutschen etwas wegnehmen könnten, was den Deutschen gehöre. Diese Angst war die Umkehr des eigenen Beutedrangs. 1928 stand auf einem Plakat der

NSDAP: „Es kam der Jude und setzte dem deutschen Kaufmann die Warenhäuser vor die Nase, er vernichtete ihm mit der marktschreierischen Reklame die Existenz, er nahm dem Handwerker das Brot, er zog jedem Gewerbetreibenden den Hals zu."

Schon den Kindern wurde der Hass eingetrichtert. In einem Jugendbuch mit dem Titel *Der Giftpilz* von Ernst Hiemer wurde der folgende Dialog abgedruckt: „Unterwegs sagt die Mutter: ‚Schau, Franz, genauso, wie es bei den Pilzen im Walde ist, so ist es bei den Menschen auf der Erde. Es gibt gute Pilze und es gibt gute Menschen. Es gibt giftige, also schlechte Pilze, und es gibt schlechte Menschen. Und vor diesen schlechten Menschen muss man sich ebenso in Acht nehmen wie vor Giftpilzen. Verstehst du das?'. – ‚Ja, Mutter, das verstehe ich', sagt der Franz, ‚wenn man sich mit schlechten Menschen einlässt, so kann das ein Unglück geben, wie wenn man einen Giftpilz isst. Man kann daran zugrunde gehen!'. – ‚Und weißt du auch, wer nun diese schlechten Menschen, diese Giftpilze der Menschheit sind?', fragt die Mutter weiter. Franz wirft sich stolz in die Brust. ‚Jawohl, Mutter! Das weiß ich. Es sind die – Juden. Unser Lehrer hat das schon oft in der Schule gesagt'." Die Geschichte ist Rassismus pur.

Die Juden wurden nach der Machtergreifung Hitlers bekanntlich systematisch aus der Wirtschaft herausgedrängt. Der Judenhass war ein willkommenes Instrument, um den Staat zu bereichern. Der staatliche Vermögensraub an der jüdischen Bevölkerung war nicht nur Folge der innerstaatlichen Aggression, er war zugleich ein Mittel zur wirtschaftlichen Stabilisierung und damit ein Mosaikstein bei der Kriegsvorbereitung – denn er brachte Geld, Gold und andere Vermögenswerte zur Finanzierung der Aufrüstung. „Mir wäre lieber gewesen, ihr hättet 200 Juden erschlagen und hättet nicht solche Werte vernichtet", beschwerte sich Reichsmarschall Hermann Göring bei einer Besprechung über die „Judenfrage" am 12. November

1938 – kurz nach der Reichskristallnacht. Das Zitat entstammt einer stenographischen Niederschrift, die in den Dokumenten des Nürnberger Kriegsverbrecherprozesses auftauchte.

Und weiter, als Beleg für die Menschenverachtung des nationalsozialistischen Regimes in Deutschland: „Es ist irrsinnig, ein jüdisches Warenhaus auszuräumen und anzuzünden, und dann trägt eine deutsche Versicherungsgesellschaft den Schaden, und die Waren, die ich dringend brauche – ganze Abteilungen Kleider und was weiß ich alles –, werden verbrannt und fehlen mir hinten und vorne.“ Die Diskussion in dieser Besprechung und die anschließend erlassenen Verordnungen Görings beweisen, dass der Nationalsozialismus neben der Rassenideologie mit der Verfolgung der Juden ganz pragmatische wirtschaftliche Ziele verband. Dem Besitz der Juden galt die Begierde. Von staatlichem Vermögensraub sprechen nüchtern die Juristen. Görings rechtliche Regelungen stellten „alle vorherigen Maßnahmen, die die nationalsozialistische Regierung bislang durchgeführt hatte, in den Schatten“, schrieb Martin Hirsch.

Das Problem aus Sicht der nationalsozialistischen Führung war: Viele Waren, die da verbrannt wurden, waren Kommissionsware von Nicht-Juden; das gleiche galt für die Gebäude, die die Juden nur zur Miete und für ihre Läden angemietet hatten. Die Verordnung, die an jenem 12. November erlassen wurde, war von teuflischer Logik: „Alle Schäden, welche durch die Empörung des Volkes über die Hetze des internationalen Judentums gegen das nationalsozialistische Deutschland am 8., 9. und 10. November 1938 am jüdischen Gewerbebetrieben und Wohnungen entstanden sind, sind von dem jüdischen Inhaber oder jüdischen Gewerbetreibenden sofort zu beseitigen. Die Kosten der Wiederherstellung trägt der

Inhaber der betroffenen jüdischen Gewerbebetriebe und Wohnungen. Versicherungsansprüche von Juden deutscher Staatsangehörigkeit werden zugunsten des Reichs beschlagnahmt."

Insgesamt waren es drei Verordnungen an einem Tage, die die Juden in Deutschland ihres Vermögens beraubte und vollständig ruinierte. Eine zweite traf das Bevölkerungskollektiv: „Den Juden deutscher Staatsangehörigkeit in ihrer Gesamtheit wird die Zahlung einer Kontribution von 1.000.000.000 Reichsmark an das Deutsche Reich auferlegt." Eine dritte Verordnung verbannte sie komplett aus dem deutschen Wirtschaftsleben: „Juden ist vom 1. Januar 1939 ab der Betrieb von Einzelhandelsverkaufsstellen, Versandgeschäften oder Bestellkontoren sowie der selbständige Betrieb eines Handwerks untersagt." Göring sah übrigens sehr wohl, wie sich Parteigenossen aus persönlicher Habgier beispielsweise Geschäfte von Juden aneigneten. In der Besprechung am 12. November 1938 klagt er: „Ich habe da entsetzliche Dinge in der Vergangenheit gesehen: Dass sich kleine Chauffeure von Gauleitern derart bereichert haben, dass sie auf diese Weise schließlich eine halbe Million Vermögen an sich gebracht haben." Das „Entsetzen" bezog sich natürlich nicht auf das Unrecht gegenüber den Juden, sondern dass der Profit der Aneignung jüdischen Vermögens in private, und nicht in staatliche Hände fiel.

Auch wenn der Mord an mehr als sechs Millionen Juden im Vordergrund der Geschichte des Nationalsozialismus stehen muss, so wäre die Darstellung des Unrechts doch unvollständig ohne den Verweis auf den Goldraub an Millionen von Menschen. „Die Geschichte der Suche nach dem Nazi-Gold ist voller Sackgassen und falschen Fährten", heißt es im Vorwort zu einer Dokumentation. Man weiß inzwischen ziemlich sicher: Das nationalsozialistische

Regime Deutschlands hat gegen Ende des Zweiten Weltkriegs geschmolzene Goldbarren im Wert von damals 550 Millionen US-Dollar aus dem Land geschafft. Es war geraubt, stammte aus einstmals jüdischem Besitz und aus Zentralbankreserven besetzter Staaten. Die Barren im heutigen Wert von Milliarden von Euro wurden in neutrale Länder wie die Schweiz, Schweden und Portugal transportiert. Oft waren die Wege verschlungen: Barren von geraubtem Gold aus Belgien beispielsweise gelangte über Frankreich in den Senegal und von dort nach Berlin und weiter in die Schweiz.

51 Jahre nach Ende des Krieges erst arbeiteten Historiker die Quellen im britischen Foreign Office auf. Nach ihrem Bericht wussten die Alliieren sehr genau über den Transfer der Schätze Bescheid. Zwischen 1939 und 1945 war von Deutschland aus allein in die Schweiz Gold im Wert von 415 Millionen US-Dollar gebracht worden. Die Alliierten erhoben den Anspruch, dass ihnen als den Siegern des Krieges das von den Besiegten deponierte Gold aus den Banksafes auszuhändigen sei. Die USA drohten sogar mit Sanktionen – Briten und Franzosen widersprachen. Denn was war die rechtliche Grundlage? Am 18. März 1946 begannen in Washington Verhandlungen mit Vertretern der Schweiz. 250 Millionen Franken wurden als letztes Angebot der Schweizer am Ende akzeptiert – besser als gar nichts, war auf der Seite der Alliierten die Überlegung.

Unter den Motiven der deutschen Reichsführung für den Krieg rangierte die Aneignung von zusätzlichem Lebensraum an erster Stelle. In einer Festschrift Hjalmar Schachts von 1936 hieß es: „Deutschland hat einen zu geringen Lebensraum für seine Bevölkerung. Es hat alle Anstrengungen und ganz gewiss viel größere Anstrengungen als irgendein anderes Volk gemacht, aus seinem vorhandenen geringen Raum herauszuholen, was für seine Lebenssicherung notwendig ist. Trotz aller dieser Anstrengungen aber reicht der Raum nicht aus.“ Die Forderung nach „Land und Boden

(Kolonien) zur Ernährung unseres Volkes und Ansiedlung unseres Bevölkerungsüberschusses“ stand im Parteiprogramm der NSDAP.

Es müsse beispielsweise aus der Tschechei und der Slowakei „herausgeholt werden, was irgend möglich ist“, war die simple Parole Görings bei einer Besprechung im Reichsluftfahrtministerium im Oktober 1938.

Es ging um mehr als „Lebensraum“: Um die „Sicherung der deutschen Ernährungslage“, der „Eisenerzzufuhr und die nötigsten Belieferungen mit Nichteisenmetallen“ sowie „die Treibstoff- und Kautschukfrage“, wie der spätere General Georg Thomas am 24. Mai 1939 vor hohen Vertretern des Auswärtigen Amtes in Berlin erläuterte. Im Frühjahr 1942 forderte Thomas, mit 4000 Lastwagen des Heeres etwa 300.000 Tonnen Getreide aus der Ukraine zu holen.

Der Versuch, neuen Lebensraum zu bekommen, hat in der Geschichte Völkerwanderungen ausgelöst und seit Jahrhunderten deutsche Fürsten angetrieben. Die Ostsiedlungsbewegung war stetig, sie führte zu Stadtgründungen und war letztlich mehrheitlich mit kultureller Koexistenz verbunden, bis der ethnische Nationalismus des 19. und 20. Jahrhundert diesen „zerfraß“, wie der Migrationsforscher Klaus J. Bade schrieb. Der Deutsche Orden hatte eine Rolle gespielt, und schon bis zur Mitte des 14. Jahrhundert hatten sich deutsche Siedlungen weit über die Elbe hinaus ausgedehnt. Deutsche Siedler wurden manchmal ausdrücklich gerufen – etwa die Schwaben im 18. Jahrhundert in Rumänien. Preußen war nach dem Siebenjährigen Krieg 1763 zur europäischen Großmacht geworden und setzte mit seiner militärischen Stärke auf Expansion.

Der Slogan „Heim ins Reich“ der Nationalsozialisten war, gemessen an der komplexen und turbulenten politischen Geschichte der deutschen Länder, eine plumpe Fälschung. Die Parole war, wie andere Zielsetzungen des Nazi-Regimes, populistisch. Alfred Rosenberg forderte 1941 in einer Schrift: „Es muss Boden frei werden zur Beackerung durch germanische Bauernfäuste. Dadurch allein ist die Möglichkeit eines Aufatmens für das auf engstem Raum zusammengepresste deutsche Volk gegeben."

Himmler ging weiter, als er Mitte 1942 schrieb: „Unsere Aufgabe ist es, den Osten nicht im alten Sinne zu germanisieren, das heißt den dort wohnenden Menschen deutsche Sprache und deutsche Gesetze beizubringen, sondern dafür zu sorgen, dass im Osten nur Menschen wirklichen deutschen, germanischen Blutes wohnen." Eine zentrale Quelle ist das Protokoll einer Ansprache, die Hitler am 23.November 1939 an die Oberbefehlshaber über seine Kriegsziele hielt. Zitat: „Die steigende Volkszahl erfordert größeren Lebensraum. Mein Ziel war, ein vernünftiges Verhältnis zwischen Volkszahl und Volksraum herbeizuführen. Hier muss der Kampf einsetzen. Um die Lösung dieser Aufgabe kommt kein Volk herum oder es muss verzichten und allmählich untergehen … Es ist ein ewiges Problem, die Zahl der Deutschen in Verhältnis zu bringen zum Boden. Sicherung des notwendigen Raumes. Keine geklügelte Gescheitheit hilft hier, Lösung nur mit dem Schwert."

Der Ausgang der Begierde nach Lebensraum ist bekannt. An die 60 Millionen Menschen fanden während des Zweiten Weltkrieges den Tod.

Teil 2

Thematische Streifzüge

Der Mensch als Ware

„Wie man sieht, stellt das Gesetz unseren Sklaven dasjenige vierfüßige Vieh gleich, das zahm ist und in Herden gehalten wird, wie zum Beispiel Schafe, Ziegen, Rinder, Pferde, Maultiere und Esel.“

Die Feststellung traf der römische Rechtsgelehrte Gaius im 3. Jahrhundert vor Christus. Der Wunsch, andere Menschen in Besitz zu nehmen und damit über sie zu verfügen, reicht weit in die Vergangenheit zurück. Die Sklaverei im Altertum – wie bei den Römern und Griechen – und noch im Mittelalter zählte zu den profitabelsten Geschäften überhaupt. Im Unterschied zu Leibeigenen unter den feudalen Machtverhältnissen des Mittelalters, die immer noch über rudimentäre Rechte (zum Beispiel auf Schutz) verfügten, kennzeichnete Sklaven in den meisten Gesellschaften die Rechtlosigkeit.

Es gibt latente und strukturelle Arten der Verfügungsgewalt über andere Menschen, die nicht immer leicht durchschaubar sind. Eine latente Verfügungsgewalt kann bestehen, wenn Menschen von anderen wirtschaftlich oder emotional abhängig sind. Eine strukturelle Abhängigkeit ist festzustellen, wenn ein Gesellschafts- oder Herrschaftssystem bestimmte Regeln in den Beziehungen zwischen den Menschen oder für Herrschaft vorgibt – wie beim Patriarchat oder in Kolonialsystemen. Die Verfügungsgewalt muss sich nicht allein auf den Körper, sie kann sich auch auf den Geist beziehen. Wenn Leibeigene mit ihrem Körper einem Herrn gehören, so können sie voller Hass sein und nach Flucht sinnen, sie können diesem in ihren Gedanken ebenso ergeben sein. Außerdem können sich freie und unabhängig Menschen sehr wohl der geistigen Verfügungsgewalt anderer freiwillig unterwerfen – Söldner ihren Heerführern beispielsweise, oder Gläubige charismatischen Sektenführern. Volksmassen ließen sich auch immer wieder von politischen Verführern blenden, wie die Geschichte des Nationalsozialismus in Deutschland mit den bekannten katastrophalen Folgen zeigt.

Aber wie ist das mit dem Besitz des eigenen Körpers oder mit Teilen desselben? Viele Kinder haben die erste wirklich als dramatisch empfundene Erfahrung von Verlust mit dem Ausfall der ersten Milchzähne – ernsthaft befassten sich Forscher mit der Frage: Wann verlor Karl der Große seinen ersten Zahn? Die Ernsthaftigkeit des Problems zeigt sich beim internationalen, florierenden Organhandel. Menschen wollen Organe von anderen haben, weil sie nur dadurch Überleben können. Die Werbung um freiwillige Organspenden zum Zweck der Transplantation ist heute in vielen Ländern verbreitet und legal. Zugleich beschäftigt der illegale Organhandel die Polizei und Justiz. Vertreter von Menschenrechtsorganisationen unterstellten: Rund 60 Prozent der Organe, die in China transplantiert werden, stammen von Gefangenen, die quasi auf Bestellung hingerichtet werden.

„Menschen besitzen ihre Körper nicht in der gleichen Weise, wie sie Autos oder Schreibtische besitzen“, stellte Stephen R. Munzer fest. Menschen können mit ihrem eigenen Körper nicht tun, was sie wollen. Sie dürfen sich nach international anerkannten Rechtsnormen heute nicht in Sklaverei verkaufen. Das Recht der Verfügung über die Kräfte des eigenen Körpers endet außerdem dann, wenn mit diesen Kräften anderen Menschen Schaden zugefügt wird – etwa durch Mord, Vergewaltigung oder Raub. Manche Rechtssysteme verbieten Prostitution und ausdrücklich den Selbstmord. Stephen R. Munzer spricht deshalb von „eingeschränkten Besitzrechten“ am eigenen Körper.

In der Rechtsgeschichte gehört die gewaltsame Entfernung von Körperteilen seit der Antike zu den Sanktionsformen von Verbrechen durch die Justizapparate. So wurden nach den Quellen bei den Alten Ägyptern verschiedene Vergehen wie Ehebruch oder Raub mit dem Verlust der Nase bestraft, um den Übeltäter sichtbar zu kennzeichnen. Das Abhacken von Gliedmaßen wurde ebenfalls bereits im Alten Ägypten praktiziert. Letztlich stellt sich die Frage nach dem Eigentum am Leben bei der schwersten Sanktion: der Todesstrafe, die nicht nur unter diktatorischen Regimen praktiziert wird, sondern sogar immer noch in amerikanischen Bundesstaaten vollzogen wird. Alle Kritik von Menschenrechtsorganisationen hat bis in die Gegenwart hinein nicht zur Abschaffung der Todesstrafe in den USA geführt. Erklärbar ist das Festhalten an der Todesstrafe durch eine Rechtstradition, nach der bei der Besiedlung des Kontinents beispielsweise Pferdediebe mit Lynchmord zu rechnen hatten. Eine Rechtfertigung kann das nach europäischen Standards nicht sein.

Aber zurück zu den Anfängen. Auf Sklavenhaltung stößt man bereits im Alten Testament. Im 5. Buch Mose wird zur Behandlung der Feinde Israels empfohlen: „Und wenn sie der Herr, dein Gott, dir in deine Hände gibt, so sollst du alles, was männlich ist, mit des Schwertes Schärfe schlagen. Allein die Weiber, die Kinder, das Vieh und alles, was in der Stadt ist, und allen Raub sollst du unter dich austeilen." Wahrscheinlich gab es bereits Sklaven, nachdem die ersten Menschen sesshaft wurden. Forscher sehen im gewaltsamen Menschenraub eine Begleiterscheinung kriegerischer Überfälle, einige sprechen verharmlosend von einer Frühform der Adoption. Der soziale Status der Sklaven war dadurch bestimmt, dass diesen Menschen Befehle für die Ausführung von Arbeitsaufgaben gegeben werden konnten. In einem zweiten Schritt wurden die Sklaven zum Gegenstand von Handelsgeschäften – und damit zur Ware.

Erstmals schriftlich festgehalten wurde das Sklavenrecht vor mehr als 3750 Jahren im Codex Hammurabi der Sumerer. Zu jener Zeit konnten Sklaven verkauft und verpfändet werden, und der Verkäufer hatte sogar eine Art Qualitätsgarantie zu erfüllen: Erwies sich der Sklave innerhalb eines Monats als Epileptiker, so stand der frühere Besitzer in der Haftung. Die Vorschriften schützten den Eigentümer. Im hebräischen Recht wurde der Schutz des Sklaven hoch gehalten. In den Überlieferungen aus dem Alten Ägypten tauchen Sklaven erst in der Mitte des 2. Jahrtausends auf. In einer Vielzahl von Urkunden ging es um ihre Vermietung. Beutezüge der Pharaonen des Neuen Reiches sorgten für einen enormen Zufluss. Amenophis II. (1426-1400 v. Chr.) soll in nur einem Jahr rund 90.000 Gefangene nach Ägypten gebracht haben.

Ohne diese Kriegsgefangenen lief am Ende nichts mehr im Alten Ägypten: Sie deckten den riesigen Bedarf an Muskelkraft für die Errichtung immer neuer Tempel ebenso wie für den Bau von Kanälen, Heerstraßen und Hafenanlagen ab. Vielen von ihnen ging es besser als den einheimischen Bauern. Sogar die Aufgabe von Ordnungskräften übernahmen zeitweise Sklaven. Als Diener in den Privathaushalten der hohen Beamten hatten Sklaven oft einfache Jobs als gelegentliche Sänftenträger, als Fächerwedler, Blumenstreuer oder Parfümzerstreuer zu verrichten. Bei Festen spielten Hunderte von Sklaven als Musikanten auf und ergötzten die Gäste als Tänzer. Sklavinnen hatten ihren Herrinnen die Maniküre zu besorgen und ihnen – bei allzu großem Alkoholgenuss – die Spei-Schüsseln zu reichen, wie erhalten gebliebene bildliche Darstellungen zeigen.

Frühzeitig wurden versklavte Menschen – ähnlich wie Werkzeuge und Vieh – mit Besitzzeichen versehen. Der Brauch der Tätowierung lässt sich ursprünglich darauf zurückführen. Die ältesten schriftlichen Hinweise auf das Vorhandensein von Körpermarkierungen finden sich in den Büchern des Moses im Alten Testament.

Vielleicht waren sie gleichzeitig ein Schmuck, sicher aber ein Identitätskennzeichen. Hebammen in den Pariser Armenspitälern sollen noch im 18. Jahrhundert Säuglinge und ihre Mütter mit kleinen identischen Zeichen markiert haben, damit später kein Zweifel aufkommen konnte, welches Kind zu welcher Mutter gehört. Die Brandmarkung als Strafe des Mittelalters und das Kennzeichnen von Juden im Dritten Reich mit dem Judenstern sind weitere, abnorme Erscheinungen der Kennzeichnung.

Im Alten Griechenland konnten Sklaven verkauft, vermietet und verpfändet werden. Rund 30.000 von ihnen waren in der Mitte des 4. Jahrhunderts in den Silberbergwerken von Laurion südlich von Athen zur Zwangsarbeit eingesetzt. Andere Zahlen sprechen von 80.000 bis 100.000 Sklaven in Attika, das entspräche 30 Prozent der Bevölkerung jener Zeit. Die Gesetze erlaubten, Sklaven zu züchtigen, sie zu verkaufen, zu vermieten und zu verpfänden – es war nur verboten, sie zu töten. In Vermögenslisten standen die Sklaven gleichrangig neben anderen Formen des Eigentums.

Im Alten Rom wurden die Sklaven zu einem unverzichtbaren Bestandteil der Gesellschaftsordnung – alle „Arbeit“ war nach der Überzeugung der Römer die Aufgabe von Sklaven. Vor allem in der Landwirtschaft wurden sie in Massen eingesetzt. Viele Sklaven hatten in ihren Heimatländern vor der Gefangennahme hohe Qualifikationen besessen, die die Römer zu nutzen wussten. Nicht wenige führten die Geschäfte für ihre Herren – das brachte die Besitzer in ihre Abhängigkeit. Bei Misserfolgen wurde der Sklave gepeitscht oder sogar getötet, bei Erfolgen winkte im möglicherweise die Freilassung. Andere Sklaven hatten wichtige Positionen in der öffentlichen Verwaltung inne. In einflussreichen Stellungen und als Vertraute hoher Persönlichkeiten waren sie Schaltstellen von Macht. Forscher behaupten, dass im ersten Jahrhundert n. Chr., nach dem

Amtsantritt des Kaisers Augustus, Rom eigentlich von den Sklaven regiert worden sei.

Die tatsächliche Größenordnung der Sklavenbevölkerung ist schwer zu bestimmen. Der Dichter Flavius Josephus nennt gegen Ende des ersten Jahrhunderts die Zahl von einer Million Sklaven, die allein in der Hauptstadt des Imperiums zu finden seien. Schätzungen aus der Zeit des Kaisers Augustus sprechen von zwei bis vier Millionen. Manche Forscher halten einen Anteil der Sklaven von 50 bis 60 Prozent an der römischen Gesamtbevölkerung für realistisch. Meist waren sie Opfer von Kriegsgefangenschaft und Seeräuberei. Aber auch Schuldner konnten zu Sklaven werden, und bisweilen verkauften Väter ihre Kinder dafür. Nach der Darstellung von Uwe Wesel machten die alten Römer „mit unerbittlicher Konsequenz die Sklaverei zu einem Gegenstand des Sachrechts." Der einzige Unterschied zu Sachen: Sie konnten frei gelassen werden. Trotzdem waren die meisten Sklaven im Alten Rom natürlich nicht glücklich über ihren Status. Aufstände von Sklaven gab es seit dem 2. Jahrhundert v. Chr. Beim bekanntesten konnte Spartacus zwischen 73 und 71 v. Chr. rund 120.000 Leidgenossen hinter sich scharen.

Nicht von der Hand zu weisen ist die Theorie von Ernst Samhaber, dass die Geschichte des Römischen Imperiums weitgehend von der Sklavenfrage geprägt war. , und dass die gesamte Politik des Alten Roms „in eine gewisse Abhängigkeit von den Sklavenhändlern" geriet. Das Argument in Samhabers Buch *Kaufleute wandeln die Welt*: Die Feldzüge der Imperatoren waren kostspielig, und es waren die Sklavenhändler, die die Ausgaben vorfinanzierten. So waren die Feldherren gezwungen, rücksichtslos die Bewohner der eroberten Gebiete zu versklaven und sie als Ware den Sklavenhändlern zum Ausgleich zu überlassen. Kein Feldherr sei in den Krieg gezogen, ohne sich von vornherein mit Sklavenhändlern zu umgeben. Die Eroberung einer Stadt von 10.000 Einwohnern brachte nach der Rechnung Samhabers nach heutiger Währung rund eine halbe Million Euro nur durch den Verkauf der besiegten und unterworfenen Einwohner ein.

Die Germanen kannten ebenfalls Sklavenhaltung. Wie die Römer rekrutierten sie ihre Sklaven in der Regel durch gewaltsame Unterwerfung anderer Stämme. Die Möglichkeit einer Freilassung von Sklaven kannten die Germanen ebenso. Das war nicht unbedingt ein erstrebenswertes Los, denn Freigelassene verloren die Fürsorge ihrer Herren, und der Wert eines Menschenlebens galt zu jener Zeit wenig. So schrieb im 11. Jahrhundert in Norwegen ein christliches Gesetzesbuch vor: Wenn die Kinder eines Freigelassenen mittellos werden, dann solle man sie auf dem Friedhof in ein Grab setzen und sterben lassen. Der ehemalige Eigentümer nehme aber jenes Kind heraus, das am längsten am Leben bleibt, und ernähre es von da an als seinen neuen Sklaven.

Von den alten Chinesen ist überliefert, dass sie ihre Kinder und, in Zeiten der Not, sich selbst als Sklaven verkauften. Damit verloren sie nicht ihre Menschenwürde. Überliefert ist der folgende Gesetzestext des Kaisers Kuang-Wu (25-57 n. Chr.): „Unter allen Geschöpfen des Himmels und der Erde ist der Mensch das edelste. Die, welche ihre Sklaven töten, können ihr Verbrechen nicht leugnen. Diejenigen, die sie mit Feuer brandmarken, werden zur gleichen Strafe verurteilt. Die gebrandmarkten Sklaven aber sollen zu freien Bürgern erhoben werden."

Auch manche Indianerstämme Nordamerikas kannten Sklaven. Forscher über die Yurok im Nordwesten des heutigen Kalifornien schätzen ihren Anteil auf zehn bis zwanzig Prozent der Stammesbevölkerung. Sklaven wurden bei den Yurok nie gewaltsam etwa durch Stammeskriege gewonnen, und es wurden nie Fremde als Sklaven gehalten. Der Status war im Rahmen der Stammesgesellschaft für „Schuldner" vorgesehen. An dieser Stelle wird einmal mehr die Problematik deutlich, Begriffe aus europäischen Sprachen auf Verhältnisse in anderen Kulturen zu übertragen. Das gilt für das Etikett Sklave genauso wie für das Wort Schuldner. Stammesangehörige wurden nämlich nicht zu Schuldnern, weil sie materielles Eigentum zurückzuerstatten hatten. Eigentum anderer zerstört zu haben, hatte vielmehr „Sklaverei" zur Folge – aber auch den Sohn eines reichen Mannes geschlagen zu haben, oder den Namen eines reichen Verstorbenen genannt zu haben, führte bei den Yurok zu einer „Schuld".

Wikinger handelten mit Sklaven, ebenso Merowinger und Langobarden. Während des ganzen europäischen Mittelalters gab es Menschenhandel und einen Markt für Sklaven. „Servi" sorgten nun nördlich der Alpen zusätzlich zu den Leibeigenen dafür, dass Güter hinreichend bewirtschaftet wurden. In frühen englischen Grafschaften gehen Schätzungen von einem 25-prozentigen Anteil der „servi" an der Bevölkerung aus. Patrick, der Schutzheilige der Iren, war nach der Überlieferung als Sohn eines Beamten der römischen Besatzungsmacht über Britannien um 415 in jungen Jahren bei einer Sklavenjagd von Piraten auf die Insel verschleppt worden. Papst Gelasius I. (492-496) gab die Anweisung, dass Sklaven, die Kirchenasyl suchten, unbedingt zur Rückkehr zu ihrem Besitzer zu bewegen seien. Pippin der Ältere (580-640) war mit Itta von Nivelles verheiratet, einer Schwester des Bischofs von Trier, die ein Heer von Sklaven besessen haben soll.

Kontakte mit den neuen muslimischen Herren im Mittelmeerraum eröffneten Aussichten auf erweiterte, gewinnträchtige Geschäfte durch den Menschenhandel. Zwischen 800 und 1000 war Verdun ein bedeutender Umschlagplatz. Der Bischof Luitprand von Cremona (920-970) und Adalbert von Prag (956-997) prangerten gleichermaßen die dort erzielten Profite an. Verdun war wohl auch ein Kastrationszentrum: Eunuchen waren im Orient als Betreuer für die Frauen begehrt, ließen sich aber besonders teuer verkaufen, weil bis zu 90 Prozent der behandelten Männer den Eingriff nicht überlebten. Es waren lange Nachschubwege, denn spätestens seit Karl dem Großen war es für Christen verboten, andere Christen zu kaufen oder zu verkaufen. So bestand die „Ware“ aus der Beute von Kriegen mit slawischen, heidnischen Völkern. Prag und Regensburg waren auf den Transportwegen von Ost nach West im 9. Jahrhundert wohl eine der Stationen, ebenfalls der Ort Raffelstetten im heutigen Oberösterreich. Eine in diesem Ort erlassene Zollordnung aus dem frühen 10. Jahrhundert nennt ausdrücklich Sklaven. Über die Häfen von Marseille oder Venedig gelangten die Sklaven über das Mittelmeer. Aber der Strom ebbte ab. Benedikt von Aniane setzte sich im 9. Jahrhundert erstmals für die Freilassung von Klostersklaven ein.

Sklaverei blieb im Mittelalter insbesondere in Italien weiter verbreitet. Ein Zinsbuch aus der Zeit um das Jahr 900 aus Brescia zählt 59 Güter auf, auf denen 700 Sklaven und 800 Hörige lebten. Sie waren im Durchschnitt zu 75 Tagen Arbeit im Jahr verpflichtet. Noch von Kardinal Ippolito Medici aus Florenz (1511-1535) ist überliefert: er habe einen „Menschenzoo“ aus schwarzbärtigen Ringern, indischen Fakiren, persischen Feuerschluckern, gelbhäutigen Tauchern, mauretanischen Voltigeuren, tatarischen Bogenschützen und kleinwüchsigen Pygmäen gehalten. Das waren Menschen, die alle aus ihrer Heimat gewaltsam verschleppt worden waren – und den Status von Sklaven hatten. Die Rechtfertigung: Es waren keine Christen.

Einer der größten Skandale in der Geschichte war zweifelsohne der transatlantische Sklavenhandel zwischen dem 16. und dem 19. Jahrhundert. Die Gier nach Profiten europäischer Kaufleute und

Auswanderer, die sich auf der anderen Seite des Atlantik als Plantagenbesitzer niederließen, löste zunächst auf den Zuckerrohrplantagen Westindiens und später auf den Baumwollfeldern der amerikanischen Südstaaten eine Nachfrage nach Arbeitskräften aus, die – in einem Ausmaße wie nie zuvor – Menschen zur Ware werden ließen. In einem Bericht der Handelskammer von Nantes aus dem Jahre 1784 steht geschrieben: „Der Handel mit den Schwarzen ist die Grundlage für unsere Schifffahrt: Er liefert die Muskelkraft für die Kulturen auf unseren Inseln. Diese wiederum verschaffen uns Unmengen von Handelswaren – Zucker, Kaffee, Baumwolle und Indigo, die entweder im Königreich selbst verbraucht oder ins Ausland exportiert werden."

Zum ersten Mal wurden 1518 afrikanische Sklaven direkt von der guineischen Küste in die Karibik verschifft. Mindestens zehn Millionen Afrikaner wurden insgesamt in die Neue Welt verkauft, einschließlich der Tötungen bei den Sklavenjagden und hohen Sterberaten auf der Überfahrt könnten 40 Millionen Menschen Opfer dieses Handels geworden sein. Der „Aderlass" habe ungefähr ein Viertel der Gesamtbevölkerung des heutigen Schwarzafrika betroffen, schreiben R. und M. Cornevin in ihrer *Geschichte Afrikas von den Anfängen bis zur Gegenwart.* Andere demografische Schätzungen besagen, dass der Anteil Afrikas an der Weltbevölkerung zwischen 1600 und 1800 von rund 20 Prozent auf 10 Prozent sank.

Briten, Franzosen, Holländer, Dänen, Deutsche, Portugiesen, Spanier und Amerikaner beteiligten sich in unterschiedlichem Ausmaß an dem menschenverachtenden, mit viel Gewalt verbundenen Geschäft. Von ihren heimatlichen Regierungen bekamen sie dafür Konzessionen. Die letzten Transporte organisierten vermutlich spanische Kapitäne noch in den 1870er Jahren. Geschichtsforscher sprechen von der größten und schicksalsschwersten Völkerwanderung – durch Gewalt erzwungenen Wanderung – in der Geschichte der Menschheit. Bis heute hat sich keine europäische Macht für die Beteiligung an diesem Menschenhandel entschuldigt.

Habgier europäischer Kaufleute und Plantagenbesitzer war die eine Seite des Geschäfts, Habgier afrikanischer Stammesfürsten die andere. Letztere hatten die menschliche Ware anzuliefern – dafür mussten ihnen materielle Anreize geboten werden. Sklaven hatten ursprünglich in der Gesellschaftsordnung der meisten afrikanischen Stämme einen Status, der nicht mit dem von Sklaven in der europäischen Antike vergleichbar war. In der Regel waren sie als „Haussklaven" in die Familien als gleichwertige Mitglieder integriert, aber kein Besitz nach europäischem Maßstab, und schon gar keine Ware. Ihr Vorhandensein erweiterte einfach das Potential an vorhandenen Arbeitskräften in der Gemeinschaft. Die Verwendung des Begriffs Sklaven in den Beschreibungen vieler europäischer Entdecker und Eroberer Afrikas war deshalb eigentlich unpräzise.

In manchen Regionen des Kontinents hatte bereits das Vordringen arabischer Händler und Sklavenjäger nach Schwarzafrika ab dem 7. Jahrhundert zu einem Eingriff in diese beschriebene Tradition geführt. Neben Seefahrten zur ostafrikanischen Küste wurden Trans-Sahara-Routen für die arabischen Sklavenaufkäufer immer wichtiger. Sie endeten im heutigen Tschad, im nördlichen Nigeria, am Niger-Bogen in Mali und im südlichen Mauretanien. Im Detail sind diese Handelsströme bislang wenig erforscht. Manche Forscher schätzen, dass die Zahl der von Arabern verschleppten Afrikaner allein im 16. Jahrhundert höher lag als die des gesamten, nachfolgenden Transatlantikhandels der Europäer. In der Mitte des 19. Jahrhunderts war Tippu Tip ein sogar in Europa bekannter Sklavenhändler aus Sansibar. Neben seinen Plünderungszügen begleitete er Forschungsreisende wie die Briten Verney Lovett Cameron und Henry Morton sowie den Deutschen Hermann von Wissmann.

Der Sklavenverkauf war auf dem afrikanischen Kontinent längst zugange, als die Nachfrage der Europäer einsetzte. Es gab nun eine neue Kategorie von Sklaven, die „Kriegssklaven". Potentaten wie der König des Dahomey-Reiches unterhielten eigene Armeen, um Gefangene zu bekommen, die dann verkauft werden konnten. Mit dem Auftreten der Europäer als Käufer an der Küste wurden die Menschen des Kontinents dann bildhaft gesprochen von zwei Seiten in die Zange genommen. Eine Vielzahl von Wanderungs- beziehungsweise Fluchtbewegungen war die Konsequenz.

Gelüste nach den fremden Waren, die die Araber und später die Europäer mitbrachten und zum Tausch anboten, verführten afrikanische Häuptlinge und Könige zum Geschäft mit ihren Stammesbrüdern. Menschen wurden zur Währungseinheit, die praktisch auf dem ganzen Kontinent ihre Gültigkeit hatte. Quellen berichten von einem Wechselkurs von einem Menschen gleich 20.000 Kauri-Muscheln. Allerdings bestanden starke Preisschwankungen. Zu Beginn des Sklavenhandels tauschten die Europäer im Senegal für ein Gewehr und zwei Beutel Pulver (Wert: rund 300 Francs) zunächst 14 Sklaven ein, später nur noch sechs, und zu Anfang des 18. Jahrhunderts wieder 15. Waffen und Munition waren überhaupt die wichtigste Handelsware zum Einkauf der Sklaven – sie ermöglichten es anschließend den einheimischen Zulieferern, immer mehr Menschen auf den Markt zu bringen.

Dazu kamen Eisenwaren und Produkte aus Metall. Als Handelsobjekt sehr begehrt war daneben bei den Afrikanern – ebenso wie später bei den Indianern Nordamerikas – Branntwein. In ihren Berichten nach Hause nannten die europäischen Vertreter an den Küstenstützpunkten den Branntwein immer wieder als unverzichtbares Angebot, ohne den der Sklavenhandel nicht funktioniere. Daneben war jede Menge Ramsch im Sortiment zu finden, den zu besitzen viele Stammesfürsten nicht widerstehen konnten. In den

Inventarlisten der Schiffe, die zum Menschengeschäft an die afrikanischen Küsten aufbrachen, stößt man auf bunte Stoffballen, Leinwand, Spiegel, Kämme, Vorhängeschlösser und Scheren ebenso wie auf Trompeten, Glocken, Gewürznelken, Papier – und nicht zu vergessen Glasperlen jeder Art und Größe. Um 1780 berichtete ein englischer Reisender aus dem Königreich Angola: „Die Väter verkaufen ihre Kinder, die Männer ihre Frauen, nur um irgendwelche portugiesische Ware zu bekommen. Sie ergreifen ihre Nachbarn für ein wenig Wein oder Branntwein …"

„Um den Negerhandel zu fördern", zahlte die französische Kolonialverwaltung noch in der zweiten Hälfte des 18. Jahrhunderts an lokale Herrscher üppige „Geschenke". Die Gedanken von Freiheit und Menschenrechten ließ dann im Umfeld der Französischen Revolution eine philanthropische Bewegung entstehen, die sich für die Abschaffung des Sklavenhandels stark machte. Das Verbot wurde erstmals in Frankreich im Jahre II des Revolutionskalenders verfügt. Die anderen europäischen Nationen folgten dem Beispiel. Es gehört aber wohl zu den Legenden der Geschichte, dass allein humanitäre Ideale die Abschaffung des Sklavenhandels vorantrieb. Dahinter standen Rentabilitätsüberlegungen. Britische Berechnungen kamen zum Ergebnis, dass Sklaven um 1790 nur rund 20 Prozent der Leistungen erbrachten, als solche von Lohnarbeitern zu erwarten waren.

Trotzdem war die Sklaverei so leicht nicht abzuschaffen. Nach einer Zählung aus dem Jahr 1904 betrug die Zahl der Nichtfreien in Französisch-Westafrika noch zwei Millionen Menschen, bei einer Gesamtbevölkerung von 8,25 Millionen. Erst am 12. Dezember 1905 verbot die französische Kolonialverwaltung per Dekret das Angebot und den Erwerb von Personen unter Strafandrohung. Zu dieser Zeit hatten die Kolonialbehörden und Handelskompanien einen Ersatz für den Nutzen ihrer überseeischen Gebiete gefunden:

Export-Monokulturen auf Plantagen, die nun eben von „freien“ Menschen bearbeitet wurden. Aber auch sie mussten Anreize haben. In einem Rundschreiben des General-Gouverneurs von Französisch-Westafrika an untergeordnete Beamte vom März 1912 wurde zunächst die Schwierigkeit beklagt, einheimische Arbeitskraft zu rekrutieren. Freiwillig würden sie sich nicht anstellen lassen, hieß es da, aber: „Beim Kontakt mit uns empfinden die Eingeborenen der Dörfer neue Bedürfnisse, die sie mehr und mehr an die Idee der Arbeit heranführen. Außerdem zwingt die Verpflichtung zu einer wenn auch noch so geringen Steuer, die Zirkulation von Geld und entstehende Wünsche nach einem Grundkomfort die Dorfbewohner dazu, die ihrigen zu verlassen, um sich anderswo mit dem fehlenden Geld zu versorgen.“ So wurden Steuern zum Schlüssel für die Neuordnung der gegenseitigen Beziehungen zwischen Europa und Afrika.

Nach Ende der Kolonialzeit blieben angesichts fehlender ausreichender Einkommensmöglichkeiten in vielen Heimatdörfern Wanderungen von Arbeitskraft eine Überlebensstrategie. Mit Habgier hat das nichts zu tun. Untersuchungen von rund 500 Reisen von Männern aus der malischen Region Nara im Zentrum der Sahelzone ergaben 1997, dass rund 85 Prozent des bei der Rückkehr mit nach Hause gebrachten Geldes zum Kauf von Lebensmitteln und Getreide diente. Viele Wanderarbeiter waren noch von anderen Motiven getrieben. Nicht wenige wollten Geld erwerben, um Heiratskosten bestreiten zu können, und 61,6 Prozent wollten sich „neues Wissen“ aneignen. Die Elfenbeinküste war laut der Befragung das bevorzugte Wanderungsziel.

Die Tradition dieser Reisen blieb bis zur Gegenwart bewahrt. Auch 2019 brachen nach Informationen aus der betreffenden Region wieder unzählige Männer aus den Dörfern im Bezirk Nara zur Elfenbeinküste auf. In anderen Regionen der Sahelzone gibt es diese Tradition nicht. Die dahinter steckenden Probleme des Überlebens aber sind die gleichen. Die Verlockungen von Schleusern, Menschen zur Mittelmeerküste und von dort über das Meer ins vergleichsweise reiche Europa zu bringen, können deshalb auf einen guten Nährboden fallen. Die fatale Diskussion hierzulande um den „Flüchtlingsstrom“ setzt sich wohl ohne Lösungen vor Ort bis auf weiteres fort.

Anzumerken ist, dass das Phänomen der Sklavenhaltung in der Neuzeit nicht verschwunden ist. Wenig bekannt ist, dass um 1700 Teilnehmer an den Türkenkriegen aus deutschen Landen Gefangene mit nach Hause brachten. Diese „Beutetürken“ wurden dann getauft und in die örtliche Bevölkerung problemlos integriert. In der Gegenwart geht die internationale Arbeitsorganisation ILO nach letzten Zahlen davon aus, dass rund 21 Millionen Menschen wie Sklaven gehalten werden. Andere Menschenrechtsorganisationen gehen von noch höheren Zahlen aus.

Betroffen sind Männer, Frauen und Kinder, die zu Arbeit gezwungen sind und aus dieser nicht flüchten können. Laut ILO werden 90 Prozent von ihnen von privaten Personen oder Privatunternehmen ausgebeutet. 4,5 Millionen sind Opfer sexuellen Missbrauchs, 14,2 Millionen arbeiten in der Landwirtschaft, auf Baustellen, in Haushalten oder in Fabriken. 5,5 Millionen sind minderjährig. 2,2 Millionen Menschen, die in Gefängnissen gehalten und dort nicht nach den ILO-Standards behandelt werden, die von militärischen Organisationen oder bewaffneten Rebellengruppen festgehalten werden, gehen ebenfalls in diese Statistik ein.

Die Frau des Mannes Eigentum?

„Das Eigentum an der Frau beginnt wahrscheinlich im frühen Stadium der barbarischen Kultur mit dem Raub von weiblichen Gefangenen. Das ursprüngliche Motiv für den Raub scheint der Wert der Frau als Trophäe gewesen zu sein, und diese Sitte führte zur Einrichtung der Besitzehe, aus der ein Haushalt unter Führung eines Mannes hervorging. Darauf wurde die Sklaverei auf andere Gefangene und Untergebene und die Besitzehe auf andere als die vom Feind geraubten Frauen ausgedehnt."

Stand am Anfang der Unterdrückung der Frau in der Geschichte der Wunsch, dass Männer eine Trophäe haben wollten? Diese These, die Thorstein Veblen 1899 niederschrieb, ist eher ein Kuriosum in der Literatur. Das Eigentum an der Frau habe sich zum Eigentum an den Produkten ihrer Arbeit ausgeweitet, „und so entstand das Eigentum an Sachen wie an Personen", spinnt der amerikanische Soziologe den Faden weiter. Richtig ist, dass die Männer in sehr frühen Epochen der Menschheitsgeschichte auf Frauen Eigentumsansprüche stellten. Sie wollten sie haben, um über sie zu verfügen, und immer wieder machten sie Jagd auf die Frauen anderer Bevölkerungsgruppen.

Als denkbare Erklärung bietet sich an: Nachdem die menschlichen Sippen in der Lage waren, Überschüsse zu erarbeiten, konnte sich Eigentum entwickeln – doch was tun mit dem Eigentum nach dem eigenen Tode? Zwei Möglichkeiten blieben: Zum einen, die persönliche Habe als Grabbeigabe selbst in ein Jenseits mitzunehmen, zum anderen die Vererbung. Für Männer stellte sich ein

Problem: Eine Vererbung von einem Vater auf einen Sohn setzte voraus, dass die Vaterschaft gesichert war. Diese Sicherheit war dem Vater nur garantiert, wenn ihm die Mutter des Kindes exklusiv „gehörte". Die Monogamie sei „eine historische Schöpfung des Mannes, die seiner Machtergreifung sexuelle Geltung verleihen sollte", schrieb der Sozialwissenschaftler Ernest Borneman in seinem Grundsatzwerk *Das Patriarchat*. Die Besitznahme der Frau durch den Mann, die wohl im Neolithikum anzusetzen ist, bezeichnen manche Forscher als eine Revolution, gar als „Ur-Putsch". Borneman in der Weiterführung des Gedankens: „Als das Konzept des Ehebruchs zuerst in der Geschichte der westlichen Welt auftauchte, bedeutete es aber etwas ganz anderes als heute, nämlich eine Form des Diebstahls. Die Gattin, die sich mit einem anderen Manne paarte, konnte von ihm geschwängert werden. Merkte der Gatte das nicht, so zog er einen Bastard heran, der ihn beerbte, das heißt: bestahl."

In der Literatur stößt man auf einen weiteren Erklärungsversuch: Alternativ könnte als treibende Kraft für die Vereinnahmung der Frau durch den Mann die Schwiegermutter ins Spiel kommen. Das klingt auf den ersten Blick kurios. Fest steht: In vielen archaischen Gesellschaften spielte die Schwiegermutter eine dominante Rolle. Selber konnte sie meist keine weiteren Kinder mehr bekommen, aber sie zog die Enkel auf, insbesondere, wenn die Schwiegertochter im Kindbett starb – da sollten es schon die eigenen Enkel, die Kinder ihres eigenen Sohnes sein.

Bei den alten Griechen bezeichnete man Ehebruch mit dem Wort „gamoklopia" – was übersetzt nichts anderes heißt als „Diebstahl der Gattin". Der Ursprung von Eifersucht läge dann in der Angst um die Eigentumsansprüche und die Sorge um die Erbfolge des Mannes. Das Verständnis des Mannes, die Frau sei da zum Gebären von Kindern, erklärt das zweierlei Maß bei der Bestrafung von Ehebruch, das quer durch alle Epochen festzustellen ist. In ihrer *Anatomie der Liebe* schrieb die Völkerkundlerin Helen Fisher über die alten Römer: „Um 100 v. Chr. betrachteten viele von ihnen Ehebruch offenbar ähnlich wie manche Amerikaner Steuerhinterziehung als gerechtfertigt."

Bezeichnend für die Denkweise patriarchalischer Gesellschaften ist es, wenn Männern die Verfügung über mehrere Frauen gestattet ist. Stattliche 84 Prozent von 853 Kulturen, die Forscher untersuchten, kennen die Vielweiberei – aber nur ganz wenige die Vielmännerei. Damit unterscheidet sich der Mensch von manchen anderen Lebewesen. Schimpansen-Weibchen etwa lassen sich während der Empfängnisbereitschaft von allen Schimpansen-Männchen ihrer Horde begatten. Die Erklärung von Helen Fisher: „Freundschaft mit Männchen zu pflegen, die den künftigen Nachwuchs sonst töten könnten, und Unsicherheit hinsichtlich der Vaterschaft zu verbreiten, damit jedes männliche Tier in der Horde sich später dem Neugeborenen gegenüber väterlich verhält."

Überhaupt unterhalten nur drei Prozent aller Säugetiere eine beständige Bindung mit nur einem einzigen Partner. Menschenpaare, die sich gemeinsam um den Aufwuchs ihrer Kinder kümmern, befinden sich in der guten Gesellschaft mit Füchsen, Fledermäusen, Bisamratten und einigen Antilopen sowie Robben. 90 Prozent der Vögel kennen die Paarbildung nur für die Dauer einer Brutperiode. Dass Paarbildung auch beim Menschen ursprünglich zweckbezogen sein dürfte, lässt sich aus der Feststellung von Soziologen schließen, dass nach vier Jahren viele Ehen in eine Krise geraten, die zur Scheidung führt – es ist der gleiche Zeitraum, den Anthropologen bei Naturvölkern für die „Entwöhnung" der Kinder, also den Abstand zwischen zwei Geburten errechnet haben.

Der älteste schriftliche Nachweis weiblicher Unterordnung findet sich in mesopotamischen Gesetzesbüchern aus der Zeit um 1100 v. Chr., in denen Frauen als Vermögen und Besitz bezeichnet werden. Das Alte Testament gibt Auskunft, was die Zeitgenossen seiner Autoren über Frauen dachten. Nach Luthers Übersetzung unterschied Mose nicht zwischen Mann und Frau, sondern zwischen Mensch und Weib. Gott befand, dass es nicht gut sei, dass der Mensch allein ist. Also wollte er ihm „eine Gehilfin machen, die um ihn sei." Aus den Zehn Geboten lässt sich eine Gleichstellung der Frau mit anderem Besitz herauslesen. Es steht in einem Vers: „Lass Dich nicht gelüsten deines Nächsten Hauses. Lass dich nicht gelüsten deines nächsten Weibes, noch seines Knechtes, noch seiner Magd, noch seines Ochsen, noch seines Esels, noch alles, das dein Nächster hat."

Im ersten Buch der Sprüche Salomos heißt es: „Ein fleißig Weib ist eine Krone ihres Mannes; aber eine unfleißige ist ein Eiter in seinem Gebein." Der Gedanke, dass die Frau mit ihrem Körper dem Mann zur Verfügung zu stehen habe, spiegelt sich im 5. Buch Mose ebenfalls wieder: „Und siehst du unter den Gefangenen ein schön Weib, und hast Lust zu ihr, dass du sie zum Weibe nehmest, so führe sie in dein Haus, und lass ihr das Haar abscheren, und ihre Nägel beschneiden, und die Kleider ablegen, darinnen sie gefangen ist, und lass sie sitzen in deinem Hause, und beweinen einen Mond lang ihren Vater und ihre Mutter. Danach schlaf bei ihr, und nimm sie zu der Ehe, und lass sie dein Weib sein. Wenn du aber nicht Lust zu ihr hast, so sollst du sie auslassen, wo sie hin will, und nicht um Geld verkaufen, noch versetzen; darum, dass du sie gedemütigt hast."

Das Buch Jesus Sirach lieferte einen weiteren guten Ratschlag an die Männerwelt: „Lass deinem Weibe nicht Gewalt über dich, dass sie nicht dein Herr werde." Das deckt sich mit den Ansichten, die der griechische Historiker Xenophon im 5. Jahrhundert über die Pflichten einer Gattin formulierte: „Deshalb sei fleißig, tugendsam und bescheiden, schenke mir, deinen Kindern und deinem Haus die gebührende Aufmerksamkeit, dann wird dein Name sogar über den Tod hinaus geehrt werden.“

Das ganze Mittelalter hindurch hielt sich die frauenfeindliche Einstellung, dass der Mann eine Verfügungsgewalt über die Frau habe. Damit verband sich ein Eigentumsverständnis. Noch 1442 hieß es in König Christophs Landgesetz in Schweden: Das Beste, was ein Bauer in seinem Hause haben könne, sei eine Ehefrau. Wer sie ihm wegnimmt, sei der Schlimmste unter den Dieben. Einen Fall von „Beischlafraub“ beschrieb 1588 der Nürnberger Scharfrichter Franz Schmidt in einem Büchlein. In diesem Fall war der Räuber ein „baur von Herspruck, welcher mit einem andern Baurn im wirtzhaus zecht, und von der Zech auffgestanden, und zue demselben Baurn weib gangen, zue Nachts in der gestalt, als wer er ihr mann, unzucht mit ihr trieben, wieder aufgestanden, von ihr gangen, als die Frau ihme nach gesehen, sie ihn erkannt, dass nit ihr mann gewesen.“ Die Frau wurde damals überraschenderweise begnadigt und nicht wegen Ehebruchs zum Tode verurteilt.

Treue der Frau war ein Anspruch des Ehemannes, und also war Ehebruch zu bestrafen. Der „Wert“ dieses Gutes war unterschiedlich. Ein Chronist aus dem 16. Jahrhundert in Bayern berichtete: „Am gemeinen Mann strafte das Gesetz erst den dritten Ehebruch peinlich, den ersten aber mit vierwöchentlicher Gefangenschaft bei Wasser und Brot, nebst drei sonntägiger Ausstellung mit brennenden Kerzen an der Kirchentür, den zweiten mit Landesverweisung. Reichere Leute zahlten zur Buße desselben Verbrechens fünfzig bis hundert Pfund Pfennige an fromme Stiftungen. Edelleute taten dafür auf eigene Kosten einen fünfmondlichen Feldzug gegen die Türken, oder im Dienste des Landesherrn.“

Klar umrissen war die Rolle der Frau im russischen Sittenkodex *Domostroi* aus der Zeit Iwans des Schrecklichen im 16. Jahrhundert: „Die Frau ist verpflichtet, ihrem Mann als Oberhaupt der Familie zu gehorchen, in Liebe zu ihm, in Achtung und unbegrenzter Folgsamkeit zu verharren und ihm als Hausfrau jede Gefälligkeit und Anhänglichkeit zu erweisen." Natürlich war es stets eine Lebensweisheit, dass man mit Besitz pfleglich umgehen soll. So empfiehlt der *Domostroi* zwar die Peitsche, wenn sich eine Frau weigert, ihrem Mann zu gehorchen, aber zugleich wird geraten: „Schlag sie nicht gleich ins Gesicht oder aufs Ohr. Sei vorsichtig mit Faustschlägen in die Herzgegend … denn wer sich in Wut zu dergleichen hinreißen lässt, kann viel Ungemach haben" – gemeint ist der Mann, nicht die Frau!

1705 schrieb der Staatstheoretiker Freiherr Samuel von Pufendorf: „So kann ein jeder sich dieses leichtlich einbilden, dass nicht alsobald bei Anfang des menschlichen Geschlechts solche Staaten als jetzt sind gewesen; sondern es hat in ersten Zeiten der Welt ein jeder Hausvater frei für sich selbst, und außer Gewalt eines Höhern gelebt, und sein Weib, Kinder und Gesinde gleichsam als Souverän regiert." Die Vorstellung, dass die Frau dem Manne gehöre, ist nicht nur in der abendländisch-europäischen Tradition anzutreffen. Bei den Bauern Indiens war es bis ins 20. Jahrhundert hinein Sitte, dass sich eine „gute" Frau beim Tode ihres Mannes mit in den Scheiterhaufen warf. Der Brauch, dem Vater der Frau einen Kaufpreis zu zahlen, ist vielen Kulturvölkern vorzufinden und noch bei heutigen Naturvölkern bekannt. Er zeigt den Warencharakter der Frau auf. Die Mitgift ist eine Variante davon.

Viele Europäer assoziieren mit dem arabischen Kulturkreis Harems, als Ausdruck für die Unterdrückung der Frau. Angesichts der Dominanz des Islam in dieser Region wird den Muslimen unterstellt, den Frauen die Gleichberechtigung zu verweigern, die diese in der „westlichen“ Welt zu genießen scheinen. Tatsächlich finden sich in Gesetzesbestimmungen einiger Staaten dafür eindeutige Indizien. Der von Land zu Land unterschiedlich ausgeprägte Brauch der Verschleierung wird gern als weiterer Beleg dafür angeführt.

Andererseits ist aus dem Koran eine ganz andere These ableitbar: Der Islam war die erste Religionsstiftung, die die Gleichberechtigung der gläubigen Männer und Frauen verkündete. Gemessen an den vorislamischen Gesellschaftsstrukturen setzte sie Emanzipation um. In den Offenbarungen des Propheten Mohamed sind beide Geschlechter gleichgestellt – Männer und Frauen bekommen den gleichen Lohn für ihre Taten und haben die gleichen Pflichten. Sogar der Sündenfall ist im Islam nicht geschlechtsspezifisch: Eva und Adam ließen sich gemeinsam verführen. Ein Unterschied zur Bibel ist, dass Gott ihnen in seiner Barmherzigkeit verzieh und keine Erbsünde übrig blieb – schon gar keine, die an der Frau hängen geblieben wäre. Die Gleichberechtigung ist in der Sure 9, Vers 71 festgeschrieben: „Und die Gläubigen, Männer und Frauen, sind einer der anderen Freunde.“ In einer anderen Übersetzung wird das Wort „Beschützer“ verwendet.

Die Unterdrückung von Frauenrechten in islamischen Gesellschaften hat demnach nichts mit dem Koran zu tun, sondern – wieder einmal – mit patriarchalischen Machtstrukturen. Sie lassen sich durchbrechen. Vorbildhaft war ein Projekt im Jemen, das von der Deutschen Gesellschaft für Technische Zusammenarbeit (GTZ) vor dem dortigen Bürgerkrieg unterstützt wurde: Frauen erhielten eine spezielle Schulung, wie Vorschriften aus dem Koran abzuleiten sind – was bisher eine männliche Domäne war. Durch ihr besseres Wissen können sie immer wieder die Dominanzansprüche der Männer widerlegen. Bald nahmen auch Männer an den Workshops teil. Inzwischen sprechen selbst Imame in ihren Freitagspredigten regelmäßig über Frauenrechte.

Manche Suren des Korans lesen sich dennoch wirklich frauenfeindlich. Ein drastisches Beispiel, das zugleich die Schwierigkeit der Übersetzung aufzeigt, liefert die Sure 4, Vers 38. In einer der deutschen Übersetzungen heißt es: „Die Männer sind höherstehend als die Weiber, weil Gott jene vor diesen ausgezeichnet und weil sie ihr Vermögen aufwenden." In einer anderen Übersetzung ist zu lesen: „Die Männer sind den Frauen überlegen wegen dessen, was Gott den einen vor den anderen gegeben hat, und weil sie von ihrem Vermögen für die Frauen auslegen." Eine dritte beginnt: „Die Männer stehen über den Frauen …"

Aber auch im christlichen Europa haben die Männer bis in die Neuzeit bestimmt, welche Rechte den Frauen zugestanden sein sollten und welche nicht. Symptomatisch ist ein 1791 in Wien erschienenes Buch eines anonymen Verfassers über *Die vorzüglichsten Rechte der deutschen Weibsbilder*. So sei es das Recht eines „keuschen Mädchens", dass „sie nicht nur bei öffentlichen Feierlichkeiten und Gastmahlen, sondern auch am Trauungstage mit fliegenden Haaren, und einem Kranz auf dem Haupte, erscheinen durften, welche Ehre aber Witwen, und Deflorierten, auch sogar den notgezüchtigten Mädchen versagt" war. Und weiter: „Sobald die Braut nach priesterlicher Segnung mit dem Bräutigam das Ehebett besteigt, so tritt sie in die vormundschaftliche Gewalt ihres Gattens … Nachdem aber besagtermaßen der Mann durch die eheliche Verbindung über seine Gattin die vormundschaftliche Gewalt, und Kraft derselben das Recht erhält, nicht allein ihre Person zu leiten, sondern auch ihr Vermögen zu verwalten, so ergibt sich die Folge von selbst, dass sie in allem von dem Willen ihres Mannes abhänge, und dass sie sich ganz seinem Willen fügen müsse. Daher kömmt es, dass, wenn Mann und Weib über eine Sache uneinig sind, die Stimme des Mannes stets das Übergewicht erhalte, und dass ihm die Sitte des

Vaterlandes auch die Macht einräume, ein ungesittetes und widerspenstiges Eheweib mit einer kleinen Züchtigung zu bessern."

Bis zum 18. Jahrhundert galten Frauen in Europa nur eingeschränkt als geschäftsfähig. Sie durften deshalb über ihren Besitz nicht frei verfügen und diesen nicht einfach verschenken. Polizeiordnungen hielten dies fest, wie beispielsweise jene von Schauenburg aus dem Jahre 1615: „Obgleich Weibspersonen nach gemeinem Recht Testament zu machen und zu schenken erlaubt ist, so wollen wir doch, dass sie nicht befugt sein sollen, unbewegliche Güter ohne Zutun der Obrigkeit zu verschenken oder zu verkaufen, vor allem wenn Kinder vorhanden." Der Kommentator eines Nachdrucks der Polizeiordnung im Jahr 1717 sieht das anders. In einer Fußnote merkt er an: „Nach dem gemeinen Bürgerrecht kann eine Frau nicht allein ihre bewegliche, sondern auch unbewegliche Güter verschenken." Einen eigenen Versuch, die Aufgabe der Hausfrauen zu definieren, unternahm der Verfasser eines Artikels in der deutschen Zeitschrift *Daheim*, der 1866 erschien: „Die Hausfrau ist ein Weib im vollendeten Sinn des Wortes. Ihre wirtschaftliche Stellung steht in vollem Einklange mit ihren höheren Aufgaben. Sie ist nicht Erwerberin, sondern Erhalterin des Vermögens. Ihr Gebiet ist nicht die Gütererzeugung, sondern die Güteranwendung."

Der Widerstand gegen den Besitzanspruch des Mannes führte zur Emanzipationsbewegung. Lexika definieren Emanzipation als „Befreiung aus einem Zustand der Abhängigkeit oder Beschränkung." Bauern und Sklaven konnten diese Befreiung erstreiten, und schließlich eben auch die Frauen. Theorien und individuelle Befreiungsversuche mag es stets gegeben haben, aber erst in der Neuzeit wurden sie zu einer universalen Erscheinung. Zu den frühen Formen eines individuellen Widerstands gegen die Männerherrschaft gehörte im Alten Rom – vor dem Hintergrund der Erbschaftsproblematik – der Ehebruch: Der Körper der Frau wurde damals als Werkzeug der Frauenemanzipation entdeckt, sagen Soziologen.

Das gleiche Gedankenmuster, das Eigentumsdenken ausschließt, fand sich sehr viel später in den Forderungen nach der „freien Liebe" wieder. Eine Variante war die Glas-Wasser-Theorie, die Revolutionärinnen zu Anfang des 20. Jahrhunderts in Russland entwickelten. Die Idee: Jede intime Beziehung zwischen Mann und Frau sei nichts anderes als eine Episode, die nicht mehr bedeute „als das Leeren von einem Glas Wasser, um den Durst zu löschen."

In der Literatur stößt man auf die These, dass Prostitution – die Vergütung von sexuellen Diensten durch Geld – seit der Antike Frauen als ein Mittel gedient habe, um sich von der Abhängigkeit von Männern zu befreien. Allgemein üblich war, wenn dem Bericht des Herodot geglaubt werden darf, die Prostitution bei den Lydiern: Insbesondere sammelten bei diesen viele Frauen aus niederem Stand auf diese Weise Geld für eine Mitgift – die dann die Voraussetzung dafür war, um einen Mann aus höherem Stande zu bekommen und den sozialen Aufstieg zu schaffen.

Die diversen Tempelkulte bei antiken Völkern zwangen Frauen häufig, die Gelüste von Männern zu befriedigen. Herodot empörte sich: „Das Folgende ist der schändlichste Brauch in Babylonien. Jede im Land geborene Frau muss sich im Tempel der Aphrodite niedersetzen und sich einmal im Leben mit einem fremden Mann verbinden … Wenn eine Frau dort einmal sitzt, darf sie nicht wieder heimkehren, als bis ihr einer von den Fremden Geld in den Schoß geworfen und sich außerhalb des Heiligtums mit ihr verbunden hat … Alle nun, die von schöner Gestalt und hohem Wuchs sind, kommen schnell heim, die Hässlichen dagegen müssen lange warten, bis sie dem Brauch Genüge leisten können; manche bleiben sogar drei oder vier Jahre."

Der griechische Reisende Lukian berichtete über den Adoniskult bei den alten Phöniziern: „Wenn sie mit Klagen und Heulen fertig sind, vor allem dem Adonis zu opfern, als einem, der aus dem Leben geschieden ist – dann konstatieren sie, dass er wieder lebt, und stellen sein Abbild unter freiem Himmel auf. Sie beginnen dann ihre Köpfe kahl zu rasieren, wie die Ägypter, wenn sie den Tod des Apis beklagen. Diejenigen Frauen aber, die sich weigern, geschoren zu werden, haben sich der folgenden Strafe zu unterwerfen: Einen ganzen Tag lang stehen sie bereit, ihre Körper zu vermieten. Der Platz, an dem dies geschieht, ist einzig Fremden zugänglich. Aus dem Erlös für den Verkehr mit diesen Frauen wird eine Opfergabe an Aphrodite gekauft.“

Vergewaltigungen – ein gewaltsamer Akt, und ein Verbrechen gegen die Menschenwürde der Frau – sind in der Gegenwart weiter verbreitet als es die Kriminalstatistik ausweist. Laut einer EU-Studie haben in Deutschland 35 Prozent der Frauen seit ihrem 15. Lebensjahr schon einmal sexuelle oder körperliche Gewalt erlebt. Eine der ältesten überlieferten Beschreibungen findet man bereits im Zweiten Buch Samuelis des Alten Testaments. Amnon, der erstgeborene Sohn des König David, liebte seine Stiefschwester Thamar. Eine Krankheit vortäuschend, lockte er sie in seine Kammer. Thamar protestierte gegen das Beischlafverlangen: „Nicht, mein Bruder, schwäche mich nicht, denn so tut man nicht in Israel; tue nicht eine solche Torheit.“ Aber Amnon „gehorchte ihrer Stimme nicht.“ Der wirkliche Bruder Thamars, Absalom, tröstete später die Schwester und empfahl lakonisch: „Nimm die Sache nicht so zu Herzen“ – nach heutigem Empfinden eine wirklich ungeheuerliche, frauenverachtende Beschwichtigung.

Wider die Versuchung des Mannes, gewaltsam eine Frau zu „nehmen“, rät eine Weisheit der Alten Ägypter: „Ist eine Frau schöner, als deine Selbstbeherrschung gegen sie aushalten kann, so brich die

Bekanntschaft mit ihr ab, bevor Böses geschieht." Zu allen Zeiten geht es aber bei Vergewaltigungen weniger um Schönheit, sondern um bloße Beherrschung gegen den Willen der Frau. Massenvergewaltigungen tauchen immer wieder in Berichten von kriegerischen Auseinandersetzungen auf. Die Botschaft ist: den besiegten Männern werden die Frauen weggenommen. Untersuchungen über den Krieg um den Kosovo zeigten, dass für Soldaten die Vergewaltigungen gleichbedeutend waren mit der Schändung des Besitzes des Feindes. Manche Gutachter sehen in Vergewaltigungen einen Teil des „natürlichen biologischen Programms", das Männern genetisch zueigen ist, um eine Fortpflanzungsstrategie umzusetzen. Dem widersprechen andere Forscher, die die Vergewaltigung als Produkt einer Gesellschaft verstehen, die nach wie vor patriarchalisch geprägt ist. In beiden Fällen wird von einem steinzeitlichen Erbe ausgegangen. Für die Opfer von Vergewaltigungen kann ein solcher Disput nur zynisch wirken.

Auch wenn es immer wieder Anzeichen von Emanzipation gab, so wurde im christlich-abendländischen Kulturkreis den Frauen die Teilhabe an der politischen Macht bis in die Neuzeit verwehrt. „Die Gleichheit, die die Revolution den Frauen gewährte, war das Recht, auf derselben Guillotine zu sterben wie die Männer", schrieb die finnische Historikerin Kaari Utrio in ihrem Buch *Evas Töchter* sarkastisch über die große Französische Revolution. Die Periode der großen Revolutionen des 18. Jahrhunderts, die in den Geschichtsbüchern als Sieg der Menschen- und Bürgerrechte gefeiert wird, lässt sich eigentlich treffender beschreiben als eine Zeit, in der die Männerwelt den Besitz an Rechten unter sich neu verteilte. Die Revolution veränderte die Lage der Frauen in Frankreich kaum.

Dabei hatten die Frauen, vom Mangel an Brot getrieben, im Oktober 1789 mit ihrem Marsch zum königlichen Palais nach Versailles der Revolution einen entscheidenden Schub gegeben. Doch als es dann um Politik – sprich: um Macht – ging, wurden die Frauen von den Männern rasch kalt gestellt. Robespierre hielt die Beteiligung der Frauen am öffentlichen Leben für „unnatürlich“, Versammlungen von mehr als fünf Frauen in der Öffentlichkeit waren zeitweise sogar verboten. Nur vereinzelt gab es Frauenclubs. Vergeblich appellierte die Präsidentin der Gesellschaft der Freundinnen der Republik in Dijon: „Seid also gerecht, Männer, die Ihr von Aufklärung nur so strotzt, und verurteilt nicht die Frauen, wenn sie an Euren Rechten teilhaben und wenn sie Eure Tugenden nachahmen.“ Für den Vorstoß gab es in der damaligen Zeit wenig Verständnis.

Das allgemeine und gleiche Wahlrecht für alle Bürger stand auf dem Programm der internationalen Arbeiterbewegung, seit 1891 auch im Programm der Sozialdemokratischen Partei in Deutschland. Aber wieder ging der Kampf zuerst um das Wahlrecht der Männer. Der Durchbruch für die Frauen gelang erst 1906 – in Finnland. 1907 wurden hier unter 200 Volksvertretern erstmals 19 Frauen ins Parlament gewählt, als erstem Land in Europa. Eine 2006 herausgegebene besondere Zwei-Euro-Münze in Finnland gedachte des Ereignisses vor 100 Jahren. Um das Frauenwahlrecht weltweit zu fördern, beschlossen die Arbeiterfrauen auf ihrer internationalen Konferenz 1910 in Stuttgart, einen internationalen Frauentag einzuführen. Im darauf folgenden Jahr fand er am 19. März erstmals statt. Der Tag entwickelte sich zu einem generellen Wahlrechtsdemonstrationstag. Ab den 1920er Jahren wurde in den sozialistischen Ländern am 8. März der internationale Frauentag gefeiert. 1928 gab es bei den Olympischen Spielen in Amsterdam erstmals Leichtathletikwettbewerbe für Frauen.

Auch auf der Liste der reichen Personen tauchten neben den männlichen Vertretern der Rothschilds, Vanderbilts, Rockefellers und Fords allmählich Namen von Frauen auf, deren Vermögen alles in den Schatten stellte. Hetty Green war wohl die erste Multimillionärin der Neuzeit. 1825 in England als Tochter eines geizigen Händlers und Reeders geboren, war sie „genial im Gelderwerb, im Geldverdienen, aber vollkommen unfähig zum Geldausgeben", wie der Schriftsteller H. G. Wells meinte. Seine Beschreibung ist lesenswert: „Sie wurde zu einer grotesken stadtbekannten Figur in der Finanzwelt New Yorks, eine unsaubere, betriebsame alte Frau in einer Droschke, die mit Bündeln und Koffern voll Effekten von Bank zu Bank eilte. Sie besetzte die Räume der Banken mit ihrem goldhaltigen Krempel, um die Kosten eigener Geschäftsräume zu sparen; sie borgte sich Angestellte von den Banken aus und hielt sich so schadlos für die Spesen, die ihr die Banken für die auf ihr Konto getätigten Geschäfte berechneten. Sie schimpfte und weinte und machte einen fürchterlichen Krach, wenn nicht alles so gemacht wurde, wie sie es wollte." Hetty Green starb im Alter von 81 Jahren in New York. Sie hinterließ „bestimmt über dreizehn Millionen Pfund und wahrscheinlich sogar um die Hälfte mehr betragenden Vermögens." Wells schrieb: „Hetty Green war schlecht geleitet worden … Sie wurde irregeführt durch unser Geld- und Kreditwesen und durch die Anschauungsweise, im Wettbewerb in der Aneignung einen Prüfstein des Wertes zu sehen." Die Moral von der Geschichte ist wohl diese: Die „Irreführung" bzw. Versuchung muss geschlechts-unspezifisch sein.

Mühsam war der Kampf der Frauen um das Recht auf Bildung und Ausbildung. Am fortschrittlichsten erwies sich Baden, das 1893 in Karlsruhe die Eröffnung eines vollwertigen Mädchengymnasiums möglich machte, und 1890 gar Frauen die volle Immatrikulation an den Universitäten erlaubte. Bayern zog 1903 nach, Preußen 1908 und als letztes unter den deutschen Staaten Mecklenburg 1909. Besondere Verdienste erwarb sich die aus Oldenburg stammende Frauenrechtlerin Helene Lange (1848-1930), die 1890 den „Allgemeinen Deutschen Lehrerinnenverein" gründete und im Vorstand des „Allgemeinen Deutschen Frauenvereins" für die Ziele der bürgerlichen deutschen Frauenbewegung stritt.

Einen Rückschlag für die Selbstbestimmung der Frauen brachte der Nationalsozialismus in Deutschland. Wilhelm Reich sah im Nationalsozialismus 1933 eine Art „Sexualreaktion". Die Frau wurde in die Rolle der Gebärerin gedrängt. Reich zitierte als Beleg einen Beitrag im *Angriff* zum Muttertag 1933: „Nirgendwo fällt der Frau und Mutter diese Bedeutung zu, als im neuen Deutschland. Sie ist die Wahrerin eines Familienlebens, aus dem die Kräfte sprießen, die unser Volk wieder aufwärts führen sollen. Sie – die deutsche Mutter – ist die alleinige Trägerin deutschen Volksgedankens. Mit dem Begriff ‚Mutter' ist ‚Deutschsein' ewig verbunden." Nach dieser Ideologie sollten die Frauen als Zuchtmaschinen für die deutsche Rasse dienen. So konnten Frauen auch nicht Mitglied etwa in der SS werden – allenfalls in einem Helferinnenkorps.

Noch kann von Gleichberechtigung auch in Deutschland keine Rede sein. In einer Presseerklärung des Statistischen Bundesamtes heißt es: „Im Jahr 2018 blieb der allgemeine Verdienstunterschied zwischen Frauen und Männern – also der unbereinigte Gender Pay Gap – im Vergleich zum Vorjahr unverändert ... verdienten Frauen mit einem durchschnittlichen Bruttostundenverdienst von 17,09 Euro 21 Prozent weniger als Männer (21,60 Euro)". Im 2017 gewählten Bundestag sind unter 709 Sitzen nur 218 Frauen zu finden – das sind 30,7 Prozent. Immerhin sind die gesetzlichen Weichen gestellt, dass die Aufsichtsratsposten der börsennotierten Unternehmen zunehmend von Frauen besetzt werden. Bis Frauen gleichberechtigt in Führungsposten zu finden sind, ist es freilich noch ein langer Weg.

Besitzansprüche bezogen sich stets auch auf Kinder. Voller Dramen sind die Scheidungsakten der Familiengerichte. 2017 wurden in

Deutschland mehr als 153.500 Ehen geschieden. Kinder werden dabei neben materiellen Gegenständen immer wieder zum Gegenstand von Streit und Zwist. Kinder sind nicht nur die Leidtragenden, indem sie aus stabilen Verhältnissen gerissen werden – sie sind allzu oft einem Gezerre um das Sorgerecht ausgesetzt.

In den Verbrechensakten finden sich sogar Fälle, in denen der eine Elternteil lieber das eigene Kind tötete, als es dem Ex-Partner zu überlassen. Die Realität entspricht nicht dem Vorbild des „kaukasischen Kreidekreises“ von Berthold Brecht: Die Magd Grusche, die Michel, das Kind, aufzog, verzichtet darauf, den Jungen zu sich herüber zu ziehen – denn nicht zerreißen will sie ihn, dem ihre Liebe gehört. Die Geschichte ist das Gegenbeispiel von rücksichtslosem Egoismus und versinnbildlicht mehr als viele Theorie, dass Besitzanspruch als ethische Maxime nicht taugt.

Lange Zeit galten Kinder als Garant von Wohlstand, zumindest für einen hinreichenden Unterhalt. Die Vorstellung schlug sich im Generationenvertrag bei der Rentenversicherung nieder. In Deutschland ist die Wirksamkeit dieses „Vertrags“ längst fraglich. Viele Paare verzichten auf Kinder, weil deren Unterhalt teuer ist. Der Kinderwunsch wird Wünschen nach modernen Konsumartikeln hintangestellt. Die Konsequenz ist eine demographische Entwicklung, die einen Nachwuchsmangel in der Wirtschaft nach sich zieht und viele offene volkswirtschaftliche Fragen auf den Tisch gebracht hat. Einwanderung ist deshalb unumgänglich.

In Gottes Namen

„Die erwachsende Geistliche Souveränität gedieh der hohen Obrigkeit zu desto größerem Nachteil, je mehr die Kirche an Reichtum und Mannschaft zugenommen. Und floss zwar der Reichtum der Kirchen anfangs her von gutherzigen und wohl-intentionierten Potentaten, Herren, und andern, die da glaubten, Gott einen sonderbaren Gefallen daran zu tun, wenn sie viel an die Kirche und Clerisen verehrten. Welche Freigebigkeit sich sehr vermehrte, nachdem man den Leuten eingebildet, dass man durch gute Werke, worunter die donationes ad pias causas den vornehmsten Platz bekamen, Gott den Himmel abverdienen könnte und müsste. Und als die gutwillige Freigebigkeit der Leute die mit dem Reichthum wachsende Gierigkeit der Clerisen nicht erfüllen konnte, hat sie allerhand aucupia und Griffe ausgesonnen, den Leuten das Geld abzuvexiren, indem sie einen Haufen geistliche unnötige actus erfunden, für dero Übung man ihr Geld müsse geben. Da hat man ohne Maß und Ziel eingeführt die Messen für Lebendige und Tote, das Fegfeuer, indulgentien, dispensationen, Wallfahrten, Jubeljahre und dergleichen. Man lauerte sonderlich auf die Sterbenden, so destoweniger das zeitliche Gut achteten, weil sie das ohne dem bisweilen lachenden Erben verlassen mussten. Man schämte sich endlich nicht zu betteln. Unter anderen Praktiken gebrauchten auch die Päpste im elften und folgenden Seculo die Croisaden zu ihrem Profit, da sich die Leute mit dem Kreuz zeichnen ließen, das heilige Land einzunehmen.“

Kein gutes Haar ließ gegen Ende des 17. Jahrhunderts der lutherische Staatsphilosoph Samuel von Pufendorf an der katholischen Kirche. Sein Rundumschlag beschrieb den Widerspruch zwischen dem Anspruch und der Lehre christlicher Ethik auf der einen und der Praxis des Klerus auf der anderen Seite. Die Kirche wurde zu jener Zeit nicht müde, auf Kosten der Gläubigen immer mehr Reichtum zu sammeln und ihren Besitz zu vermehren.

Fragen zur Gier nach Besitz und zum Eigentum sind in allen Religionen ein Thema. Die christlichen Kirchenväter hatten Habgier ihren Schriften zunächst als eine Folge des Sündenfalls bewertet. Johannes Chrysostomos (345-407) schrieb, dass „Gott von Anfang an nicht den einen reich, den anderen arm erschaffen und keine Ausnahme gemacht hat, indem er dem einen den Weg zu Goldschätzen zeigte und den anderen hinderte, solche aufzuspüren." Gott habe vielmehr „allen dieselbe Erde zum Besitz überlassen."

Im Neuen Testament erlag Judas Ischariot der Versuchung, sich zu bereichern: Für nur 30 Silbertaler soll er Jesus Christus verraten haben. In der ersten Epistel des Paulus an Timotheus heißt es: „Denn die da reich werden wollen, die fallen in Versuchung und Stricke, und viel törichter und schädlicher Lüste, welche die Menschen versinken lassen in Verderben und Verdammnis. Denn Habsucht ist eine Wurzel alles Übels ..." Im Evangelium des Matthäus steht: „Ihr könnt nicht Gott dienen und dem Mammon" – Mammon, das Wort stand in der Sprache der Aramäer für Vermögen und Beitz. Ebenfalls bei Matthäus ist zu lesen: „Ihr sollt euch nicht Schätze sammeln auf Erden, wo sie die Motten und der Rost fressen und wo Diebe einbrechen und sie stehlen. Sammelt euch aber Schätze im Himmel, wo sie weder Motten noch Rost fressen ..." (Mt. 6,19). Mit der Vergänglichkeit irdischen Besitzes setzen sich alle Religionen auf die eine oder andere Weise auseinander.

Der christliche Schriftsteller Tertullian wetterte im 2. Jahrhundert speziell gegen weibliche Prunksucht. Er meinte, wegen der Erbsünde stünde den „Schwestern" besser eine Büßerkleidung an. Zitat: „Wenn vom Anfang der Dinge an die Milesier Schafe geschoren, die Chinesen Seide gesponnen, die Tyrer gefärbt, die Phryger gestickt, die Babylonier gewirkt hätten, wenn die Perlen gestrahlt, die Rubine gefunkelt hätten, wenn das Gold selbst auch schon damals mit der Begierde aus der Erde herausgegangen wäre, wenn damals schon nur der Spiegel hätte lügen dürfen – ich meine, Eva habe das alles erst begehrt, als sie aus dem Paradies vertrieben und bereits tot war. Folglich darf sie auch jetzt solche Dinge nicht begehren oder auch nur kennen, die danach verlangt, wieder belebt zu werden und solche Dinge nicht kannte, als sie lebte. Das alles ist das Gepäck des verurteilten und gestorbenen Weibes und dient ihm gleichsam als Leichengepränge."

Weitreichende Folgen hatten die Lehren des Kaufmannssohns Giovanni Bernardone (1181/2-1226), der als Franz von Assisi in die Religionsgeschichte einging. Buße predigend zog er ab 1208 durch die Lande. Er sammelte eine große Schar Anhänger um sich und erhielt zwei Jahre später die päpstliche Anerkennung für seine Gemeinschaft der Franziskaner. Sie orientierten sich an der Unterweisung der Jünger Christi, die Matthäus in seinem Evangelium überlieferte: „Ihr sollt weder Gold noch Silber noch Kupfer in euren Gürteln haben, auch keine Reisetasche, auch nicht zwei Hemden, keine Schuhe, auch keinen Stecken" (Mt. 10,9-10). Die Botschaft kam der kirchlichen Obrigkeit gelegen, denn Armut verbreitete sich zu jenen Zeiten zunehmend, und mit solchen Verweisen auf das Evangelium ließ sich die Masse der Betroffenen beschwichtigen – auch wenn die Botschaft in krassem Widerspruch zu weltlichen und auch manchen klerikalen Herren stand, die ihr üppiges Vermögen gerne zur Schau stellten. Besitzlosigkeit wurde vor allem zum Kennzeichen vieler Mönchsorden und einem Teil von Askese. Besonders konsequent hielten sich daran die irischen Mönche. Forscher behaupten, dass dies auf altkeltische Traditionen zurückging.

Etliche andere Theologen rechtfertigten das irdische Eigentum. Hatten nicht die Heiligen Drei Könige dem Christuskind Gold geschenkt – das Symbol für Zins, das dem König gebührt? Myrrhe und Weihrauch, die anderen Gaben, waren teure Luxusgüter, die Zeitgenossen gern gehabt hätten. Und hatten nicht auch Christus und die Apostel irdische Güter besessen? Eine abstruse Rechtfertigung für die unterschiedliche Verteilung von Besitz lieferte im 8. Jahrhundert eine Schrift mit dem Titel *Vita Eligii:* Gott hätte alle Menschen reich erschaffen können, aber er habe gewollt, dass es auf dieser Welt Arme gebe, damit die Reichen Gelegenheit erhalten sollten, sich von Sünden freizukaufen. Aus dieser Überlegung heraus entwickelte sich das Almosenwesen. Thomas von Aquin (1225-1274) verkündete: Das private Eigentum sei eine natürliche Erscheinung und an sich nichts Böses. Es werde nur dann zu einem Übel, wenn der Mensch davon rücksichtslos Gebrauch mache. Im Klartext war damit gemeint: Die soziale Verpflichtung solle Priorität haben. Diese Vorstellung setzte sich innerhalb der Kirche bis in die Gegenwart hinein fort.

Im 20. Jahrhundert befassten sich in der katholischen Kirche mehrere Enzykliken eher kritisch mit dem Eigentum. Dazu gehören die *Quadragesimo Anno* von Papst Pius XI. aus dem Jahr 1931, *Mater et Magistra* von Papst Johannes XXIII. aus dem Jahre 1961 und *Populorum Progressio* von Papst Paul VI. von 1967. Pius XI. sprach von einem „internationalen Imperialismus des Geldes“ und stellte fest: „Unsere Zeit zeigt nicht nur eine Konzentration des Reichtums, sondern auch die Zusammenballung einer ungeheuren Macht, einer despotischen Wirtschaftsbeherrschung in der Hand einiger weniger Menschen.“ Johannes XXIII. hielt am Grundsatz des Heiligen Thomas von der Sozialfunktion des Eigentums fest und plädierte dafür, den von der modernen Wirtschaft hervorgebrachten Reichtum gerecht zu verteilen. Paul VI. sprach 1967 davon, dass das

Privateigentum kein absolutes Recht, sondern dem Gemeinwohl unterworfen sei.

Zuletzt zeigte sich auch Papst Franziskus überzeugt, dass die Orientierung am Gemeinwohl bei der Entwicklung einer gerechten Gesellschaft und Wirtschaft möglich sei. In einem Interview stellte Franziskus fest: „Wenn im Zentrum des Systems nicht mehr der Mensch steht, sondern das Geld, wenn das Geld zu einem Götzen wird, dann werden Frauen und Männer auf einfache Mittel eines sozialen Systems reduziert, das von tiefer Ungleichheit charakterisiert, ja dominiert wird."

Die Position unterscheidet sich wenig von der lutherischen. Auf der Suche nach einer modernen protestantischen Soziallehre befasste sich schon die Denkschrift *Gemeinwohl und Eigennutz* der Evangelischen Kirche in Deutschland (EKD) von 1991 ausdrücklich mit dem Stichwort Eigentum. Die EKD bekennt sich zum Eigentum als einem Grundrecht des Menschen. Auch das Gebot der Nächstenliebe erfordere nicht, jeden Besitz preiszugeben. Aber es wird zugleich festgestellt: „Die Güter der Erde sollen allen Menschen und allen Geschöpfen dienen. Der Verfügung über Eigentum wie der Begründung von Eigentumsrechten sind darum Grenzen gezogen" – Grenzen, „die heute neu bestimmt werden müssen."

Das baute auf den Schriften von Martin Luther auf, der die Sündhaftigkeit von materiellen Begierden herausstellte. In seiner Schrift *Von Kauffshandlung und Wucher* heißt es: „Der Geiz ist eine Wurzel alles Übels. Und aber mal welche reich wollen werden, die fallen dem Teufel um den Strick und um viel unnütze schädliche Begierde welche die Leute versenken ins Verderben und Verdammnis." Luther will nicht leugnen, „dass kaufen und verkaufen ein nötig Ding ist, das man nicht entbehren, und wohl christlich brauchen kann." Aber: „Erstlich haben die Kaufleute unter sich eine gemeine Regel, das ist ihr Hauptspruch und Grund aller Finanzen, da sie sagen: Ich mag meine Ware so teuer geben als ich kann. Das halten sie für ein Recht, da ist dem Geiz der Raum gemacht, und der Hellen Tür und Fenster alle aufgetan … Da siehst Du wie dieser Spruch so stracks unverschämt nicht alleine wider die christliche Liebe, sondern auch wider das natürlich Gesetz fährt … Es kann damit der Kaufhandel nichts anderes sein denn rauben und stehlen der anderen Gut."

Luther forderte in diesem Sinne: „Der ausländische Kaufhandel, der aus Kalikut und Indien und dergleichen Waren herbringt, als solche köstliche Seide und Gold und Gewürze, die nur zur Pracht und keinem Nutzen dienen und Land und Leuten das Geld aussaugt, sollte nicht zugelassen werden." In einer anderen Schrift an den Adel ist zu lesen: „Man muss wahrlich auch den Fuggern und dergleichen Gesellschaften einen Zaum ins Maul legen. Wie ists möglich, dass es sollt göttlich und recht zugehen, dass bei eines Menschen Leben sollt auf einen Haufen so große königliche Güter gebracht werden? Ich weiß die Rechnung nicht. Aber verstehe ich nicht, wie man mit hundert Gulden mag des Jahres erwerben zwanzig …"

Es kam die Industrielle Revolution. Bronislaw Geremek hat sicherlich recht mit der Feststellung in seiner *Geschichte der Armut*, dass Verarmung der einen durch die Bereicherung der anderen kein Merkmal eines spezifischen Gesellschaftssystems oder einer bestimmten Produktionsweise ist. Aber die Industrialisierung und die Einführung der kapitalistischen Produktionsweise schuf dafür neue Rahmenbedingungen. Damit warfen sich neue Fragen auf. So befasste sich Max Weber in der Auseinandersetzung mit der protestantischen Ethik im Kapitalismus mit der Idee des Menschen als „Erwerbsmaschine". Diese Maschine sei Verwalter der ihr durch Gottes Gnade zugewendeten Güter, so seine Überzeugung. Die Folgerung: Je größer der Besitz wird, „desto schwerer wird … das

Gefühl der Verantwortung dafür, ihn zu Gottes Ruhm ungeschmälert zu erhalten und durch rastlose Arbeit zu vermehren."

Erwerbsstreben erschien Max Weber legal und gottgewollt. Mehr noch: in der kapitalistischen Wirtschaftsordnung sei eine „rücksichtslose Hingabe an den Beruf des Geldverdienens" gefordert. Weber führte die Gedanken des englischen Theologen Richard Baxter aus dem 17. Jahrhundert vor und fasste zusammen: „Das sittlich wirklich Verwerfliche ist nämlich das Ausruhen auf dem Besitz, der Genuss des Reichtums mit seiner Konsequenz von Müßigkeit und Fleischeslust, vor allem von Ablenkung von dem Streben nach heiligem Leben. Und nur weil der Besitz die Gefahr des Ausruhens mit sich bringt, ist er bedenklich."

Max Weber griff den Aspekt der Versuchung auf. Die Schlange führte einst erfolgreich Eva in Versuchung, sich mit dem Apfel eine verbotene Frucht anzueignen. Im Evangelium des Matthäus steht über Jesus in der Wüste geschrieben: „Wiederum führte ihn der Teufel mit sich auf einen sehr hohen Berg und zeigte ihm alle Reiche der Welt und ihre Herrlichkeit. Und sprach zu ihm: Dies alles will ich Dir geben, so Du niederfällst und mich anbetest." Die Botschaft des Matthäus an die Nachwelt ist unmissverständlich: Sich zu bereichern und Begierden nach Herrlichkeit zu stillen, heißt, der Versuchung des Teufels nachzugeben, den Teufel anzubeten. Das bedeutet nichts anderes als: Sich zu bereichern ist böse. „Und führe uns nicht in Versuchung", heißt deshalb der fromme Wunsch der Christenheit. Die Antwort vieler Gelehrter einschließlich Max Webers auf die Versuchung hieß wieder einmal: Askese.

Die Eigentumsfrage ist nicht nur in der christlichen Ethik ein Thema. „Den Menschen ist ein Trieb zueigen nach Frauen und Kindern, Anhäufung von Schätzen an Gold und Silber, ausgezeichneten Pferden, Viehherden und Ackerfeldern. Dies aber ist nur Nießbrauch gut für das Leben hienieden, bei Gott aber ist die schöne Rückkehr." So ist es im Koran (Sure 3,12) zu lesen. Der Text zeigt die positive Einstellung des Islam zum Eigentum als irdischem, wenn auch vergänglichem Wert. Überliefert ist der Spruch des Propheten Mohamed: „Euer Blut, euer Eigentum und eure Ehre sind unantastbar." In den Offenbarungen, die Mohammed im Koran niederschreiben ließ, heißt es: „Vermögen und Kinder sind ein Schmuck des Lebens hienieden, das Bleibende aber, die guten Werke, besser gilt es bei deinem Herrn zur Belohnung, besser zur Hoffnung" (Sure 18,44). Sure 57,19 weist auf die Vergänglichkeit von Eigentum hin: „Wisset, dass das irdische Leben nur ein Spiel und ein Scherz und ein Schmuck ist und Gegenstand des Rühmens unter euch. Und die Zunahme an Gut und Kindern ist gleich dem Regen, dessen dadurch bewirkte Vegetation die Ungläubigen erfreut. Alsdann welkt es, und du siehst es gelb werden. Alsdann zerbröckelt es. Und im Jenseits ist strenge Strafe."

Wer auf Erden allzu geizig ist und nach Reichtum trachtet, dem gereiche dies zum Unheil, heißt es an anderer Stelle. Am weitesten geht Sure 104: „Weh jedem lästernden Verleumder, der Gut zusammenscharrt und es hinterlegt. Er wähnt, dass sein Gut ihn unsterblich machen kann. Keineswegs: Wahrlich, hinabgestürzt wird er in die Hölle." In den Hadith, den Aussprüchen des Propheten, wird gewarnt: „Hütet euch vor Neid, denn der Neid verschlingt die guten Taten, wie das Feuer das Brennholz verschlingt." Bescheidenheit ist eher gefragt. Ein Beispiel liefert eine Geschichte, die sich mit dem zweiten Kalifen Umar ibn al-Chattab verbindet. Seine Frau wollte Süßigkeiten. Omar wollte von ihr wissen: Hat jeder Haushalt Süßigkeiten? Seine Frau musste die Frage verneinen. Aber sie kaufte welche ein. Als Omar das sah, fragte er, woher sie das Geld dafür hatte. Vom Haushaltsgeld habe sie es gespart, war die Antwort. Omar kürzte ihr das nächste Mal das Haushaltsgeld um diesen

Betrag – seine Frau hatte bewiesen, dass sie auch mit weniger auskam, um die nur wirklich notwendigen Dinge zu kaufen.

Auch nach dem Verständnis der Muslime ist mit Eigentum eine soziale Verantwortung verbunden. So gehört das „Zakat", die Almosenabgabe, zu den „fünf Säulen" des Islam, zu deren Einhaltung jeder Gläubige verpflichtet ist. Das Wort bedeutet ursprünglich Reinigung. Empfänger können Arme und Bedürftige sein, die der Gläubige kennt oder denen er begegnet. Es können mittellose Reisende oder Pilger sein, Schuldner oder Verwalter des Zakat und damit in der heutigen Zeit praktisch Fonds. In islamischen Staaten der Gegenwart wird das Zakat als Steuer eingezogen. Diese Form staatlicher Kontrolle hat jedoch die persönliche Pflicht an arme Mitmenschen zu spenden keineswegs ersetzt.

Getrennt vom obligatorischen Zakat ist die „Sadaka" – der Begriff bezeichnet im Gegensatz dazu ein freiwilliges Almosen. Es ist die „gute Tat", die einmal im Paradies belohnt wird. Der sozialen Verantwortung wird ferner die „Waqf" (plural: awqaf) gerecht – eine wohltätige, fromme Stiftung, die nach dem Tod des Stifters bestehen bleibt und oft für Moscheen oder Gebetsräume zweckbestimmt ist. Wenn Land zu einer Waqf erklärt wird, darf es nicht verkauft werden; es kann vererbt werden, die Erträge der Bodennutzung gehören aber weiterhin der Allgemeinheit, für die es ursprünglich gedacht war.

Der Koran verspricht den Wohltätigen in Sure 76: „Sie, die das Gelübde erfüllen und einen Tag fürchten, dessen Übel aufgezeichnet ist, und die mit Speise, aus Liebe zu Ihm, den Armen und die Waise und den Gefangenen speisen: ‚Siehe, wir speisen euch nur um Gottes willen; wir begehren keinen Lohn von euch noch Dank. Siehe, wir fürchten von unserem Herrn einen finster blickenden, unheilvollen Tag.' Drum schützt sie Gott vor dem Übel jenes Tages und wirft auf sie Glanz und Freude; und er belohnt sie für ihre

Standhaftigkeit mit einem Garten und Gewändern aus Seide. Gelehnt in ihm auf Ruhebetten, sehen sie in ihm weder Sonne noch schneidende Kälte, und nahe über ihnen sind seine Schatten, und nieder hängen über sie ihre Trauben, und es kreisen unter ihnen Gefäße von Silber und Becher wie Flaschen, Flaschen aus Silber, deren Maß sie bemessen. Und sie sollen darinnen getränkt werden mit einem Becher, gemischt mit Ingwer und die Runde machen bei ihnen unsterbliche Knaben; sähest du sie, du hieltest sie für zerstreute Perlen. Und wenn du hinsiehst, dann siehst du die Wonne und ein großes Reich. Angetan sind die Bewohner des Paradieses mit Kleidern von grüner Seide und Brokat und geschmückt sind sie mit silbernen Spangen, und es tränkt sie ihr Herr mit reinem Trank: ‚Siehe, das ist euer Lohn, und euer Eifer ist bedankt.'"

Die Aussicht, begehrenswerte Dinge im Jenseits als Lohn zu bekommen, ist in allen Religionen ein Lockmittel, um die Gläubigen zur Einhaltung der Glaubensvorschriften anzuspornen. Dabei sind die Vorstellungen vom späteren Leben in einem Paradies unterschiedlich. Unter den großen monotheistischen Religionen sind sie im Islam am konkretesten – ganz nach den individuellen Wünschen und Sehnsüchten der Anhänger. Einem Pferdeliebhaber versprach der Prophet Mohamed ein Pferd aus Rubin mit zwei Flügeln, „das dich überall hinbringt, wohin du möchtest." Abu Musa, ein Gefährte Mohameds, gibt folgende Worte des Propheten wieder: „Wahrlich, im Paradies wird jeder Muslim ein Zelt besitzen, das aus einer einzigen ausgehöhlten Perle gemacht ist, die einen Durchmesser von 60 Kos hat; und in jeder Ecke dieses Zeltes befindet sich eine seiner Frauen, und sie können sich nicht gegenseitig sehen, und der Muslim liebt sie abwechselnd." Ein weiteres Zitat: „Und noch der letzte im Paradies wird achtzigtausend Sklaven haben und zweiundsiebzig Frauen und wird ein Zelt besitzen, das aus Perlen, Rubinen und Smaragden gefertigt ist. Wer auf Erden jung oder alt gestorben ist, wird dreißig Jahre alt sein und nicht älter, wenn er das Paradies betritt."

Ein Bauer soll im Paradies Pflanzen anbauen können, bei denen die Frucht „schneller als ein Augenzwinkern" wächst. Solche Aussichten finden sich auch in Naturreligionen wieder. So sind nach den Vorstellungen der Dogons in Westafrika in der Welt der Verstorbenen die Zwiebeln größer als bei den Lebenden – wobei Zwiebeln als Anbauprodukt bei den Dogons eine besonders wichtige Rolle spielen. Anzumerken ist: Auch wenn alle Versprechungen im Koran eher auf Männer zugeschnitten sind, so winkt doch ausdrücklich Frauen wie Männern gleichermaßen das Paradies.

Die positive Bewertung des Eigentums an irdischen Gütern im Koran schließt allerdings aus, dass ihr Erwerb auf Kosten anderer Menschen geht. Deswegen gilt derjenige, der Wucher betreibt, als verflucht: „Diejenigen aber, die Wucher zehren, werden nur so auferstehen wie die vom Satan Besessenen. Dies deshalb, weil sie sagten, Handel und Wucher gleichen einander; aber Gott erlaubte den Handel und untersagte den Wucher" (Sure 2,276). Strenggenommen, sind im Islam alle Geschäfte, die Zinsen nach europäischem Verständnis beinhalten, verboten. Das schließt konventionelle Sparbücher, Ratenkäufe und Bausparverträge zunächst mit ein. Nach strenger Auslegung ist der Abschluss von Versicherungen eine Spekulation. Hat jemand mehr Geld, als er ausgeben kann, so kann er dieses in Beteiligungen anlegen. Er ist dann am Gewinn oder Verlust beteiligt.

Inzwischen nutzt auch die moderne europäische Finanz- und Versicherungswirtschaft die Instrumente „islamgerechter" Geldanlagen. Spareinlagen können als Bankanteile ausgewiesen werden, die „arbeiten", und die eben Gewinne abwerfen. Längst kein Geheimtipp der Finanzwelt sind, unabhängig davon, sogenannte Sukuk: Anleihen, bei denen – wenn auch nach einer komplexen Konstruktion – Anleger und das Finanzinstitut als Geschäftspartner definiert sind. Geld wird geliehen, und der gleiche Betrag wird zurückerstattet. Mecklenburg-Vorpommern legte als erstes Bundesland eine solche Anleihe auf. Weltweit gibt es inzwischen hunderte von Investmentfonds, die Kundengelder konform mit der Scharia, dem islamischen Gesetz, verwalten. Die Unternehmen, in die die Gelder fließen, dürfen nicht in Verbindung mit Alkohol (wie Bier), Tabak, Schweinefleisch, Rüstung, Pornografie oder Glücksspiel stehen; das trifft auch Fluggesellschaften und Hotelketten, die Alkohol ausschenken.

Weit verbreitet ist im islamischen Kulturbereich der Brauch von Gastgeschenken – wie ihn einst die alten Germanen praktizierten. Sie dürfen aber nicht Einbahnstraße zur Bereicherung des Empfängers sein: Der Geber behält das Eigentumsrecht an einem Geschenk, solange er nichts dafür zurückbekommen hat. Zurückfordern darf der fromme Muslim ein Geschenk nicht: Ein Geschenk zurückzuverlangen, sei „wie das Essen von Speichel", verkündete der Prophet Mohamed.

Drastisch vor Augen geführt wird die Schutzwürdigkeit des Eigentums im islamischen Kulturraum an den gern beschriebenen, oft harschen Strafen für Diebstahl. „Alsdann der Dieb und die Diebin, schneidet ihnen ihre Hände ab als Lohn für ihre Taten", heißt es tatsächlich in der Sure 5,42, auf die sich konservative islamische Rechtsgelehrte bis in die Gegenwart berufen. Doch im Detail bewertet die Scharia, das islamische Rechtssystem, Besitz und Eigentum sehr differenziert. Lang ist die Liste der Ausnahmefälle, in denen die genannte Höchststrafe erspart bleibt. Dazu gehören geringwertige Güter und verderbliche Waren. Das sind dann „Ermessensvergehen": Das Strafmaß liegt ganz im Ermessen des Richters.

Anzumerken ist, dass die Scharia zu keiner Zeit und an kaum einem Ort je vollständig zur Anwendung gekommen ist. Vielmehr gibt es im arabisch-muslimischen Kulturraum ein Nebeneinander von Scharia, Stammesrecht und moderner staatlicher Gesetzgebung nach europäischen Vorbildern. Die Abgrenzungen sind für Europäer schwer zu durchschauen. So liegen die Ursprünge des islamischen Landnutzungsrechts im Stammesrecht. Der Verkauf von Boden ist möglich, aber die Früchte auf den Bäumen, das eingebrachte Saatgut und das auf dem Boden wachsende Getreide sind darin nicht automatisch enthalten. Unmissverständlich ist diese Überlieferung des Propheten Mohamed: Wer sich ungerechterweise auch nur ein ellengroßes Stück Land aneignet, den werde Gott am Tag der Auferstehung durch dieses Land „mit sieben Erden zerquetschen."

Hinduismus und Buddhismus verurteilen Habgier. Lust und Begierde gelten für Hindus als Hindernis auf dem Weg zur Erleuchtung. Für einen Brahmanen, Mitglied der höchsten Kaste in der Hindugesellschaft, kennzeichnet ein asketisches Leben ohne weltliche Bedürfnisse und Begierden die höchste Stufe der Lebenszeit (Sannyasa). Diese ermöglicht die spirituelle Einheit mit der Gottheit. Reichtum und Wohlstand werden aber auch im Hinduismus nicht grundsätzlich verurteilt. Fest verankert ist der Respekt vor dem Eigentum (Asteya). Die Schlangengottheiten der Nagas werden als Hausgötter verehrt, weil sie Reichtum und Wohlstand schützen sollen. Verbreitet ist die Geschichte von Nandini, der wunscherfüllenden Kuh des Heiligen Vashishta. Parallelen zu Grimms' Märchen vom Goldesel bieten sich an.

Buddha, der „Erleuchtete", sah in der Begierde die Wurzel allen Übels. Zu den fünf moralischen Grundregeln, Pancha Sila, gehört es, sich nicht das zu nehmen, was einem nicht gegeben wurde. In der buddhistischen Welt dennoch hoch angesehen ist Kubera, der Gott des Reichtums. Nach einer Legende war er früher ein Asket gewesen, und Gott Brahma erhob ihn als Belohnung zu seiner neuen Rolle. Bodhi, die Erleuchtung, setzt als oberstes Ziel im Leben eines gläubigen Buddhisten die Bezähmung von Begierden voraus. An das Gebot der Friedfertigkeit gekoppelt ist die Abkehr von Neid. Darin spiegeln sich andere alte fernöstliche Lebensweisheiten. So sagen die Chinesen in einem Sprichwort: „Reich ist, wer sich bescheidet mit dem, was er hat." Oder: „Zu viel Reichtum belastet den Menschen, zu viel Essen schadet dem Magen."

Herausforderung für Philosophen

„Am deutlichsten aber verrät sich die Liebe der Geschlechter als Drang nach Eigentum: Der Liebende will den unbedingten Alleinbesitz der von ihm ersehnten Person, er will eine ebenso unbedingte Macht über ihre Seele wie ihren Leib, er will allein geliebt sein und als das Höchste und Begehrenswerteste in der anderen Seele wohnen und herrschen."

Das Zitat von Friedrich Nietzsche (1844-1900) bedarf keiner weiteren Interpretation. Es bringt Habgier auf einen Punkt. Die Überlegungen aus dem Kreis der Philosophen zu Besitz und Eigentum sowie zur Habgier sind unerschöpflich. In der Mehrzahl der Fälle sind es kritische Feststellungen.

„Eigentum ist Diebstahl", urteilte Pierre Joseph Proudhon (1809-1865). Man stehle durch Gaunerei, Vertrauensmissbrauch, Lotterie und Spiel, aber ebenso durch die Rente, die Pacht, die Miete. Eigentum sei letztlich „die Religion der Gewalt", sein Gesetz die Willkür, und es müsse „durch die Gerechtigkeit zugrunde gehen." Abgeleitet hat das der gelernte Schriftsetzer, der in die Geschichtsbücher als wichtiger Vertreter des utopischen Sozialismus und Anarchismus einging, aus theologischen Texten des Mittelalters.

Sein 1840 erschienenes, erstes größeres Werk mit dem Titel *Was ist das Eigentum? Oder: Untersuchungen über das Prinzip des Rechts und der Regierung* thematisierte die Verfolgung durch die Justiz. Proudhon unterschied klar zwischen Eigentum und Besitz: „Der persönliche Besitz ist die Bedingung des gesellschaftlichen Lebens; 5000 Jahre des Eigentums beweisen: das Eigentum ist der Selbstmord der

Gesellschaft. Der Besitz ist rechtlich, das Eigentum widerrechtlich. Unterdrückt das Eigentum und behaltet den Besitz, so werdet ihr durch diese einzige Modifikation des Prinzips alles in den Gesetzen, in der Regierung, der Wirtschaft, in den Institutionen umändern, und ihr vertreibt das Übel von der Erde."

Denker in der Geschichte verstanden Eigentum und den Drang danach mal als eine Art Naturgesetzlichkeit, ein anderes Mal als eine künstliche Konstruktion. Sehr feinsinnig beschrieb der römische Dichter Seneca (4 v. Chr.-65 n. Chr.) die Vergänglichkeit von materiellem Besitz: „Halte nie einen für glücklich, der von äußeren Dingen abhängt. Auf Zerbrechliches stützt sich, wer seine Freude an Dingen hat, die von außen kommen ... Unglücklich ist die Seele, die des Zukünftigen wegen ängstlich ist, und elend ist schon vor dem Elend, wer in Sorgen schwebt, ob das, woran er sich erfreut, ihm auch bis ans Ende verbleiben werde." Seneca wusste, wovon er sprach – durch Schenkungen des Kaisers Nero (seines früheren Zöglings) war er selbst in den Besitz eines riesigen Vermögens geraten.

Armut und Bedürfnislosigkeit waren die Leitgedanken der Kyniker. Diogenes Laetius beschrieb in der ersten Hälfte des 3. Jahrhunderts ihr Leben. Ihr bekanntester Vertreter war Diogenes von Sinope, der in einer Tonne gehaust haben soll. Als ihn der Feldherr Alexander fragte, was er sich von ihm wünsche, antwortete er bescheiden: Er möge ihm aus der Sonne gehen. Mehr begehrte Diogenes nicht. Von ihm stammt die Botschaft, dass die Götter doch den Menschen alles Nötige gegeben hätten, um ein leichtes Leben führen zu können. Das Streben nach Leckereien, duftenden Ölen und ähnlichem habe die Menschen aber den Blick dafür verlieren lassen. Habsucht, meinte Diogenes, sei die Mutter allen Übels. Noch andere Kyniker kommen bei Laetius zu Wort. Neider, so eine Feststellung des Antisthenes, würden von ihrem Charakter zerfressen so wie das Eisen vom Rost. Es sei die Besonderheit der Götter, nichts zu brauchen, und das Kennzeichen der Gottähnlichen, nur wenig zu benötigen.

Für viele Philosophen sind Eigentum und Glück miteinander nicht vereinbar. Das Verlangen nach Glück beschäftigte die Menschen spätestens seit Epikur (341-271 v. Chr.). Thomas Morus (1478-1535) meinte: „… dass der Besitz nur dann auf gleichmäßige und gerechte Weise verteilt oder die Geschicke der Menschen nur dann glücklich gestaltet werden können, wenn das Privateigentum aufgehoben worden ist." So sollte es im Lande Utopia sein, forderte Morus 1516. Überall dort, wo es noch Privateigentum gebe, wo alle alles nach dem Wert des Geldes messen, würde es kaum möglich sein, „gerechte oder erfolgreiche Politik zu treiben." Die Utopier jedenfalls verstünden es nicht, „dass irgendein Bleischädel, der nicht mehr Geist als ein Holzklotz besitzt und ebenso schlecht wie dumm ist, dennoch viele kluge und wackere Männer in seinem Dienst haben kann, nur deshalb, weil ihm ein großer Haufen Goldstücke zugefallen ist."

Im erstmals 1602 erschienenen *Sonnenstaat* lässt Tommaso Campanella (1568-1639) seine fiktiven Gesprächspartner mit der Warnung zu Wort kommen: „Sie behaupten, dass der Eigentumsbegriff daher komme, dass wir unsere eigenen Wohnungen und eigenen Kinder und Frauen haben. Daraus entsteht die Selbstsucht. Denn um den Sohn zu Reichtum und Würden zu bringen und als Erben eines großen Vermögens zu hinterlassen, werden wir alle zu Räubern an dem Gemeinwesen, insofern wir, infolge unserer Herkunft und durch Reichtum mächtig, jegliche Rücksicht und Scheu ablegen oder aber, gering an Kräften, Vermögen und Herkommen, geizig, hinterhältig und heuchlerisch werden. Wenn wir aber die Selbstsucht aufgeben, so bleibt bloß noch die Liebe zur Gemeinschaft übrig."

Ganz anders war die Auffassung von Thomas Hobbes (1588-1679) in jener Zeit. Der Mitbegründer der Aufklärung glaubte an die grenzenlose Freiheit aller, sich im Kampf ums Überleben bedingungslos alles aneignen zu dürfen, ohne Rücksicht auf die Rechte anderer. Es habe „every man … a right to every thing." Diebstahl als Mittel zur Lebenserhaltung erschien Hobbes konsequenterweise als „totally excused." Für Hobbes ist der Mensch „dem Menschen ein Wolf." Dass der Mensch im Grunde ein Raubtier sei, hat zweihundert Jahre später Arthur Schopenhauer (1788-1869) erneut festgestellt – aus der pessimistischen Sicht heraus, dass der Mensch von Natur aus schlecht sei. Schopenhauer steht damit in Gegensatz zu Rousseau: Für den französischen Philosophen war der Mensch von Natur aus gut; böse sei er erst durch das Eigentum geworden. Von Schopenhauer stammt der Satz: „Der Reichtum gleicht dem Seewasser: je mehr man davon trinkt, desto durstiger wird man."

Immanuel Kant (1724-1804) definierte in seiner *Metaphysik der Sitten* das „Rechtlich-Meine" (meum iuris). Es sei „dasjenige, womit ich so verbunden bin, dass der Gebrauch, den ein anderer ohne meine Einwilligung von ihm machen möchte, mich lädieren würde." Im *Traktat über die menschliche Natur* formulierte David Hume (1711-1776): „Das Eigentum eines Menschen ist ein Gegenstand, der zu ihm in einer Beziehung der Zusammengehörigkeit steht. Diese Beziehung aber ist keine natürliche, sondern eine moralische, nämlich auf die Rechtsordnung gegründete." Humes Zeitgenosse Montesquieu (1689-1755) forderte rigide in seinem Hauptwerk *Vom Geist der Gesetze*: „Zur Beibehaltung der gleichmäßigen Verteilung des Reichtums darf das Gesetz jedem lediglich das Lebensnotwendige zusprechen. Sobald die Leute etwas darüber hinaus besitzen, geben die einen es aus und bringen die anderen es an sich. Ungleichheit macht sich breit." Luxus, so die Feststellung von Montesquieu, gründe sich nur auf den „Erleichterungen, die man sich auf Kosten der Arbeit anderer verschafft.“

Ausgangspunkt für den französischen Revolutionär François-Noël Babeuf (1760-1797), Mitglied der „Verschwörung der Gleichen“, war 1787 die Frage: „Wollte die Natur, dass das eine Individuum weniger Nahrung, schlechtere Kleidung und Wohnung erhält als das andere?“ Babeuf griff aber nicht nur privates Eigentum nach traditionellem Verständnis (etwa an Grund und Boden) an; auch die einseitige Verfügung über Bildung war für ihn ein Unding. Gleiche Chancen durch gleiche Bildung für alle, diese Forderung erhob eine Generation später unter anderem John Stuart Mill (1806-1873).

Den Fortgang der revolutionären Ereignisse in seiner Heimat nahm Babeuf als „offenen Krieg zwischen Patriziern und Plebejern, zwischen Reichen und Armen“ wahr. Inspiriert wurde Babeuf unter anderem vom Schriftsteller Morelly, der in seinem 1754 erschienenen Hauptwerk *Gesetzbuch der natürlichen Gesellschaft* eine Welt ohne privaten Besitz vorschlug. Ausnahmen sollte nur der Besitz von solchen Dingen sein, die zur Befriedigung von Grundbedürfnissen und zur Ausübung des Berufes notwendig seien. Aber auch Gedanken des Utopisten Gabriel Bonnot de Mably (1709-1785) finden Forscher bei Babeuf wieder. Mably reiht sich in die Liste derer ein, die das Privateigentum für die Ursache allen Übels hielten.

Zu den führenden Köpfen der Revolution in Frankreich gehörte der gebürtige Engländer Thomas Paine (1737-1809), der 1774 zunächst nach Nordamerika auswanderte und die Unabhängigkeitsbewegung jenseits des Atlantiks unterstützte. 1789 wurde Paine von der Nationalversammlung in Paris zum Ehrenbürger Frankreichs ernannt und deren Delegierter. In seinem Werk *Die Rechte des Menschen* (1791/92 in London erschienen) ist das Privateigentum aus der Liste der natürlichen Rechte verbannt. Paines Vorschlag läuft darauf hinaus, alles, was über eine angemessene Vergütung von Arbeit hinausgeht, durch eine Progressivsteuer einfach wegzunehmen. Natürlich stellt sich die Frage, was angemessen ist. Das Problem ist heute so aktuell wie damals – zum Beispiel in der Diskussion um Vorstandsgehälter.

Die enge Verknüpfung von Arbeit und Besitz, von Arbeit als Rechtfertigung von Besitz, taucht bei vielen Philosophen auf. Adam Smith schrieb in seinem 1776 erschienenen Buch über den *Wohlstand der Nationen*: „Das Eigentum, das jeder Mensch an seiner Arbeit besitzt, ist im höchstem Maße heilig und unverletzlich, weil es im Ursprung alles andere Eigentum begründet.“ Erwähnt werden muss auch, unter den Klassikern deutscher Philosophie, Johann Gottlieb Fichte (1762-1814). In seiner 1800 erschienenen Schrift *Der geschlossene Handelsstaat* wird dem Staat die Aufgabe zugeordnet, der Sucht nach Bereicherung entgegenzusteuern – durch Reglementierung des Geldsystems und Einschränkungen von Freihandel und Gewerbefreiheit. Ähnlich schlug Adam Smith ein Eingreifen des Staates vor. Es klingt ziemlich modern, wenn Smith schrieb: „Wird das Wegegeld für Luxusfahrzeuge, wie Kutschen und Postchaisen, im Verhältnis zu ihrem Gewicht etwas höher angesetzt als für unentbehrliches Fuhrwerk, wie Karren und Lastwagen, so lässt man den Wohlhabenden aufgrund seiner Bequemlichkeit und Eitelkeit auf höchst einfache Art zur Unterstützung der ärmeren Leute beitragen, da die Fracht für schwere Waren dadurch im ganzen Land verbilligt wird.“

Eine wichtige Rolle spielte die Eigentumsfrage für Georg Willhelm Friedrich Hegel (1770-1831). Für den jungen Hegel hatte Privateigentum entscheidende Bedeutung für die Entstehung von Herrschafts- und Knechtschaftsverhältnissen. Es war für den jungen Philosophen „nicht bloß ein Privatverhältnis zwischen Individuen, sondern ein gesamtgesellschaftliches Herrschaftsgefüge“, wie Georg

Eichenseer feststellt. „Im Privateigentum sieht er die zentrale Institution der modernen Gesellschafts- und Herrschaftsverfassung überhaupt.“ Dabei erscheinen „die zeitgenössischen Zustände geradezu fatal“: die Zeitgenossen verhielten sich gleichgültig gegenüber den allgemeinen Angelegenheiten, der einzelne „ist vertieft in seinen engstirnigen Bourgeoisegoismus, der ans Privateigentum gebunden ist.“ Hegel selbst formulierte in seiner *Verfassungsschrift* von 1802: „Es war eine Beschränkung auf eine ordnungsvolle Herrschaft über sein Eigentum, ein beschauen und Genuss seiner völlig untertänigen kleinen Welt, und dann auch eine diese Beschränkung versöhnende Selbstvernichtung und Erhebung im Gedanken an den Himmel.“

Privateigentum ist für Hegel bestimmend für Staat und Recht. Es bedeute den Bruch zwischen Mensch und Natur, mache ihn zum Individuum und sporne ihn an. Es wird letztlich zur Determinante menschlichen Seins. Hegel: „Aber so viel ist doch einzusehen, dass der Besitz von Reichtum, mit allen den Rechten sowie mit allen Sorgen, die damit zusammenhängen, Bestimmtheiten in die Menschen bringt, deren Schranken den Tugenden ihre Grenze setzen, ihre Bedingungen und Abhängigkeiten angeben, innerhalb derer wohl für Pflichten und Tugenden Raum ist, die aber kein Ganzes, kein vollständiges Leben zulassen, weil es an Objekte gebunden ist, was doch nie sein Eigentum sein kann.“ Dabei lehnte Hegel Eigentum nicht ab. Erst im Eigentum sei die Person Vernunft, schrieb er in seiner Rechtsphilosophie, die während seiner Lehrtätigkeit in Berlin 1818 bis 1831 entstand. Und: „Die Person hat das Recht, in jede Sache ihren Willen zu legen, welche dadurch die Meinige ist, zu ihrem substanziellen Zwecke, da sie einen solchen nicht in sich selbst hat … Jeder hat also das Recht seinen Willen zur Sache zu machen, oder die Sache zu seinem Willen, das heißt mit anderen Worten, die Sache aufzuheben und zu der seinigen umzuschaffen …“

Auch Hegel unterschied zwischen Eigentum und Besitz: „Dass ich etwas in meiner selbst äußeren Gewalt habe, macht den Besitz aus; so wie die besondere Seite, dass ich etwas aus natürlichem Bedürfnisse, Triebe und Willkür zu dem Meinigen mache, das besondere Interesse des Besitzes ist. Die Seite aber, dass ich als freier Wille mir im Besitze gegenständlich und hiermit auch erst wirklicher Wille bin, macht das Wahrhafte und Rechtliche, die Bestimmung des Eigentums aus.“ Einfacher heißt es an anderer Stelle: „Die Besitzergreifung macht die Materie der Sache zu meinem Eigentum, da die Materie für sich nicht ihr eigen ist.“ Besitzergreifung sei „äußerliches Tun“, sie könne erfolgen durch physische Stärke, List, Geschicklichkeit und „Vermittlung überhaupt“. Weiter: „Ich übe die Besitznahme durch die Hand, aber der Bereich derselben kann erweitert werden. Die Hand ist dieses große Organ, das kein Tier hat, und was ich mit ihr fasse, kann selbst ein Mittel werden, womit ich weiter greife. Wenn ich etwas besitze, so geht der Verstand gleich dahin über, dass nicht bloß das unmittelbar Besessene, sondern das damit Zusammenhängende mein sei.“

Hegel thematisierte sogar die Besitznahme des eigenen Körpers. Der Mensch habe „diese Glieder, das Leben nur“, insofern er wolle. Die Ausbildung des eigenen „organischen Körpers zu Geschicklichkeiten, so wie die Bildung meines Geistes ist gleichfalls eine mehr oder weniger vollkommene Besitznahme und Durchdringung.“ Der Geist sei es, den sich ein Mensch am vollkommensten zu eigen machen könne. Hegel schließt dann einen Bogen von der Inbesitznahme des Körpers über die Ausbildung von Fertigkeiten zur Nutzung dieses Körpers. Das könne zum eigenen Nutzen oder zu fremdem

Nutzen geschehen. Damit kommt die Arbeit ins Spiel. Hegel berührt hier einen Aspekt der politischen Ökonomie. Zitat: „Von meinen besonderen, körperlichen und geistigen Geschicklichkeiten und Möglichkeiten der Tätigkeit kann ich einzelne Produktionen und einen in der Zeit beschränkten Gebrauch an einen anderen veräußern, weil sie nach dieser Beschränkung ein äußerliches Verhältnis zu meiner Totalität und Allgemeinheit erhalten. Durch die Veräußerung meiner ganzen durch die Arbeit konkreten Zeit und der Totalität meiner Produktion würde ich das Substanzielle derselben, meine allgemeine Tätigkeit und Wirklichkeit, meine Persönlichkeit zum Eigentum eines Anderen machen." Die Schlussfolgerung, dass durch einen solchen Einsatz von Arbeit Ausbeutung und Entfremdung bedingt ist, zog Hegel nicht – dies sollte Karl Marx vorbehalten sein.

Für Aufsehen sorgte in Deutschland Max Stirner (Pseudonym für Johann Caspar Schmidt, 1806-1856) mit seinem Werk *Der Einzige und sein Eigentum*. Mit seinen Botschaften könnte er heute als Verfechter einer Ellenbogengesellschaft zum Bestsellerautor avancieren: „Greife zu und nimm, was Du brauchst", hieß Stirners Parole. Das Argument: Jeder Mensch sei ein einzigartiges Ich, der nur gegenüber sich selbst verantwortlich sei; sich die Welt anzueignen und dienstbar zu machen, sei Gebot für dieses Ich – egal, wer bestehende Eigentumsansprüche geltend mache. Eine merkwürdige Anschauung, die ebenfalls mit üblichen Rechtsmaßstäben nicht vereinbar ist, lieferte Oswald Spengler (1880-1936), der als ein Wegbereiter des Nationalsozialismus gilt: „Eigentum ist ein Wesenszug allen Lebens. Wenn irgendwo eine Eiche Wurzel schlägt, dann ist schon die Tatsache dieses Wurzelschlagens ein Anspruch auf den Boden, auf dem jetzt kein anderer Baum mehr wachsen darf und kann."

Erich Fromms Botschaft hieß, dass Habgier den Menschen verdumme und ihn unfähig mache, seine wahren Interessen zu verfolgen. Als Utopist konnte sich der 1980 verstorbene Fromm eine „neue Gesellschaft" vorstellen, einen „neuen Menschen", der allerdings bereit sein müsse, „alle Formen des Habens aufzugeben, um ganz zu *sein.*" Als Gesellschaftsanalytiker war für ihn klar, dass Haben und Sein zwei grundlegend verschiedene Formen menschlichen Erlebens sind. Zitat: „In der Existenzweise des Habens ist die Beziehung zur Welt die des Besitzergreifens und Besitzens, eine Beziehung, in der ich jedermann und alles, mich selbst mit eingeschlossen, zu meinem Besitz machen will." Zur Gegenwart meinte Fromm: Habgier und Frieden schließen einander aus. Habgier, so die These, müsse zu endlosen Klassenkämpfen führen. Solange die Völker aus Menschen bestünden, „deren hauptsächliche Motivation das Haben und die Gier ist, werden sie notwendigerweise Krieg führen."

Nach Fromm ist das Streben nach Eigentum und Besitz – also die Habgier – eine Art Falle für den Menschen. Der Mensch in der „Existenzform des Habens" sei nur durch das, was er hat. Anders ausgedrückt: das Identitätsgefühl und die „psychische Gesundheit" des Menschen hängen davon ab, „*es* und so viele Dinge wie möglich zu haben." Der moderne Konsument zum Beispiel könne mit der Formel definiert werden: Ich bin, was ich habe, was ich im Autohaus erstanden und aus dem Mediamarkt nach Hause geschleppt habe. Gerne ist etwas als Schnäppchen im Winter- oder Sommerschlussverkauf erstanden.

Gleichheit, Freiheit – das sind seit der Französischen Revolution substanzielle Menschenrechte. Doch die Wirklichkeit ist ernüchternd, ist abhängig von Besitz. Besser kann es nicht formuliert werden: „Einige Menschen scheinen in dieser Gesellschaft frei zu sein: Sie sind reich und kaufen sich Freiheiten", schrieb die Publizistin

Jutta Ditfurth. Sie brachte ihre Meinung auf den Punkt: „Die käufliche Freiheit ist ein erbärmlicher Ersatz und sogar das Gegenteil von Freiheit.“ Überhaupt kritisierte Jutta Ditfurth die „Propaganda mit den Menschenrechten“: „Es sind stets nur die Regeln im Interesse der besitzenden Bürger gemeint, nie auch soziale Menschenrechte, wie Freiheit von Hunger und Unterdrückung, wie Gesundheit, wie das gemeinschaftliche Eigentum an Produktionsmitteln, so etwa der (gemeinsame) Landbesitz millionenfach vertriebener KleinbauerInnen und TagelöhnerInnen in allen Teilen der Welt, da seien Daimler und Mitsubishi, Siemens und VW, Time Warner und all die anderen Räuber unserer Möglichkeiten davor.“

Kapitalismuskritik aus der Sicht des Humanisten übte Albert Einstein (1879-1955). Er verstand den Kapitalismus als eine räuberische Phase in der Menschheitsgeschichte. Auf einen ganz einfachen Nenner brachte Mahatma Gandhi das Problem. Von ihm stammt das Zitat: „Die Reichen halten sich überflüssige Vorräte an Dingen, die sie nicht brauchen, während Millionen am Rande des Verhungerns leben. Würde jeder seinen Besitz auf das einschränken, was er braucht, so müsste niemand in Not leben, und alle wären zufrieden. So aber sind die Reichen nicht minder unzufrieden als die Armen.“ An einer anderen Stelle der Schriften Gandhi heißt es: „Der Hunger der Menschen in verschiedenen Teilen der Welt rührt daher, dass viele von uns viel mehr nehmen als sie brauchen.“ Der simple Satz bringt das Elend großer Teile der Erdbevölkerung auf den Punkt.

Gandhi hatte Vorbilder. Dazu zählte John Ruskin (1819-1900), einer der exponiertesten englischen Sozialreformer des 19. Jahrhunderts, der nebenbei als Landschafts- und Architekturmaler seinen Platz in der Kunstgeschichte fand. Ruskin wuchs in einem streng puritanischen Elternhaus auf und beschäftigte sich intensiv mit dem Humanismus der griechischen Antike. Das Buch *Unto This Last* fasste vier seiner Aufsätze zusammen und erschien 1862. Im Laufe der Jahre wurde es zu einem Standardwerk der englischen Arbeiterbewegung. Darin argumentierte Ruskin gegen das vordringende Gedankengut des „Laissez-faire". Reichtum, der aus dem Egoismus des Einzelnen entstehe, war für Ruskin sittlich unakzeptabel.

Daneben fesselte Gandhi das Buch vom *Bürgerlichen Ungehorsam* des amerikanischen Autors Henry David Thoreau (1817-1862). Er las es 1908 während eines Aufenthalts in einem südafrikanischen Gefängnis. Thoreau war Verfechter eines strikten Individualismus und plädierte für Steuerverweigerung als Form des gewaltlosen Widerstands gegen staatliches Unrecht. Er war überzeugt, dass Geld gewöhnlich zur Anhäufung von Reichtum auf Kosten anderer führt. Thoreau lebte – wie Gandhi – selber äußerst bescheiden.

Literaten im Wettstreit

Ein solch Papier, an Gold und Perlen statt,
Ist so bequem, man weiß doch, was man hat;
Man braucht nicht erst zu markten, noch zu tauschen,
Kann sich nach Lust und Lieb' und Wein berauschen.
Will man Metall, ein Wechsler ist bereit,
Und fehlt es da, so gräbt man eine Zeit.
Pokal und Kette wird verauktioniert,
Und das Papier, sogleich amortisiert,
Beschämt den Zweifler, der uns frech verhöhnt.
Man will nichts anders, ist daran gewöhnt.
So bleibt von nun an allen Kaiserlanden
An Kleinod, Gold, Papier genug vorhanden.

Eigentum, Diebstahl, der Umgang mit dem Geld und den Reichtümern dieser Erde sowie Habgier waren seit dem Altertum ein unerschöpfliches Thema im Wettstreit der Literaten um ihr Publikum. Die Vielfalt der Beispiele zeigt, dass das Thema die Menschen seit frühen Zeiten umtrieb. In Goethes Faust setzte sich Mephistopheles mit dem Papiergeld auseinander – wie das Zitat zeigt.

In der alten deutschen Dichtung verdient sicherlich die *Nibelungensage* einen würdigen Platz. Hintergrund ist das alte Spiel um Herrschaft und Macht, das alle Bande zwischen den Menschen zerreißen kann. Nach der Ermordung Siegfrieds ließ Kriemhild den Nibelungenschatz, den ihr der Gatte hinterließ, großzügig verteilen.

Der Mörder und Vasall Hagen befürchtete, sie könne damit genügend Freunde gewinnen, um einen Rachefeldzug gegen ihn zu führen, und versenkte den Schatz im Rhein – im Einvernehmen mit Kriemhilds drei Brüdern Gunther, Gernot und Giselher. 13 Jahre später hielt der verwitwete Hunnenkönig Etzel um die Hand Kriemhilds an. Als sie sich zum Aufbruch vorbereitete, raubte Hagen den Rest des Nibelungengoldes. Die Gewalt nahm kein Ende: Nach der Heirat mit Etzel lud Kriemhild ihre Verwandten zu sich und begann einen erbarmungslosen Krieg. Dabei löste die Rückgewinnung des Schatzes im weiteren Verlauf des Epos das Motiv der Rache an der Ermordung Siegfrieds ab. Der Hass gegen Hagen und dessen Treue gegenüber den Fürsten schoben sich als Schatten über die Geschwisterliebe und führte am Ende zum Tod der Brüder und zum Untergang der Burgunder. Bis zum Hortraub kann Kriemhild die Sympathie des Lesers erwarten – doch nachdem sie den Schatz zurückhaben wollte, geraten ihre negativen Eigenschaften in den Vordergrund.

Schillers *Die Räuber*, erschienen 1781, reflektiert die Unmenschlichkeit des Gesetzes, gegen die die Freiheit des Räubers steht, wenn der Räuberhauptmann Karl von Moor sagt: „Mein Geist dürstet nach Taten, mein Atem nach Freiheit, – Mörder, Räuber! – mit diesem Wort war das Gesetz unter meine Füße gerollt – Menschen haben Menschheit vor mir verborgen, da ich an Menschheit appellierte, weg denn von mir Sympathie und menschliche Schonung." Doch wieder fragt sich: Was ist gut und was böse? Karls jüngerer Bruder Franz ist als Gegenpol in den Augen der Gesellschaft der Gute, und doch durch und durch böse. Im Vater sieht er den „ärgerlichen Klumpen Fleisch", der ihm „gleich dem unterirdischen Zauberhund in den Geistermärchen, den Weg zu meinen Schätzen verrammelt." Leider hat die Geschichte keine Happyend, der Räuberhauptmann Moor stellt sich nach der Ermordung der Geliebten selbst der Justiz. Einen schalen Nachgeschmack mögen diejenigen Zeitgenossen Schillers gehabt haben, die zu Beginn des Stückes dem Karl ihre Sympathie schenkten.

Gottfried Keller hat in seiner Novelle von *Romeo und Julia auf dem Dorfe* Habgier und Liebe als gleichermaßen elementare, aber gegensätzliche Mächte hinterfragt. Die Feindschaft der Väter wegen der Ansprüche auf einen Acker kann die Zuneigung der Kinder zueinander nicht verhindern – beides führt, in der Übersteigerung, zum Verderben. Der Hass macht die Gedanken der Bauern „nun so kurz geschnitten wie Häcksel", schreibt Keller.

In der klassischen französischen Dichtung schuf Molière 1668 mit seiner Komödie *Der Geizige* ein Meisterwerk. Alle leiden unter dem Geiz des Hausherrn Harpagon. Die Jammerarie über die gestohlene Geldkassette, die Harpagon im Garten vergraben hatte, gilt als ein Höhepunkt in Molières Komödientheater: „Ach! Mein armes Geld, mein armes Geld, mein teurer Freund! Man hat mich deiner beraubt; und da du mir entführt bist, habe ich meine Stütze, meinen Trost, meine Freude verloren; alles ist zu Ende für mich, und ich habe auf der Welt nichts mehr zu schaffen: Ohne dich vermag ich unmöglich zu leben. Es ist aus, ich kann nicht mehr; ich sterbe, ich bin tot, ich bin begraben. Ist denn da niemand, der mich auferwecken möchte, indem er mir mein teures Geld zurückgibt oder mir sagt, wer es gestohlen hat?"

Hundert Jahre später befasste sich Voltaire mit den Folgen neuer auftauchender Konsumartikel und mit dem Statusdenkens, das sich mit ihrem Besitz verbindet. In der Geschichte vom *Mann mit den vierzig Talern* nennt er als eine Ursache von Armut die „neuen Bedürfnisse. Unseren Nachbarn müssen wir vier Millionen für den einen und fünf oder sechs Millionen für den anderen Artikel bezahlen, um uns ein übelriechendes Pulver aus Amerika (gemeint ist Tabak) in die Nase stopfen zu können. Kaffee, Tee, Schokolade, Cochenille, Indigo und Gewürze kosten uns über sechzig Millionen im Jahr. All das war zur Zeit Heinrichs IV. noch unbekannt, ausgenommen die Gewürze, deren Verbrauch jedoch viel geringer war. Wir verbrennen hundertmal mehr Kerzen und beziehen über die Hälfte des Wachses aus dem Ausland, weil wir unsere Bienenstöcke vernachlässigen. An den Ohren, am Hals, an den Händen unserer Bürgerinnen in Paris und in den anderen großen Städten glänzen heute hundertmal mehr Diamanten, als sämtliche Damen am Hofe Heinrichs IV., die Königin mit einbegriffen, zu tragen pflegten. Dieser ganze Überfluss aber musste in barem Geld bezahlt werden."

Amüsant ist Honoré de Balzacs weniger bekanntes *Gesetzbuch für anständige Menschen* aus dem Jahre 1825. Geld verschaffe „heutzutage Ansehen, Freunde, Erfolg, Talent und sogar Geist", heißt es im Vorwort; das „liebliche Metall" müsse also „der immer gleichbleibende Zweck der Liebe und Fürsorge der Sterblichen jeglichen Alters und Standes" sein. Balzac weiter: „Das Leben kann als ein unaufhörlicher Kampf zwischen den Reichen und den Armen betrachtet werden. Die einen haben sich in einer Festung mit ehernen Mauern und reichlichen Vorräten verschanzt; die anderen schleichen, laufen und springen um diese Mauern herum, erstürmen oder untergraben sie."

Gegenstand der Betrachtung Balzacs sind eigentlich die Diebe. Der Dichter stellt sie als einen Berufsstand dar, als eine „besondere Klasse der Gesellschaft". Sie „tragen zur Entwicklung der sozialen Ordnung bei, sie sind das Öl ihres Getriebes." Wenn die Gesellschaft ein Körper sei, „so muss man die Diebe als die Galle betrachten, die den Verdauungsprozess unterstützt." Balzac fragt das Publikum. „Was würde an dem Tag geschehen, an dem es auf Erden nur noch anständige Menschen gäbe? Man würde sich zu

Tode langweilen; es würde nichts Reizvolles mehr geben. Man müsste an dem Tage, da die Sicherheitsschlösser nicht mehr nötig wären, Trauer anlegen.“ Der Dichter sieht dabei nicht nur den offensichtlichen Diebstahl. Er beklagt, wie die Diener der Kirche ihren Schäflein das Geld aus der Tasche zieht, und stellt fest: „Ein Kaufmann, der hundert Prozent verdient, stiehlt; ein Heereslieferant, der, um dreißigtausend Mann zu zehn Centimes täglich zu ernähren, die Urlauber mitzählt, das Mehl verfälscht und schlechte Lebensmittel liefert, stiehlt; ein anderer verbrennt ein Testament; dieser bringt die Konten eines Mündels in Unordnung, jener erfindet eine Leibrentengesellschaft.“

Den Besitzanspruch über andere Menschen hat Emile Zola meisterhaft in seinem 1871 fertig gestellten Roman *Die Beute* thematisiert. Aristide Saccard, eine der zentralen Figuren, kam aus der Provinz „mit dem Instinkt eines Raubvogels“ und mit „der Gier eines hungrigen Wolfes“ nach Paris, um aus dessen heißem Pflaster für sich die Millionen hervorsprudeln zu lassen. Seine Masche: Immobilien-Spekulation auf der Grundlage von Insider-Wissen um die Stadtplanung. Seine junge Frau Renée giert nach „Fleischeslust“ und gewinnt eine andere Beute: Den Stiefsohn Maxime als Liebhaber. Mit dem Bild von der Jagdbeute kritisiert Zola die „verfaulte Gesellschaft“ des französischen Kaiserreichs. Die Aneignung von Reichtümern durch Betrug und die Vereinnahmung eines Menschen durch Blutschande sind für ihn gleichwertige Symptome der „verfaulten Sitten“.

Ein makabres Beispiel der französischen Dichtung zum Thema Habgier liefert Guy de Maupassant in seiner kurzen Erzählung *Der Teufel* aus dem Jahre 1886. Die Mutter Bontemps liegt im Sterben und ist mit 92 Jahren immer noch besessen von Habgier, so wie ihr

Sohn Honoré. Also stimmt sie zu, dass der Sohn das Korn einbringt, anstatt an ihrem Sterbebett die Wache zu halten. Die Nachbarin Rapet soll das übernehmen, doch diese ist genauso aufs Geld bedacht und hat ihre Tages- und Nachtsätze. Nach langem Feilschen einigen sich Honoré und Rapet auf ein Pauschalhonorar von sechs Francs – egal, wie lange die Alte noch lebt. Beide glauben, den anderen übervorteilt zu haben. Doch der Nachbarin Rapet gelingt es, durch einen inszenierten Auftritt des Gevatters Tod die Mutter Bontemps zu Tode zu erschrecken. So hat sie die Zeit abgekürzt und Zeit im Wert von 20 Sous gespart.

Sehr tiefsinnig geht Antoine de Saint-Exupéry das Thema in seinem Nachlasswerk *Citadelle* an. In der Erinnerung an sein Leben in der Sahara heißt es: „Schwermut befiel mich, denn ich härmte mich um der Menschen willen. Ein jeder ist sich selbst zugekehrt und weiß nicht mehr, was er wünschen soll. Denn welche Güter könntest du dir wünschen, wenn dein Verlangen dahin geht, sie dir zu unterwerfen und durch sie zu wachsen? Gewiss sucht der Baum die Säfte des Bodens, um sich durch sie zu nähren und sie in Eigenes zu verwandeln. Das Tier sucht das Gras oder ein anderes Tier, das es in Eigenes verwandeln wird. Und auch du nährst dich. Was aber könntest du außerhalb deiner Nahrung zu deinem Gebrauche wünschen? Da der Weihrauch deinem Stolz behagt, lobst du die Menschen, damit sie dir zujubeln. Und sie jubeln dir zu. Und sieh, der Jubel erweist sich als eitel. Und da die Teppiche aus langhaariger Wolle die Wohnungen lieblich machen, lässt du sie in der Stadt kaufen. Du überfüllst mit ihnen dein Haus. Und sieh, sie scheinen dir sinnlos. Du beneidest deinen Nachbarn, weil sein Landgut so prächtig ist. Du raubst es ihm. Du lässt dich darin nieder. Und doch hat es dir nichts zu bieten, was dir am Herzen liegt."

Ein großer Meister im Nachzeichnen von Skrupellosigkeit und Gewalt, die in Habgier ihren Ursprung haben, war der Amerikaner

Upton Sinclair mit seinen sozialkritischen Romanen. Ein Beispiel ist das 1930 erschienene Werk *Mountain City* (auf deutsch *So macht man Dollars*) mit der Hauptfigur Jed Rusher. Im Alter von acht Jahren beginnt es diesem zu dämmern: Es ist das Geld, weshalb der alte Hinks seine Weiber prügeln und sogar seinen Alten verhauen durfte. Es ist das Geld, weshalb die Schwester Liza im Regen und Schnee zu Hinks' Weibsbild laufen muss, um ihr die schmutzige Arbeit zu machen, und weshalb die eigene Familie in einer öden Rindergegend haust, in Staubstürmen erstickt und in Schneestürmen friert."

Humor vom Feinsten ist die Erzählung *Dividenden* des Iren Sean O'Faolain über das Tantchen Anna. Dreißig Jahre lang hatte die Anna vom bescheidenen Gehalt einer Köchin und Haushälterin gelebt, schließlich 350 Pfund geerbt und sich überreden lassen, das Geld in Anteilscheinen anzulegen – wofür sie Dividenden bekommt. Dann verkauft sie die Papiere – besteht aber weiter auf den Dividenden. Denn ihre „Dividendchen" hat sie nicht mit verkauft! Der irische Erzähler Liam O'Flaherty nimmt in seiner Geschichte *Armut und Reichtum* den Familienvater Colm Derrane aufs Korn, der von der Nachbarin ein zweites Kalb kauft und mit seiner Familie alle Entbehrungen auf sich nimmt, um dieses auf seinem steinigen Land mit aufzuziehen. Sein Ehrgeiz ist, durch den Erlös einen Laden einzurichten und damit reich zu werden. Als er am Ende sein Dorf verlässt und in die Stadt zieht, ist er gewandelt: „Seine Augen blickten starr geradeaus: voller Kälte und Entschlossenheit und Rücksichtslosigkeit." Reichtum verdirbt den Charakter, sagt ein altes Sprichwort. Berthold Brecht schrieb feinsinnig:

„Niedrig gilt das Geld auf dieser Erden
Und doch ist sie, wenn es mangelt, kalt
Und sie kann sehr gastlich werden
Plötzlich durch des Gelds Gewalt.

Eben war noch alles voll beschwerden
Jetzt ist alles golden überhaucht
Was gefroren hat, das sonnt sich
Jeder hat das, was er braucht."

Unter den englischen Schriftstellern des 20. Jahrhunderts nahm Bruce Chatwin die Sammelleidenschaft aufs Korn: Utz, einen kauzigen Prager Privatgelehrten, hindert im gleichnamigen Roman unter anderem seine riesige Sammlung Meissner Porzellan daran, in den Westen zu emigrieren. Dabei geht es in ironischer Weise um die Frage von Privateigentum im Marxismus-Leninismus und um die „hauchdünne Grenzlinie" einerseits zwischen Eigentum, das für die Gesellschaft schädlich ist, und andererseits Haushaltsgegenständen, die es nicht sind. Meissner Porzellan ist zwar Sammelobjekt, aber ursprünglich einmal als ganz normales Geschirr mit einfachem Gebrauchswert gefertigt worden.

Oft sind es gerade Kurzgeschichten und Essays, die sich mit den Wünschen der Menschen nach Reichtum befassen. Die Verbindung von Reichtum, Prestige und falschem Schein hat Mark Twain unnachahmlich in seiner kurzen Erzählung über einen jungen Mann nachgezeichnet, der wegen der Wette zweier reicher Brüder plötzlich eine Ein-Millionen-Pfund-Note in seinen Händen hält. Trotz seiner Mittellosigkeit, aber mit der – nicht wechselbaren – Banknote in seinem Besitz hat der Held der Geschichte plötzlich unbegrenzt Kredit, und die „feine Gesellschaft" buhlt um die Gunst seines Besuchs.

Hermann Hesse zeigte in der 1924 erschienenen Geschichte *Das verlorene Taschenmesser* auf, dass ein objektiv eher geringwertiger Gegenstand für einen Menschen subjektiv gesehen einen hohen Wert haben kann. Es gehört zu den Schrulligkeiten des Autors, heißt es da, die er „wohl kritisieren und bekämpfen, nicht aber völlig abtun kann“, dass er an Dingen, die er eine Weile besessen, mit großer Anhänglichkeit festhalte. Das Messer habe bisher die Veränderungen seines Lebens überdauert und ihn durch alle Wechsel jahrzehntelang begleitet. Heinrich Böll beschreibt in seiner kurzen, 1950 erschienenen Erzählung *Geschäft ist Geschäft* über den Schwarzhändler Ernst die Abhängigkeit von Geld als triviales Alltagsproblem: „Aber es ist schrecklich, nie Geld zu haben. Man muss einfach Geld haben. Man kommt nicht daran vorbei. Da ist ein Zähler, und man hat eine Lampe. Manchmal braucht man natürlich Licht, knipst an, und schon fließt das Geld oben aus der Birne heraus.“ Schlicht und einfach fasste Joachim Ringelnatz das Thema in Verse:

„Erwirb dir viel und gib das meiste fort.
Viel zu behalten, hat den Wert von Sport.
Behalte Dinge, die du innig liebst,
bis du sie gern an Freunde weitergibst.
Liebe und halte frei dein Eigentum.
Besitz macht ruhelos und bringt nicht Ruhm.“

Sarkastisch ist die Beobachtung von Kurt Tucholsky über jene Zeitgenossen, die gern mehr hätten als sie haben. Sein Aufsatz von 1928 ging über die *Glaubenssätze der Bourgeoisie*: „Die Bourgeoisie ist in keinem Lande sehr erfreulich. Der Nationalcharakter kann ihre spezifischen Eigenschaften mildern oder noch mehr ans Licht treten lassen – es scheint, dass gerade diese Vermögens- und Erwerbssphäre eine Geisteshaltung bedingt, die platt macht und hart, chauvinistisch aus Angst, herzlos aus Mangel an Horizont und roh aus Phantasielosigkeit. Darin unterscheidet sich der belgische Spießer nicht vom amerikanischen, der deutsche nicht vom französischen; Menschen, die mehr verdienen, als es die Notdurft erfordert, und nicht genug, um Standesansprüchen zu genügen, die sie übernommen haben, ohne sie zu verstehen, sind ebenso."

Unerschöpflich ist die Welt der Märchen und Sagen. Ein Beispiel nur ist die Erzählung von der *Goldenen Gans*. Die älteste Variante stammt wohl von Äsop aus dem 5. Jahrhundert v. Chr. Gott Hermes schenkte einigen Anhängern Exemplare der Wundertiere. Einer von ihnen glaubte: Wenn die Gans goldene Eier legt, dann müsse ihr Inneres durch und durch aus Gold sein. Er schlachtete das Tier – mit dem bekannten Ergebnis, dass es danach aus war mit den goldenen Eiern. Eine andere Fabel Äsops befasst sich mit einem Weinbauern, der seine Söhne zu guten Landarbeitern anleiten wollte. Also versammelte er sie an seinem Totenbett und sagte ihnen, sie müssten danach suchen, was im Weinberg versteckt sei. Die Söhne glaubten in ihrer Habgier an einen vergrabenen Schatz und gruben die Erde Meter um Meter um. Sie fanden keinen Schatz in der Form, wie sie ihn erwartet hatten – aber der Lohn der Arbeit war ein guter Boden, der die Rebstöcke üppige Trauben tragen ließ, und damit viel mehr wert war als ein Haufen Gold. In einer anderen Fabel riet der griechische Dichter seinen Zeitgenossen: „So müssen auch wir, was wir haben, uns genügen lassen und bedenken, dass die Habgier nichts nützt und das nimmt, was wir besitzen."

Unter den Märchen und Sagen ist die Geschichte vom Binger Mäuseturm zu finden, aufgeschrieben von den Gebrüdern Grimm 1816-1818. Der Bischof Hatto zu Mainz spielt darin eine unrühmliche Rolle – ein Geizhals, der nur daran dachte, seinen Schatz zu mehren, und der zusah, wie die armen Leute zu Zeiten der Teuerung auf der Gasse niederfielen. In einer Scheune ließ er alle Dürftigen und Armen sammeln, mit der Aussicht auf Speise. Doch stattdessen verbrannte er die Scheune mitsamt den Menschen. „Hört, wie die Mäuse pfeifen", soll der grausame Bischof gesagt haben – und bald kamen die richtigen Mäuse und fraßen an ihm. So ließ

Hatto nach der Erzählung der Gebrüder Grimm mitten im Rhein bei Bingen eben einen Turm bauen, um sich zu retten. Doch die Mäuse schwammen durch den Fluss und fraßen den Bischof in seinem Turm auf.

Unterhaltsam ist die Geschichte der Gebrüder Grimm über den *Meisterdieb*, dessen Handwerk ihn zum reichen Mann werden ließ. Literaturforscher sehen eine Parallele zu Sindbad dem Seefahrer in der orientalischen Geschichtensammlung von *1001 Nacht*. Sindbad der Lastenträger ist ein armer Mann, der die Ungerechtigkeit des Schicksals beklagt. Als er vor dem Palast Sindbads des Seefahrers steht und aus der Ferne den prächtigen Garten bewundert, wird er von seinem Namensvetter hereingebeten. Sieben Abende lang wird der Lastenträger bewirtet und reich beschenkt, und Sindbad der Seefahrer erzählt ihm von seinen Reisen. Dabei weist er immer wieder darauf hin, dass er nicht immer ein unbekümmertes Leben in Luxus genoss. Nur dadurch, dass er während seiner Reisen Not und Unbequemlichkeiten erlitt, konnte er zu Reichtum gelangen. Er wirft sich selbst vor, dass es nur Habgier war, die ihn dazu veranlasste, die Mühsal der Reisen immer wieder zu vergessen und zu neuen Abenteuern aufzubrechen. Häufig erlitt er Schiffbruch. Von seiner siebten Reise endlich ist er geläutert zurückgekehrt: Er strebt nun nach anderen Schätzen als Geld und Besitz, verteilt seinen Reichtum unter den Armen und lebt endlich in Frieden. Die Erzählungen von Scheherazade wie jene über Sindbad trugen nach der Legende dazu bei, den verbitterten, mädchenmordenden Monarchen zu einem sanftmütigen, gerechten Herrscher zu bekehren – und natürlich wandten sie sich auch an die Moral des Publikums im historischen Bagdad und der nachfolgenden Generationen von Zuhörern und Lesern.

Eine eigene Literaturgattung sind die Reisebeschreibungen abenteuerfreudiger Zeitgenossen, die ihre voyeuristischen Erlebnisse in fernen Ländern einem staunenden Publikum in Europa zum Besten gaben. Entlarvend sind die Beobachtungen, die in umgekehrter Richtung der muslimische Gelehrte Rifa'a al-Tahtawi aus Ägypten während einer Reise nach Paris in den Jahren 1826 bis 1831 als kennzeichnend die für die europäische Gesellschaft nieder schrieb: „Wisse, dass bei jenen Völkern Gewinnsucht und Profitleidenschaft fest im Denken verwurzelt sind, dass sie überzeugt sind, man müsse darauf seinen ganzen Ehrgeiz verwenden, und dass Eifer und Regsamkeit lobenswert und Faulheit und Trägheit zu verdammen sind … Die Pariser sind sehr wohlhabend; sogar ein nicht bedeutend Bemittelter ist bei ihnen reicher als ein großer Kaufmann in Kairo. Ihnen sagt nicht das Dichterwort zu: Der Ruhm kommt nur durch Schenken und Geben, im Geldraffen liegt weder Größe noch Ruhm. Vielmehr laufen sie dem Gelde nach und frönen der Habgier, immer mit der Behauptung, dies mehre die Gaben Gottes."

Warnungen, dass sich Habgier nicht lohnt, findet man in den ältesten periodischen Druckschriften. In Wolfenbüttel berichtete im Oktober 1579 eine Ausgabe der Newe Zeyttung von einer „erschröcklichen Geschicht, welche sich zugetragen zu Dortmunden in Westphalen, von einem Becker, seines Namens Georg Pflüger, welcher ein überaus reicher Wucherer gewesen, da er sich dann der Theuerung gefreuet, verhoffend seinen Mammon zu settigen, darüber im sein Brod zu steinen worden, er sich auch nachmals selbs erhencket". Die Geschichte wird von dem unbekannten, frühen Reporter kommentiert mit dem Aufruf: „Lasset uns doch begnügen dran, was uns der liebe Gott tut an, ganz miltiglich bescheret, das wirs mit unserm Nechsten recht, brauchen zu Gottes Ehren." Aber es sollte anders bleiben. „Dummheit, Irrtum, Sünde, Geiz hausen in unserem Geiste", konstatierte Charles Baudelaire im 19. Jahrhundert in seinen *Blumen des Bösen*.

Kriminalromane basieren zum größten Teil auf dem Motiv der Habgier. Die Grenze zwischen Krimi und Märchen überwindet die Geschichte von Hänsel und Gretel in der Variante von Hans Traxler. Da wird die Knusperhexe zum Opfer eines Wirtschaftsverbrechens: Der Kampf rivalisierender Zuckerbäcker um den Besitz von Lebkuchen-Rezepten sei der Hintergrund gewesen. Hänsel und Gretel als Kundschafter von Zuckerbäckern? Phantasie ist Schriftstellern erlaubt.

Die Welt der Comics kann bei der Betrachtung nicht fehlen. Zu den bekanntesten Figuren zählt Dagobert Duck. Aus einem ersten verdienten, sorgsam gehüteten Glückstaler machte er zielstrebig ein Privatvermögen von 13 Trillionen Ententalern; der Pseudo-Forscher mit dem Pseudonym Grobian Gans errechnete daraus 1970 eine vergleichbare Kaufkraft von fast 12.000.000.000.000.000 Euro. Trotz aller Überzeichnung spiegelt Onkel Dagobert sicherlich eine typisch amerikanische Bilderbuchkarriere wieder – selbst der Tellerwäscher Dagobert, der später zum Millionär wird, findet sich in den Bildergeschichten. Anzufügen ist noch die Interpretation eines Grobian Gans, eines Sammelpseudonyms, dass es sich bei Dagobert Ducks Marotte, im Geld zu Baden, um ein „abstoßendes Schauspiel sexueller Perversion" handeln könnte. Reichtum bzw. Habgier als eine sexuelle Ersatzbefriedigung? Darüber mögen Psychologen den Disput führen.

Dagobert Duck erscheint trotz seiner unbeschränkten Habgier als Comic-Figur irgendwie sympathisch. Dabei verbinden sich mit seiner Person Geiz und Skrupellosigkeit. Onkel Dagobert geht clever vor. Das gilt ganz und gar nicht für seine permanenten Gegenspieler, die Panzerknacker. Ihr persönliches Gewinnstreben ist an ausgesprochene Dummheit geknüpft. Grobian Gans sieht in ihnen kleinbürgerliche Kriminelle mit faschistoiden Zügen.

Zeit als ein wertvolles Eigentum des Menschen zu verstehen, von dem man möglichst mehr haben möchte – diesen Gedanken hat Michael Ende auf liebenswerte Weise in seinem Buch *Momo* aufgegriffen. Der geheimnisvolle Meister Hora teilt jedem Menschen eine bestimmte Lebenszeit in Form von Stundenblumen zu. Graue Herren bringen die Menschen dazu, immer mehr Zeit zu sparen und in einer Zeitsparkasse zu deponieren. Sie stehlen aber die Zeit und frieren die Stundenblumen ein. Aus den Blütenblättern drehen sie sich Zigarren und verbrauchen damit die Lebenszeit der Menschen.

Der Grundgedanke taucht bereits beim römischen Dichter Seneca auf, als er an seinen Freund Lucilius schrieb: „Alles ist fremdes Eigentum. Nur die Zeit ist unser. Nur diese eine flüchtige und leicht entschlüpfende Sache hat uns die Natur zu eigen gegeben, und doch vertreibt uns daraus, wer da will." Lucilius soll sich selbst überzeugen: „Hier wird uns eine Stunde entrissen, dort eine heimlich entzogen, eine andere entschlüpft unbemerkt."

Für Benjamin Franklin, der nicht nur den Blitzableiter erfand und zu den Vätern der amerikanischen Unabhängigkeitserklärung zählt, sondern ebenso als Publizist in die Geschichte einging, war der Umgang mit der Zeit ebenfalls ein Thema. In seinem *Poor Richard's Almanach* aus dem Jahre 1758 lässt er seinen Helden sinnieren: „Liebst Du das Leben? Dann vergeude nicht die Zeit, dann das ist der Stoff, aus dem das Leben ist."

Der aus Franken stammende Sozialreformer Georg Christian Oeder schrieb 1769: „Die Zeit ist an sich eines des größten Güter, weil auf ihren Gebrauch der Gebrauch aller anderen Güter beruhet." Praktisch gesagt: Was hat der Besitzer einer Jacht von seinem Besitz, wenn er keine Zeit hat, sie zu nutzen? Oeder geht auf die Bauern in seiner Epoche ein: „Der Verlust der Zeit ist allemal beträchtlich bei den Frondiensten, und ist entsetzlich da wo die Frondienste übertrieben und willkürlich auferlegt werden … Der Bauer, der immer zu Gebote stehen muss, wird oft von der Arbeit an seinem eigenen Felde in den Tagen, worauf ihm alles ankömmt, abgezogen."

Zeit ist in der Tat ein sehr persönliches Gut, und sie ist ebenso vergänglich wie materielles Eigentum. In der Malerei hat Salvatore Dali den Gedanken mit der Uhr aufgegriffen, die über dem Ast eines toten Baumes hängend zerfließt. Als „erste und prinzipiell schwerste aller Sünden" hat Max Weber festgestellt: Unendlich kurz und kostbar sei das Leben. Allerdings ist Webers Zielrichtung eine andere, indem er meint: Jede verlorene Stunde der Arbeit sei dem Dienst des Ruhmes Gottes entzogen.

Verteilungskampf um die Früchte der Arbeit

„Die Arbeit seines Körpers und der Einsatz seiner Hände gehören einem Menschen selbst. Was immer er aus dem Zustand entfernt, wie ihn die Natur hervorbrachte und beließ, so hat er seine Arbeit damit vermengt, und etwas hinzugefügt, was sein eigen ist, und also daraus sein Eigentum gemacht.“

So argumentierte John Locke. Nach Meinung des englischen Philosophen verleiht die Arbeit Eigentumsrechte – auch wenn eigentlich „die Dinge der Natur allen zur gemeinsamen Nutzung gegeben“ wurde, wie es in Lockes *Abhandlungen über die Regierung* heißt.

Mit Theorien zur Arbeit beschäftigten sich viele kluge Köpfe – und mit der Frage, wem die Früchte von Arbeit gehören bzw. gehören sollen. In Deutschland meinte Johann Gottlieb Fichte 1793 nachvollziehbar: Weil man „vermittelst seiner Arbeit etwas zu seinem Eigentum macht, so ist klar, dass der, welcher mehr arbeitet, auch mehr besitzen darf, und dass der, welcher nicht arbeitet, rechtlich gar nichts besitzt.“ Manche Denker vermischten die Arbeitstheorie mit anderen Vorstellungen, etwa der Okkupationstheorie. Ludwig Höpfner meinte 1792: „Man kann sich ein Eigentumsrecht erwerben, 1) wenn man durch Anwendung seiner Leibes- oder Seelenkräfte etwas hervorbringt, kurz durch Arbeit; 2) wenn man eine Niemandem zugehörige Sache in solche Umstände bringt, dass man im Stande ist, darüber zu disponieren und dies in der Absicht tut, um die Sache eigentümlich zu haben.“ Noch 1839 gab der Brite Charles Bray seine Überzeugung kund: „Jedermann hat ein unbestreitbares Recht auf alles, was seine ehrliche Arbeit ihm verschaffen kann. Wenn er auf diese Weise die Früchte seiner Arbeit für sein Eigentum erklärt, so fügt er keinem anderen menschlichen Wesen ein Unrecht zu."

Zu jener Zeit liefen in Großbritannien die Dampfmaschinen auf Hochtouren. Die Arbeit der Maschinen brachte mehr und mehr Güter hervor, die Arbeit des Menschen bekam eine neue Rolle zugeordnet: Als Lohnarbeit im Dienste kapitalkräftiger Fabrikbesitzer. „Eigentum ist jetzt die Verfügung über fremde Arbeitskraft", folgerte Karl Marx. Der Verteilungskampf um die Früchte der Arbeit erreichte mit der Industriellen Revolution und der sich daraus entwickelnden kapitalistischen Wirtschaftsweise sowie der Funktion von Kapital und Arbeit als Produktionsfaktoren eine neue Phase.

Strukturen von Besitz und Herrschaft waren stets die Vorgabe, wer auf welche Weise von den Früchten der Arbeit profitiert. Nichts anderes untersuchte und erklärte Karl Marx für die Verhältnisse zu seine Zeit als der frühindustriellen Zeit. Die Frage nach der Verteilung von Früchten der Arbeit bleibt aber bis zur Gegenwart ein roter Faden bei der Suche nach gesellschaftlichen Perspektiven.

Adam Smith hatte in seinem Buch über den *Wohlstand der Nationen* vor anderen festgestellt, dass Kapital auf Vermehrung bedacht ist. Er schrieb: „Besitzt jemand nur so viel Vermögen, dass er davon nicht länger als ein paar Tage oder Wochen leben kann, denkt er wohl kaum daran, Einkünfte daraus zu erzielen … Besitzt dagegen jemand ein Vermögen, aus dem er sich für Monate oder Jahre ernähren kann, wird er natürlich bestrebt sein, aus dem größeren Teil ein Einkommen zu erzielen … Sein ganzes Vermögen besteht somit aus zwei Teilen, einem, von dem er ein Einkommen erwartet, Kapital genannt, und einem anderen, der unmittelbar seinem Verbrauch dient." Adam Smith sah „zwei Arten, wie man ein Kapital verwenden kann, damit es seinem Besitzer einen Gewinn oder ein Einkommen abwirft." Erstens könne er es „dazu verwenden, um selbst

Güter in der Absicht zu erzeugen, zu verarbeiten oder zu kaufen, sie wieder mit Gewinn zu verkaufen." Zweitens könne „Kapital dazu dienen, Grund und Boden zu verbessern, nutzbringende Maschinen und Werkzeuge zu kaufen oder ähnliche Gegenstände zu erwerben, die Einkommen oder Gewinn abwerfen, ohne seinen Besitzer zu wechseln oder ohne umzulaufen. Solche Kapitalien kann man ebenfalls zutreffend, festes Kapital oder Anlagevermögen nennen." Gegenstand der Begierde waren nun Maschinen und Werkzeuge als Arbeitsinstrumente für die Arbeiter.

Adam Smith beschrieb den Unterschied zwischen Fabrikarbeit und anderen Arbeitsverhältnissen auf eine sehr verständliche Weise: „Wohlhabend wird also, wer viele Arbeiter beschäftigt, arm hingegen, wer sich viele Dienstboten hält. Natürlich hat auch die Arbeit des Dienstboten ihren Wert und verdient gleichermaßen eine Entlohnung. Doch manifestiert sich die Arbeit des Fabrikarbeiters in einem einzelnen Werkstück oder einer käuflichen Ware, so dass sie auch noch eine Zeitlang nach der Bearbeitung fortbesteht ... Umgekehrt wird die Arbeit eines Dienstboten nirgends sichtbar, weder in einem Werkstück noch in einem käuflichen Gut. Im allgemeinen geht seine Leistung im selben Augenblick unter, indem er sie vollbringt, ohne eine Spur oder einen Wert zu hinterlassen, mit dem man später wieder eine entsprechende Leistung kaufen könnte."

Lesenswert ist die Darstellung von H. G. Wells zur Industrialisierung. In seinem Werk *Arbeit, Wohlstand und das Glück der Menschheit*, das in deutscher Sprache erstmals 1932 erschien, schrieb der britische Schriftsteller, der sich nicht nur mit phantastischen Erzählungen (wie *Die Zeitmaschine*), sondern auch mit sozialpolitischen Veröffentlichungen einen Namen erwarb: „Der neue Akt im menschlichen Drama begann also mit Nehmen und Raffen. Das brauchte nicht so sein, aber es war so. Der Industrieunternehmer war seinem Wesen nach ein Nachkomme des raffenden, sparenden, hart arbeitenden Bauerntyps, und der Finanzabenteurer war seinem Wesen nach Räuber. Beide vermischten sich, und daraus ergaben sich jene neuen Reichen … Sie verbanden sich mit den Altreichen und übernahmen von ihnen Prestige und den Anspruch besserer Wertschätzung. Sie waren Neureiche mit den Traditionen von Altreichen. Prachtentfaltung, Prunk und Luxus für die Frauen, das Kaufen weiblicher Bewunderung, die Verachtung des gewöhnlichen Volkes und eine gewisse Eifersucht gegenüber jeder Konkurrenz und Rivalität – alles das übernahmen sie als selbstverständlich und ihrem Wesen entsprechend." Wells konstatierte treffend: „Wäre aber nicht der Profit der Hauptzweck, dann könnte man es durch Verringerung der täglichen Arbeitsstunden oder der jährlichen Arbeitswochen oder der Arbeitsjahre des Menschen so einrichten, dass eine solche Ausscheidung von Arbeitern aus der Produktion, wie sie jetzt vor sich geht, nicht zu erfolgen brauchte."

Karl Marx beschrieb die Situation zu seiner Zeit auf diese Weise: „Der Arbeiter arbeitet unter der Kontrolle des Kapitalisten, dem seine Arbeit gehört. Der Kapitalist passt auf, dass die Arbeit ordentlich vonstattengeht und die Produktionsmittel zweckmäßig verwandt werden, also kein Rohmaterial vergeudet und das Arbeitsinstrumente geschont, d. h. nur so weit zerstört wird, als sein Gebrauch in der Arbeit ernötigt. Zweitens aber: Das Produkt ist Eigentum des Kapitalisten, nicht des unmittelbaren Produzenten, des Arbeiters. Der Kapitalist zahlt z. B. den Tageswert der Arbeitskraft. Ihr Gebrauch, wie der jeder anderen Ware, z. B. eines Pferdes, das er für einen Tag gemietet, gehört ihm also für den Tag. Dem Käufer der Ware gehört der Gebrauch der Ware, und der Besitzer der Arbeitskraft gibt in der Tat nur den von ihm verkauften Gebrauchswert, indem er seine Arbeit gibt. Von dem Augenblicke, wo er in die Werkstätte des Kapitalisten trat, gehörte der Gebrauchswert seiner Arbeitskraft, also ihr Gebrauch, die Arbeit, dem

Kapitalisten." Das Produkt des Arbeitsprozesses gehöre dem Kapitalisten „ganz ebenso sehr als das Produkt des Gärungsprozesses in seinem Weinkeller."

Das *Kapital* von Karl Marx gehört inzwischen zum UNESCO-Weltkulturerbe. Seine grundsätzlichen Gedanken über die Entfremdung von der Arbeit sind in einer Zeit, in der Computertechnik immer mehr Funktionen übernommen hat und der Faktor Arbeit durch Industrieroboter in großen Teilen substituiert werden kann, aktuell geblieben. Allerdings sind seit der Zeit von Karl Marx die Beziehungen zwischen Kapital und Arbeit komplizierter geworden. Viele Erscheinungen konnte er nicht vorhersehen. Die Arbeitsabläufe und die Formen des Gebrauchs von Arbeit haben sich zum Teil drastisch verändert.

Heute wird zwischen normalen und prekären Beschäftigungsverhältnissen unterschieden, sowie zwischen Kollektivität und Individualität in der Arbeitswelt. Die einen sind durchaus mit Arbeit von zuhause aus (am PC) zufrieden und verzichten dabei auf eine Kommunikation mit Kollegen und Kolleginnen. Sie können fest angestellt oder selbständig sein. Viele sind weiterhin in eine traditionelle betriebliche Arbeitsteilung eingebunden. Im Zeitalter der Globalisierung sind diese leicht auswechselbar – durch Standortverlagerungen auch über Grenzen hinweg. Einfache Arbeitsprozesse werden in Länder mit niedrigeren Löhnen transferiert, und sogar anspruchsvolle IT-Arbeit lässt sich leicht innerhalb von Teams zwischen Schichten an unterschiedlichen Zeitzonen aufteilen. Noch andere Erwerbstätige arbeiten isoliert als „Kreative". Dahinter verbergen sich Zwänge, aber auch unterschiedliche Mentalitäten. Alle erwarten, dass die Interessen, die sich aus ihrer Lage ergibt, vertreten werden. Die Gewerkschaften haben es in dieser Situation mit einer Positionsbestimmung nicht leicht.

Die Arbeiter- und Gewerkschaftsbewegung spielte in der Geschichte eine entscheidende Rolle im Verteilungskampf. Die zeitgenössische Wahrnehmung hielt Wilhelm Liebknecht 1897 in einem Artikel über *Die Sozialdemokratie im Hamburger Hafen* in der folgenden Beschreibung fest: „Männer in zornigem Trotz die Lippen zusammengepresst, entschlossen, für ihre doch so bescheidenen Forderungen zu ringen gegen das nimmersatte Kapital, das ihnen das letzte Mark auspressen will aus den Knochen, das sie bedrohen will, weil sie sich erkühnt haben, von dem kargen Recht Gebrauch zu machen, welches das Reich der Reichen ihnen gnädig gewährt hat."

Ungleichheiten beschäftigten Rosa Luxemburg 1918 in einem Artikel über *Die Sozialisierung der Gesellschaft*: „Heute gehören alle Reichtümer: die größten und besten Ländereien, die Gruben und Werke sowie die Fabriken, einigen wenigen Junkern und Privatkapitalisten. Die große Masse der Arbeiter bekommt nur für schwere Arbeit von jenen Junkern und Kapitalisten einen kargen Lohn zum Leben. Die Bereicherung einer kleinen Anzahl von Nichtstuern ist der Zweck der heutigen Wirtschaft. Dieser Zustand soll beseitigt werden."

Lange dauerte der Kampf erst um die 40-Stunden-Woche, dann die in vielen Branchen gültige 35-Stunden-Woche. Arbeitszeitverkürzung wurde für die Gewerkschaften zum Instrument gegen Arbeitslosigkeit und für Arbeitsplatzsicherheit, sie hat aber noch eine zweite Komponente, die sich in Slogans wie „Mehr Zeit zum Leben" ausdrückt. Die Forderung nach „Zeitsouveränität" in manchen Branchen und die Praxis von Zeitkonten in Tarifverträgen zeugen davon, dass die Zeit im Produktionsprozess zu einer Größe geworden ist, über die disponiert wird ähnlich wie über Rohstoffe. Flexibilisierung von Arbeitszeit, wie sie in zahllosen Betriebsvereinbarungen festgeschrieben wurde und wird, kann in der Wahrnehmung der Beteiligten positive ebenso wie negative Auswirkungen haben.

Heute werden die Existenzbedingungen für fünf von sechs Beschäftigten durch tarifvertragliche Regelungen positiv beeinflusst. Sie sind die modernen Instrumente, um die Verteilung der Früchte der Arbeit zu regeln. Oft führt allerdings erst die Nutzung des Streikrechts für die Beschäftigten zu Erfolgen. Die erste Arbeitsniederlegung in der Geschichte übten Maurer eines Tempels im 22. Jahrhundert v. Chr. im Alten Ägypten aus. In Deutschland wird der erste Streik zur Durchsetzung eines Tarifvertrags 1848 rund 600 Setzern und Druckern zugeschrieben. Das derzeitige Tarifvertragsgesetz wurde 1949 verabschiedet. 1984 erfolgte in der Metall-, Druck- und Holzindustrie der Einstieg in die 35-Stunden-Woche. Heute sind in Deutschland rund 70.000 Tarifverträge in einem Register eingetragen und damit gültig. Über 500 sind allgemeinverbindlich.

Zusätzlich schaffen EU-Richtlinien Rahmenbedingungen für die Arbeitswelt, die in der nationalen Gesetzgebung umgesetzt werden müssen. Ein Beispiel ist die Richtlinie zu Bildschirmarbeitsplätzen, andere betreffen den Arbeitsschutz oder Leiharbeitsplätze. Die völlige Umsetzung gelingt nicht immer. 2008 wurde von Brüssel die Gleichbehandlung von Leiharbeitern und Stammbeschäftigten vorgegeben, ein Bericht der EU-Kommission vom Frühjahr 2014 stellte für Deutschland dazu nach wie vor Abweichungen fest.

Die Gewerkschaften sind in der Gegenwart in vielen Branchen und Ländern eher in die Defensive gedrängt und haben vor allem darum zu kämpfen, Erreichtes zu verteidigen. Und in vielen Familien frisst die Teuerung die tariflich ausgehandelten Lohn- und Gehaltssteigerungen auf. 2017 lag der Reallohnindex um 2,5 Prozent über dem Vorjahr und der Index der Verbraucherpreise um 1,8 Prozent – aber das Lohngefälle nimmt zu: Leitende Angestellte konnten sich über deutlich höhere Lohnsteigerungen freuen als ungelernte

Arbeitnehmer. Bei Tarifverhandlungen wird außerdem von Arbeitgeberseite immer häufiger versucht, das Prinzip der Flächentarifverträge in Frage zu stellen.

Zur Erklärung, wie sich die Früchte der Arbeit verteilen, ist der Shareholder-Value-Gedanke hilfreich. Er verbreitete sich wie ein Virus über die Welt der Wirtschaft. Als geistiger Vater der Erscheinung gilt der amerikanische Wirtschaftsprofessor Alfred Rappaport. Das Prinzip: Anlagekapital wird ausschließlich so investiert, dass die Gelder kurzfristig möglichst hohe Gewinne erbringen. Im Unterschied zur Masse der mittelständischen Firmen hat der Götze Shareholder Value vor allem in den Chefetagen von börsennotierten Unternehmen seine Hohepriester sitzen. Die Konzernfürsten sind vom Erfolg ihrer Shareholder-Value-Geschäftspolitik abhängig geworden, wenn sie ihre hochdotierten Jobs behalten wollen.

Die Stunde der Wahrheit schlägt dabei nicht erst bei den jährlichen Hauptversammlungen. Bei der Bekanntgabe von Quartalsbilanzen müssen sich die Konzernchefs in internationalen Telefonkonferenzen gegenüber Analysten von Banken, Finanzhäusern und Brokerfirmen über Erfolg oder Misserfolg ihrer Shareholder Value-Strategie rechtfertigen. Einen interessanten Gedanken zur Rolle der Manager formulierte bereits James Burnham, der in den 1930er Jahren die amerikanische Arbeiterbewegung beeinflusste, in seinem 1941 erschienenen Hauptwerk *Das Regime der Manager* stellt er fest: Herrschaft sei weniger von Besitz von Produktionsmitteln abhängig, sondern mehr von der Kontrolle über den Zugang zu selbigen. So gelänge es angestellten Managern, die eigentlichen Kapitalisten praktisch zu enteignen.

Das hatte sich Karl Marx nicht vorstellen können: Millionen von Menschen besitzen Firmenanteile und wurden zu Kapitalisten, ohne immer genau zu wissen, um welche Unternehmen es sich eigentlich handelt. Sie haben ihr Geld Investmentfonds-Gesellschaften anvertraut, die als gebündelte Macht an den Aktien- und Devisenmärkten auftreten. Die Speerspitze bilden sogenannte Hedgefonds. „To hedge" lässt sich zunächst harmlos mit „absichern" übersetzen. Das von den Anlagestrategen dieser Fonds oft erwartete Streben nach zehn und mehr Prozent Jahresrendite bringt zwangsläufig Opfer – an Arbeitsplätzen. Im Gegensatz zu mittelständischen Unternehmern, die sich oft um das Wohl und Wehe ihrer Mitarbeiter sorgen, hat für viele dieser Manager die soziale Verantwortung und die Sicherung von Arbeitsplätzen allenfalls eine untergeordnete Bedeutung.

Eine der großen amerikanischen, auch in Deutschland präsenten privaten Fonds-Gesellschaften ist Fidelity Investments mit der Zentrale in Boston und Niederlassungen in insgesamt 24 Ländern. 1946 von Edward C. Johnson 2d gegründet, verwaltet die Gesellschaft nach letztem Stand Anteile im Wert von rund 2,5 Billionen US-Dollar. Ein besonderes Kapitel verbindet sich mit amerikanischen Pensionsfonds für die Beschäftigten im öffentlichen Dienst. Insgesamt gibt es mehr als 6000 solcher Systeme, die sich durch Profite aus Anlagen finanzieren. Bei ihnen geht es allerdings nicht darum, eine Gier zu befriedigen. Sie sind das Produkt einer unzulänglichen staatlichen Sozialpolitik, die die Masse der Bevölkerung bei der Altersvorsorge anders als in Deutschland im Stich lässt.

Manche dieser Fonds bedienen wenig mehr als 3000 Pensionsempfänger, wie die Feuerwehrleute von Houston oder die Lehrer in der Stadt Saint Paul in Minnesota. Viele klagen seit Jahren zunehmend über Finanzprobleme. Eine Studie von Mitte 2018 kam auf ein Defizit von zusammen 1,28 Billionen US-Dollar – so hoch ist die Finanzlücke, um allen absehbaren Pensionsverpflichtungen nachzukommen. Das ist eine politische und soziale Zeitbombe.

Als der größte Pensionsfonds ist CalPERS zu nennen – für: California Public Employees' Retirement System, also der Fonds für die Staatsangestellten in Kalifornien. Er wurde 1932 gegründet. Von seinem Management profitieren nach dem Stand von Mitte 2018 rund 1,9 Millionen Menschen bei mehr als 3000 verschiedenen Arbeitgebern in 450 Städten. Der Marktwert der Investitionen von CalPERS lag Ende August 2018 bei 380 Milliarden Dollar. Aber auch CalPERS ist, wie die meisten amerikanischen Pensionsfonds, unterfinanziert. Das Geld reicht nur mehr zum Teil aus, um die Pensionsversprechen einzuhalten. Das zwingt CalPERS zu einer aggressiven Anlagestrategie – koste es anderen, was es wolle. Auf 62 Milliarden Dollar summiert sich das im Ausland liegende Kapital. Die Deutsche Bank steht mit auf der Liste, ebenso wie Papiere der Allianz Versicherung, von Axa, der Deutschen Telekom, Lufthansa, Siemens, Südzucker und VW.

Verkompliziert wird das Eigentum an Unternehmen durch die Streuung und internationale Verschachtelung von Aktienanteilen. Man nehme den Fall der Deutschen Bank, von der 2016 pro Tag durchschnittlich 13 Millionen Aktien an den Börsen umgesetzt werden. 2018 erreichte die Zahl ihrer Aktionäre die Marke von 644.000. Für Furore sorgte im November 2018 der Aufstieg des amerikanischen Hedgefonds Hudson Executive Capital LP zum größten institutionelle Anleger bei der Bank. Unter den größten befanden sich zu diesem Zeitpunkt außerdem der amerikanische Vermögensverwalter Blackrock und die Herrscherfamilie Al-Thani in Katar. Selbst hält die Deutsche Bank Beteiligungen an 1320 Unternehmen in aller Welt. So wird der einzelne Aktionär der Deutschen Bank indirekt Miteigentümer von einer Vielzahl anderer Firmen. Doch der einzelne Kleinaktionär kann deswegen noch lange nicht bei Entscheidungen mitsprechen, die den Wert seiner Aktie beeinflussen. Er profitiert, bescheiden, von der Dividende.

Der Kapitalismus müsse einfach mehr Kapitalisten hervorbringen – das ist, auf einen Nenner gebracht, die Idee des amerikanischen

Finanzexperten Jeff Gates. Gates hat Eigentum am eigenen Unternehmen im Blick: Er ist Verfechter sogenannter ESOPs – „employee stock ownership plans“, die amerikanische Form der Mitarbeitergesellschaften, bei der sich ein mehr oder minder großer Aktienanteil im Besitz der Arbeiter und Angestellten befindet. Das Ziel ist wiederum, die Pensionen zu sichern. Mit dem Argument der Alterssicherung wirbt in Deutschland zum Beispiel auch der Siemenskonzern um Mitarbeiteraktionäre. Weltweit 80 Prozent der Siemensianer machen mit. Inzwischen gibt es bei Siemens mehr als 300.000 Mitarbeiteraktionäre – dank eines Programms des „Siemens Profit Sharing“, das 2015 ins Leben gerufen wurde.

Das Prinzip der ESOPs (employee stock ownership plans) in den USA geht darüber hinaus. Als Alternative zum Lohnsystem setzte erstmals in den 1860er Jahren der Präsident der National Labour Union, William Sylvis, auf eine „employee ownership“. In einer Rede vor Gewerkschaftsmitgliedern vertrat Sylis die Meinung: „Solange wir weiterhin für Löhne arbeiten, solange werden wir nur geringe Bezahlung, Armut und alle Übel erleben, die wir beklagen.“ So entstanden rund 200 Industrie-Kooperativen.

In der Gegenwart führen die Publix Super Markets in Florida und den südöstlichen Bundesstaaten der USA mit über 190.000 Beschäftigten die Liste der Unternehmen mit ESOPs an. Inzwischen haben nach der letzten Zählung insgesamt 6600 US-Firmen mit rund 14 Millionen Beschäftigten einen solchen Plan laufen. In vielen Fällen verfügen die Fonds über mehr als 20 Prozent der firmeneigenen Aktien. Loyalität der Beschäftigten gegenüber dem eigenen Betrieb und Arbeitsmotivation, um den Gewinn zu vermehren, werden von den Befürwortern dieser Einrichtung gepriesen – das ist auch bei Siemens zu hören. Ein solcher „shared capitalism“, argumentiert Gates, binde die Menschen an die kapitalistische Kultur. Und mit dem Fortschritt der wirtschaftlichen Globalisierung könne das Modell zum GESOP erweitert werden – zum „global ESOP". Bei den amerikanischen Gewerkschaften ist die Idee längst salonfähig geworden, die Einrichtung und den Ausbau eines ESOP zum Gegenstand von Tarifverhandlungen zu machen – als Alternative zu Lohnerhöhungen.

Eine These von Gates: Marx hätte kaum den Widerspruch zwischen Kapital und Arbeit angeprangert, wenn ein Teil des Kapitals schon zu seinen Zeiten in Pensionspläne für die Arbeiter eingeflossen wäre. Gates' Vorstellung, dass der Kapitalismus einfach mehr Kapitalisten hervorbringen müsse, wird von Kapitalismus-Kritikern natürlich nicht geteilt. So orakelte Robert Kurz 1999 voreilig: „Der Kapitalismus ist am Ende seines Blindflugs durch die Geschichte angelangt, er kann nur noch zerschellen."

Zur Realität wurde ein anderes Phänomen: Ein regelrechter Run auf Aktien von Kleinanlegern, die den falschen Propheten der New Economy und des Neuen Marktes an der Börse auf den Leim gingen. Kurz erklärt: „Die Aktienspekulation ist Popkultur geworden, Teil der Kulturindustrie – deutlicher könnte nicht zum Ausdruck gebracht werden, in welchem Ausmaß die Weltgesellschaft des Krisenkapitalismus der Verblendung anheimfällt." Verblendung? Das Wort ließe sich ersetzen durch Habgier. Das Kalkül des schnellen Geldes an der boomenden Börse hat sich inzwischen in Luft aufgelöst. Die Börse als zentrale Institution eines „Kasinokapitalismus", von dem Kurz spricht, entpuppte sich für viele Kleinanleger als Vernichtungsmaschinerie von Geld und Eigentum: Sie haben ihr Vermögen durch die 2000 geplatzte Seifenblase des Neuen Marktes regelrecht „verbrannt".

Dass Spekulation schief gehen kann, mussten Menschen schon in früheren Jahrhunderten erleben. Die erste große Spekulationskrise ist auf die Jahre zwischen 1634 und 1639 anzusetzen. Es ging damals nicht um Geld oder Gold, sondern um Tulpenzwiebeln. Die

Pflanze war erst um 1550, aus der Türkei stammend, in Westeuropa eingeführt worden. Die orientalisch wirkende Blüte fand bald reißende Nachfrage, und so explodierten die Preise. Insbesondere in den Niederlanden wurden die Zwiebeln mit Gold aufgewogen.

In seinem Schelmenroman *Der Tulpendieb* beschrieb Otto Rombach die Szenerie: „Bis ins kleinste Dorf war bald die Sucht gedrungen, mit Tulpen, Tulpenzwiebeln oder -samen nach Profit zu jagen. In jeder Kneipe tat sich ein Komparitium auf, ein Händlertisch, fast einem Wettbüro vergleichbar, einer zügellosen Börse, wo sich die Spekulanten trafen. Nach ausgeklügelten Systemen, mit kleinen Täfelchen und wunderlichen Rechenkünsten ging der Handel vor sich, der mit Fressereien und Kneipereien beschlossen wurde, bis ein neuer Händler auftrat und das Spiel von vorn begann." 1637 platzte die Seifenblase mit sinkenden Preisen und einer großen Anzahl von Konkursen.

Viel hat sich seit der Zeit von Karl Marx geändert. Das „nationale Großkapital" wurde abgelöst durch „global players", die weltweit auf den Märkten im Spiel sein wollen. Das beschränkt sich nicht auf Marktpräsenz durch Exporte, sondern bezieht den Bau oder den Aufkauf von Fabriken beziehungsweise die Beteiligung an Fabrikanlagen im Ausland ein. Nach Statistiken der Deutschen Bundesbank lagen Ende 2017 die deutschen Direktinvestitionen im Ausland bei fast 1,2 Billionen Euro. Umgekehrt stiegen die Direktinvestitionen des Auslands in Deutschland auf einen Rekordwert von 741 Milliarden Euro.

Besitzer in der Ferne, das bedeutet in jedem Fall: Wichtige Entscheidungen werden in der Ferne getroffen. Entscheidungen über Arbeitsplätze, die Nutzung von Arbeit und die Nutzungsbedingungen kollidieren dann hierzulande oft mit einem unterschiedlichen Verständnis von Mitbestimmung. Die Idee der Mitbestimmung geht auf den Vormärz im frühen 19. Jahrhundert zurück. Vor allem sozialliberale Reformer traten damals für einen Rechtsanspruch auf eine Arbeitervertretung ein. In einem Papier des Deutschen Gewerkschaftsbundes von 1975/76 hieß es: „Mitbestimmung bedeutet: Die Arbeitnehmer wollen auf die Entscheidungen in Betrieb, Unternehmen und Gesamtwirtschaft Einfluss gewinnen. Denn diese Entscheidungen bestimmen und gestalten ihre Arbeits- und Lebensbedingungen. Die Arbeitnehmer wollen nicht länger ein Schicksal aus zweiter Hand – aus der Hand einer Minderheit von Eigentümern." Mitbestimmung hat dabei in der Praxis eine doppelte Wirkung: Sie kann Willkür bei der Verwendung des Eigentums einschränken. Sie stabilisiert zugleich das Prinzip, dass die einen dieses Eigentum haben, die anderen nicht.

1976 wurde in Deutschland das Mitbestimmungsgesetz verabschiedet, die letzte Änderung trat 2015 in Kraft. Betriebsräte können in Firmen mit mehr als fünf Beschäftigten gewählt werden. Von Branche zu Branche bestehen freilich erhebliche Unterschiede. Während im Bereich Bergbau, Energie und Wasserversorgung in den westlichen Bundesländern etwa 80 Prozent und in den östlichen rund 72 Prozent der Beschäftigten von einem Betriebsrat vertreten werden, sind dies im Gastgewerbe gerade neun bzw. elf Prozent. 2017 wurden nach den Daten des Statistischen Bundesamtes insgesamt 46,2 Prozent der Beschäftigten in der Privatwirtschaft in Deutschland durch Arbeitnehmervertretungen repräsentiert. Der Trend zeigt nach unten. Für die Idee der Mitbestimmungen ist das ein herber Rückschlag. Im Öffentlichen Dienst lag der Anteil der durch Personalräte vertretenen Beschäftigten immerhin bei 91 Prozent.

Bei der Frage um die Verteilung der Früchte von Arbeit ist das Modell der Genossenschaften zu nennen – als Zusammenschluss von natürlichen oder juristischen Personen, die in einem gemeinsamen Gewerbe tätig sind. Genossenschaften helfen, unternehmerische Ausgaben zu sparen und damit Vermögen zu bewahren. Pioniere in Deutschland waren Mitte des 19. Jahrhunderts Hermann Schulze-Delitzsch und Friedrich Wilhelm Raiffeisen. Heute sind gut 700 Millionen Mitglieder „Genossen". Das Prinzip, sich zusammenzuschließen, findet man bereits bei den Handwerkern im Alten Ägypten. Manche Forscher sehen auch die mittelalterlichen Zünfte in dieser Tradition. Konsum- und Wohnungsgenossenschaften erlebten, nach dem Prinzip solidarischer Selbsthilfe, bis zur Machtergreifung der Nationalsozialisten in Deutschland einen Aufschwung – sie standen dann jedoch im Widerspruch zum Führerprinzip und wurden „gleichgeschaltet". Heute bewirtschaften die Wohnungsbaugenossenschaften etwa zehn Prozent der Mietwohnungen in Deutschland.

Natürlich versuchen Parteien und Politiker, sich mit dem Thema der Verteilung von Eigentum zu profilieren. Im Erfurter Programm der Sozialdemokratischen Partei von 1891 ist nachzulesen: „Das Privateigentum an Produktionsmitteln, welches ehedem das Mittel war, dem Produzenten das Eigentum an seinem Produkt zu sichern, ist heute zum Mittel geworden, Bauern, Handwerker und Kleinhändler zu expropriieren und die Nichtarbeiter – Kapitalisten, Großgrundbesitzer – in den Besitz des Produkts der Arbeiter zu setzen. Nur die Verwandlung des kapitalistischen Privateigentums an Produktionsmitteln – Grund und Boden, Gruben und Bergwerke, Rohstoffe, Werkzeuge, Maschinen, Verkehrsmittel – in gesellschaftliches Eigentum … kann es bewirken, dass der Großbetrieb und die stets wachsende Ertragsfähigkeit der gesellschaftlichen Arbeit für die bisher ausgebeuteten Klassen aus einer Quelle des Elends und der Unterdrückung zu einer Quelle der höchsten Wohlfahrt und allseitiger, harmonischer Vervollkommnung werde."

Das Streben nach Eigentum gehörte zum sogenannten deutschen Wirtschaftswunder. Ludwig Erhard sprach Ende 1956 in seiner Neujahrsbotschaft: „Eine starke Triebkraft der wirtschaftlichen Leistung ist das Streben nach Eigentum. Es ist darum ein bedeutsames politisches Ziel, möglichst vielen Menschen die Eigentumsbildung in eigener freier Verfügung zu ermöglichen. Nur Eigentum gewährleistet persönliche Sicherheit und geistige Unabhängigkeit. Wohlstand und Eigentum machen den Weg frei zu Bildung und Wissen. Sie sichern der Kultur und der Zivilisation eine immer breitere Basis."

Stark geprägt wurde die Eigentumsdiskussion in Nachkriegs-Deutschland von Walter Eucken, der auch Ludwig Erhard beeinflusste. Seine Botschaft: Das Privateigentum an Produktionsmitteln und die freie Verfügung darüber habe „eine eminente ordnungspolitische und soziale Funktion." Privateigentum sei Voraussetzung der Wettbewerbsordnung; die Wettbewerbsordnung wiederum sei eine Voraussetzung dafür, dass das Privateigentum an Produktionsmitteln nicht zu wirtschaftlichen und sozialen Missständen führe. Für Eucken war es wichtig festzuhalten: „Dass Privateigentum zu Missständen führen *kann*, Kollektiveigentum führen *muss*." Alle Lösungen, die auf Verstaatlichung des Eigentums und zentrale Lösungen hinzielten, verminderten nach seiner Überzeugung die Leistungsanreize, verschlechterten die Kostenrechnung und machten Bürokratisierung der Wirtschaftsverwaltung unvermeidlich.

Die Debatte um Mindestlöhne ist sicherlich eine wichtige Facette bei der Frage nach den Früchten der Arbeit. Mit 9,19 Euro pro Stunde seit Anfang 2019 liegt Deutschland dabei in Europa auf Platz sechs. Spitzenreiter ist Luxemburg mit 11,55 Euro, Schlusslicht die Slowakei mit 2,99 Euro. Erstmals wurden Mindestlöhne – überhaupt: Standards bei der Entlohnung von Arbeit – bei den Sumerern im Codex Hammurabi schriftlich festgelegt. Sie waren je nach Beruf sehr unterschiedlich. Eigene Honorarsätze gab es für Ärzte, Baumeister und Schiffsbauer, feste Vergütungsregeln waren ebenso für Maurer, Hirten, Töpfer, Schneider und Seilmacher vorgesehen, die man mieten konnte. Einer der Paragraphen befasste sich mit Tagelöhnern: „Von Neujahr bis zum fünften Monat" sollte ein solcher sechs Silberstücke am Tag erhalten, vom sechsten Monat bis zum Ende des Jahres waren es dann nur noch fünf. Hinter dem Gedanken vom Mindestlohn steckt das Ziel, dass jedermann in der Lage sein solle, von seiner Arbeit ohne Not leben zu können. Allzu viele Mitbürger, die auf einen zweiten Job angewiesen sind – Rentner eingeschlossen – können davon immer noch nur träumen.

Ein Abstecher in die Völkerkunde

„Die armen Einwohner von Kuba und San Domingo trugen, als sie von den Spaniern entdeckt wurden, kleine Goldstücke als Schmuck in ihren Haaren und an ihren Kleidern, die für sie scheinbar den gleichen Wert hatten wie für uns kleine Kieselsteine von fast gewöhnlicher Schönheit. In ihren Augen waren sie eben wert, dass man sie aufhebt, aber wiederum nicht so wertvoll, um sie jemandem zu verweigern, der darum bat. Auf die erste Bitte hin gaben sie ihren neuen Gästen die Goldstückchen ohne offenbar zu wissen, welch wertvolles Geschenk sie ihnen damit gemacht hatten. Sie waren erstaunt über die Gier der Spanier nach diesem Metall, denn sie hatten keine Vorstellung, dass es irgendwo ein Land geben könnte, in welchem die Leute so reich mit Lebensmitteln, die für sie selbst immer knapp waren, versorgt waren, und dass diese Leute bereit sein konnten, für nur wenige dieser glitzernden Steine gleich so viel Lebensmittel zu geben, wie ausreichen würde, um eine ganze Familie über mehrere Jahre hin zu ernähren."

Das Zitat von Adam Smith aus seinem Hauptwerk über den *Wohlstand der Nationen* verdeutlicht: Der Wert von Dingen kann in unterschiedlichen Kulturkreisen jeweils anders bewertet werden. Dinge können für die einen ein Objekt der Begierde sein, für andere dagegen nicht. Noch einmal sei auch auf Rousseau verwiesen. Seine Beschreibung der „Edlen Wilden" muss seinen Zeitgenossen ebenfalls als fremdartig erschienen sein. Solange die Menschen „nur Werke herstellten, die einer allein machen konnte, und Künste pflegten, die nicht die Zusammenarbeit mehrerer Hände erforderten, lebten sie so frei, gesund, gut und glücklich, wie sie es ihrer

Natur nach sein konnten, genossen weiter unter sich die Wonne eines unabhängigen Verkehrs. Aber seit dem Augenblick, da der Mensch die Hilfe eines andern nötig hatte, seit man bemerkte, dass es dem Einzelnen nützlich war, Vorräte für zwei zu haben, verschwand die Gleichheit. Das Eigentum war eingeführt, die Arbeit wurde nötig und die weiten Wälder verwandelten sich in lachende Felder, die mit dem Schweiß des Menschen begossen werden mussten. Die Sklaverei und das Elend entsprossen bald auf ihnen und wuchsen mit den Ernten.“

Ein Streifzug durch die Völkerkunde macht klar, dass Privatbesitz nicht überall den gleichen Stellenwert hat, und dass Habgier ganz unterschiedlich stark ausgeprägt ist. Eigentum kann, wenn es schwer zu transportieren ist, sogar ausgesprochen hinderlich sein. Das gilt zum Beispiel für Nomadenvölker, die weitgehend auf solchen Ballast verzichten. Wer öfter umgezogen ist, wird das nachvollziehen können. Bei Wohnungsauflösungen landen Dinge, die einem Verstorbenen lieb und teuer waren, einfach in den Müll.

Überraschenderweise gibt es manche Parallelen zwischen den Vorstellungen von Völkern, die Tausende von Kilometern voneinander entfernt leben und nie miteinander Kontakt hatten. So wiesen bis zum 20. Jahrhundert in traditionellen Dorfgemeinschaften in der Sahelzone ebenso wie auf Inseln im Südpazifik die Stammeshäuptlinge ihren Mitbewohnern nur das Nutzungsrecht an Land zu; sie verwalteten dieses Recht für das Kollektiv der toten, lebenden und ungeborenen Stammesmitglieder. Stark verwurzelt ist bis heute das Gemeinschaftsgefühl und das Prinzip des Gemeineigentums an Land bei den Indios Mittelamerikas. In manchen abgeschiedenen Dörfern Südostasiens gelten nach wie vor Büffel und andere Tiere als Gemeindeeigentum. Eng miteinander verbunden fühlen sich die australischen Aborigines mit ihrem Land. Es gilt als heilig. Nach den

Vorstellungen der Aborigines wurde das Land einst von Ahnen- oder Schöpferwesen geschaffen. Diese Wesen stellen sie sich in Gestalt von Bergen, Tälern und Flüssen vor.

Die Kolonialverwaltungen griffen in solche Systeme unerbittlich ein. Die Unkenntnis und Ignoranz von traditionellen Landrechten führte auch dazu, dass moderne Entwicklungshilfeprojekte Unheil stifteten. In der Sahelzone wurden in manchen Fällen landwirtschaftliche Projekte ausgerechnet auf Grund eingerichtet, der nach mündlich weitergegebenen Vereinbarungen, die Jahrhunderte hinweg galten, von Nomaden genutzt werden konnten. Der Bruch solcher Vereinbarungen durch gut gemeinte Anpflanzungen europäischer Entwicklungsorganisationen führte dazu, dass die Nomaden mit ihren Herden die Trassen verließen und die Tiere dann ungeregelt über die Felder trieben.

Ein gut dokumentiertes Beispiel der Folgen von zwangsweise eingeführtem privatem Landbesitz in einem überschaubaren Gebiet bietet Rarotonga, eine der Cook-Inseln im Südpazifik. Alle Landrechte waren dort einst nach einem komplizierten System an die Abstammung und an Autorität gekoppelt. Stammeshäuptlinge, die „ariki", wiesen das Nutzungsrecht zu. Im Juli 1902 führte die britische Kolonialverwaltung auf den Cook-Inseln einen „Land Titles Court" ein, um Landbesitzrechte festzuschreiben. Entsprechend der europäischen Denkweise wurde angenommen, dass Landbesitz die Insulaner motivieren würde, mehr anzubauen und damit ihren Lebensstandard zu verbessern. Bis 1908 war alles nutzbare Land registriert und als Besitz zugeteilt. Nun konnte Land auch an Europäer verpachtet werden – entgegen dem Prinzip, dass Landnutzung ausschließlich durch Abstammung möglich gemacht hatte. Noch im gleichen Jahr verfügte der britische „Resident Commisioner" durch einen Erlass, dass die Stammeshäuptlinge zwar in Ratsversammlungen an der Gesetzgebung für die Insulaner mitwirken dürften, ihre Rolle und Macht bei der Landzuordnung aber hatten sie verloren – und damit die Grundlage für ihre Autorität in der Bevölkerung. Eine jahrhundertealte Gesellschaftsordnung wurde auf diese Weise binnen sechs Jahren zerstört.

Ein anderes Beispiel liefert Hawaii. Die Inseln waren einst von polynesischen Einwanderern aus dem Westpazifik besiedelt worden. Diese brachten ein feudales System der Landnahme mit, bei dem der oberste Häuptling, der ali'i nui, Grund und Boden an Unterhäuptlinge zur Nutzung zuwies. Diese wiederum reichten das Recht an andere Häuptlinge weiter, an die die Bauern gebunden waren. Privateigentum existierte nicht. Ab etwa 1800 ließen sich Siedler vom amerikanischen Festland auf Hawaii nieder – und nahmen das Land in Besitz. Es sollte in den Händen weniger Großgrundbesitzer landen. Mitte der 1960er Jahre befanden sich 79 Prozent des Grund und Bodens in Staatsbesitz, und 47 Prozent waren auf 72 Landbesitzer konzentriert.

Dramatische Folgen hatte das Aufeinanderprallen von unterschiedlichen Bodenrechten in Palästina. Unter osmanischer Herrschaft schuf 1858 ein Gesetz Regeln, auf die sich die Einwohner Palästinas auch nach dem Ersten Weltkrieg beriefen, als das Osmanische Reich aufgelöst war. Der größte Teil des Grund und Bodens war sogenanntes Miri-Land: Eine Art von staatlichem Grund, der aber von Privatpersonen genutzt werden und bei kontinuierlicher Nutzung in Privateigentum übergehen konnte. Nach dem traditionellen Verständnis der arabischen Bevölkerung reichte die mündliche Überlieferung aus, um diesen Grundbesitz zu reklamieren. Das hatte über Generationen hinweg funktioniert. Nachdem Palästina unter britische Mandatsverwaltung gelangt war, sollte plötzlich alles Land registriert werden. Viele arabische Bauern und Dorfgemeinschaften verzichteten darauf – teils aus Protest gegen die Fremdherrschaft, teils um die Registrierungsgebühren zu sparen. Nicht wenige Händler nutzten die Gelegenheit, um Land auf ihren Namen zu registrieren, obwohl es andere kultivierten.

Als in den 1920er Jahren immer mehr jüdische Siedler in Palästina einwanderten, konnten diese nicht registriertes Land kaufen. Allein 1935/36 erwarben jüdische Immigranten 91.000 Dunums – eine Maßeinheit von jeweils rund 0,1 Hektar. Das entsprach der Ackerfläche, die innerhalb eines Tages bearbeitet werden konnte. An der Landbesitzfrage entzündete sich der arabisch-jüdische Konflikt. Der 1948 gegründete Staat Israel erklärte 15 Millionen Dunums zum Staatsland. Die Parole vom „Land ohne Volk für ein Volk ohne Land" ließ sich formaljuristisch erklären, sie entsprach aber in keiner Weise der praktischen Besiedlung.

Von den Eskimos im Nordosten der USA bis zu den Indianerstämmen an der südlichen Pazifikküste galten stets Jagd- und/oder Fischgründe als gemeinsames Eigentum. Sie waren nicht verkäuflich. Natürliches Bevölkerungswachstum führte aber häufig zu Mehrbedarf. Er wurde zum Auslöser für Stammeskriege. Viel wichtiger als Land oder Jagdgründe kann das Wasser sein. So waren bei den nordamerikanischen Navajo-Indianern nicht nur Wälder, sondern auch Wasserstellen Stammesbesitz. Trotzdem verboten es ungeschriebene Gesetze, Wasser aus einer Quelle zu schöpfen, die irgendwann schon von einer anderen Familie benutzt worden war. Bei vielen Stämmen Afrikas waren Wasserstellen ebenfalls Gemeinschaftsbesitz. In der Mythologie der Dogon in Mali ist Wasser der Samen des Schöpfungsgottes, der das Land befruchtet. Wenn eine Frau zu ihrem Mann zog, hieß es: Sie hat Wasser bei ihm getrunken. Persönliche Wasserrechte waren unvorstellbar. Gemeinschaftsbesitz bedeutet dabei eigentlich: Das Eigentum bleibt den Ahnen zugeordnet. Nach jeder Ernte haben diese deshalb Anspruch auf ein Opfer.

Doch solche traditionellen Normensysteme sterben aus. Im Gegensatz zur europäischen Geschichte, in der Privateigentum im Prozess einer oft langen gesellschaftlichen Entwicklung und parallel zu einem sich natürlich wandelnden sozioökonomischen Umfeld herausgebildet wurde, ist die Einführung von Privateigentum bei Naturvölkern ein ebenso unvermittelter wie gravierender Eingriff. Die Einführung von Kopfsteuern durch die Kolonialverwaltungen zwang die Familienoberhäupter, das erforderliche Geld zu erwerben. Das führte bei allen Völkern West- und Zentralafrikas zur Bildung von bislang unbekanntem Privateigentum und zu fatalen Wanderungsbewegungen zu den Küstenregionen, in denen zum Beispiel auf Plantagen Einkommensmöglichkeiten erwartet werden konnten. Die Individualisierung von Arbeitserträgen zerstörte traditionelle soziale Bande. Sie gefährdete das soziale Sicherungssystem für Alte und Kranke, die sich in der traditionellen Gemeinschaft gut aufgehoben wussten. Sie brachte Armut hervor und wurde Nährboden für soziale Konflikte, die nicht enden wollen.

Der Zusammenhang zwischen Eigentum und sozialer Stellung gilt nicht nur für europäische Industriegesellschaften. „Njawdi kowaagol semteende“ heißt ein Sprichwort bei den Nomaden vom Stamm der Peulh in Westafrika – auf Deutsch: „Reichtum ist das Gehege der Wertschätzung.“ Praktisch gemeint ist in diesem Fall der Reichtum an Ziegen, die für Milch und Fleisch sorgen. Bei manchen Völkern West- und Mittelasiens ist heute noch der Besitz eines Pferdes der Maßstab für Ansehen. Mehrere Frauen zu haben, ist in traditionellen Dörfern der Kurden ebenso wie in Siedlungen afrikanischer Stämme im Sahel ein Symbol für Prestige. Bei den ägyptischen Fellachen ist der Boden bis in die Gegenwart hinein das höchste Gut geblieben. Bauern, die Land verkaufen müssen, sehen weniger den wirtschaftlichen Verlust als die Schande gegenüber den Vorfahren; sie „berauben“ zugleich ihre eigenen Nachkommen.

Bei der Untersuchung sozialer Unterschiede beim Stamm der kalifornischen Yurok-Indianer stießen Völkerkundler auf „arme“ und „reiche“ Schichten. Weil aber die Regeln des Alltags den Indianern keine Möglichkeit boten, materielles Eigentum zur Schau zu stellen oder daraus Nutzen zu ziehen, blieb als Maßstab für arm und reich nur das „Eigentum“ an guten und schlechten Verhaltensweisen (sprich: Manieren). Die Studien ergaben, dass Eigentum bei den Yurok sogar „erdacht“ werden konnte. Durch den Wunsch und die Vorstellung nahmen die Indianer Gegenstände in Besitz, die real gar nicht vorhanden waren.

Bei den Navajo-Indianern schloss der Eigentumsbegriff nicht nur Gegenstände wie Kleidung, Decken, Schmuck oder Waffen mit ein, sondern auch Gesänge, Gebete und Weisheiten, die von den Älteren gelehrt wurden. Der Anthropologe Robert Jarry Lowie berichtete 1928 von den Einwohnern der Trobriand Inseln vor Neuguinea, dass Tänze als individuelles Eigentum galten. Die „Erfinder“ hatten quasi das Urheberrecht, und wenn ein Dorf den Tanz nachahmen wollte, musste es das Recht dazu erkaufen. Ebenso wurde das Wissen um mythische Ereignisse als Erbschaft innerhalb einer Familie weitergegeben. In manchen afrikanischen Dorfgemeinden sind heute noch Medizinmänner und Medizinfrauen anzutreffen, die ihr Wissen über pflanzliche Wirkstoffe nur an die eigenen Söhne und Töchter weitergeben. Das Wissen ist ein Vermögen wert, seine Anwendung garantiert ein sicheres Einkommen.

Die Vorstellung von der Lebenskraft als menschlichem Besitz ist bei den BaKongo im Kongo verbreitet – man kann sie sich durch Hexerei von anderen aneignen, glauben die Stammesmitglieder. Etliche Indianerstämme Nordamerikas waren davon überzeugt, dass die magische Lebenskraft in den Kopfhaaren stecke und übertragbar sei – darin hatte der Brauch seinen Ursprung, besiegten Feinden den Skalp abzuschneiden. Die britischen Kolonialtruppen knüpften an diesen Brauch an und führten ein Prämiensystem für die Tötung feindlich gesinnter Indianer ein. Der Skalp war der Nachweis für die Tötung. Geld als Belohnung ersetzte die Weisheit.

Anthropologen sagen, dass auch hinter dem Phänomen des Kannibalismus in manchen Kulturen die Vorstellung stecke, man könne sich durch das Verspeisen eines anderen Menschen dessen Kräfte aneignen. Frühe Reisende an die Küste Westafrikas berichteten übrigens, dass manche Eingeborenen für die Nachfrage der europäischen Schiffskapitäne nach ihren Stammesgenossen nur eine Erklärung hätten: Sie hätten wohl in der Heimat der Europäer jenseits des Meeres als Nahrungsmittel für deren Frauen und Kinder einen großen Wert. Dass ihre Stammesmitglieder als Sklaven gehandelt und über den Atlantik verfrachtet wurden, um sie zum Besitz anderer zu machen, entzog sich ihrer Vorstellungskraft. Es kam ja auch nie einer zurück um zu erzählen, was mit ihnen wirklich geschehen war.

Die Vorstellung, Eigentum bestehe über den Tod hinaus, verbreitete sich unabhängig voneinander bei vielen Naturvölkern. Damit verband sich der Glaube, dass ein Leben im Jenseits nichts anderes als eine Fortsetzung des Lebens auf der Erde sei, für das man ausgerüstet sein sollte. Das erklärt die Grabbeigaben aus dem Besitz der Verstorbenen, die in weit voneinander entfernten Kulturkreisen anzutreffen sind. Bei den Alten Ägyptern veränderten sich die bevorzugten Objekte über die Dynastien hinweg. Das konnten zu einigen Zeiten gebrauchte Alltagsgegenstände sein, Schmuck, Nahrungsmittel oder Gegenstände, die speziell für die Bestattung hergestellt wurden. Frauen bekamen Schminkpaletten, Männer Waffen mit auf den Weg. Archäologen fanden bei der Untersuchung von Gräbern in vielen Teilen der Welt Dolche, Messer und Pfeilspitzen.

Unerschöpflich sind die Varianten an Erbschaftsregeln, auf die Völkerkundler stießen. Am weitesten verbreitet ist das Prinzip: Die Söhne erben den Besitz der Väter und die Töchter das Eigentum der Mütter. Bei nordamerikanischen Indianerstämmen bekommen die Söhne von den Vätern die Kanus, Waffen und Werkzeuge vererbt, die Töchter von den Müttern die Behausungen und ihre Einrichtung. Alternativ zur Vererbung an den ältesten Nachkommen ist die Regel, Besitz (etwa von Land) gleichmäßig („gerecht") auf alle Söhne zu übertragen. Letzteres Prinzip führte im europäischen Mittelalter zu Existenzproblemen für alle Beteiligten, und ist bei der zunehmenden Reduzierung des Lebensraums bei Naturvölkern ebenfalls untauglich, um den Nachkommen eine hinreichende Versorgung zu sichern. Die Flucht in die Elendsviertel vieler Metropolen oder in eine weite Ferne erscheint vielen Betroffenen als einziger Ausweg.

Völkerkundler stoßen bis in die Gegenwart hinein bei Naturvölkern auf etliche Dinge, die – mit Geld vergleichbar – als ökonomischer und/oder sozialer Wertmesser geschätzt und als Eigentumsobjekte gepflegt werden. Kurios ist die „Steinwährung" der Eingeborenen auf der Pazifik-Insel Yap. Die Brocken können bis zu fünf Tonnen wiegen und drei bis vier Meter Durchmesser haben. Für einen Stein von zehn Zentimetern Durchmesser ließe sich ein fettes Schwein eintauschen, berichteten Besucher der Insel. Die Währung ist praktisch: Ein Besitz dieser Art lässt sich nicht einfach wegtragen und stehlen. Die großen Exemplare bleiben auf ihrem Grund liegen, selbst wenn der Besitzer wechselt. Jedermann weiß, wer der Eigentümer ist.

Die Völkerkunde erschließt sich den Bürgern Europas durch die Museen. In meist klimatisierten Räumen bestaunen Jahr für Jahr Hunderttausende, wenn nicht Millionen von Besuchern Alltagsgegenstände aus fernen Ländern, kunstvolle Masken und Skulpturen aus alten Zeiten und aus der Gegenwart. Ein Schuft ist, wer Böses dabei denkt. Diese „Schufte“ sagen: Viele Sammlungen zur Völkerkunde und Archäologie sind eigentlich gestohlen. Die Kritiker sprechen von kulturellem Eigentum oder einem kulturellen Erbe. Das Konzept des kulturellen Eigentums wurde 1954 durch die UNESCO eingeführt. Kult- und Kunstgegenstände überstanden Jahrhunderte lang Naturkatastrophen und Kriege, und landen am Ende in Glasvitrinen von Museen, zu denen die Nachfahren derer, die diese Gegenstände einst schufen, keinen Zugang haben. Ein Beispiel nur sind die Tonnen von Kulturgegenständen, die Napoleon 1798 während seines Feldzugs nach Ägypten von den Grabstätten entlang des Nil an die Seine verfrachtete. Als größten Kunstraub aller Zeiten bezeichneten Kritiker den Abtransport der Troja-Funde durch Heinrich Schliemann.

Noch heute durchstreifen Kunst- und Antiquitätenhändler die Kontinente nach Gegenständen des kulturellen Erbes fremder Völker, um die Nachfrage von Museen, Galerien und privaten Sammlern zu befriedigen. Insbesondere in Afrika sind viele Regionen von Kulturrelikten regelrecht leergefegt, Immerhin hat inzwischen ein Umdenken eingesetzt. Der International Council of Museums (ICOM) veröffentlicht regelmäßig Listen von verschollenen Kulturgütern. Eine Vereinbarung der UNESCO verbot 1970 den Import und Export sowie den Transfer kulturellen Eigentums. Doch lang ist die Liste der Staaten, die die Konvention nicht unterzeichnet haben.

Nord-Süd-Konflikt ohne Ende

Eselskarren, Strohmatten, Schläuche aus Ziegenleder zum Wasserholen, Hirsestampfer und Hacken für die Feldarbeit – das ist alles, was die Einwohner von Djalloubé in Mali besitzen, 30 Kilometer Luftlinie entfernt von der Grenze zu Mauretanien. Nur Sand und Staub sind reichlich. Es gibt weder Strom noch fließendes Wasser, keine sanitären Anlagen. Immerhin stoße ich auf einen Dorfkrämer. Sein Sortiment passt in zwei Schuhkartons: Teeblätter, etwas Zucker, ein paar Biskuits, Erdnüsse. Mehr ist nicht zu verkaufen in Djalloubé. Das Dorf lebt von der Selbstversorgung durch Feldarbeit. Sie haben nichts – trotzdem wirken die Mauren in Djalloubé fröhlich. Sie begehren nichts. Ich denke mir: Wie relativ ist der Neid um das neue Auto des Nachbarn, wie albern das Streben nach Luxus, nach Reichtum und Besitz. Sehr sauber wirkt übrigens das Dorf. Na klar: Es gibt keine Abfälle. Weil es nichts gibt, was man wegwerfen könnte. Um kein Umweltschänder zu sein, packe ich also beim Abschied meine mitgebrachten, leergetrunkenen Plastik-Wasserflaschen wieder ein. Doch Cheick Bilal, der für mich dolmetscht, nimmt mich beiseite. Er gibt mir den Tipp, die leeren Plastikflaschen der Frau des Dorfchefs zu überlassen. Das wäre für sie der wertvollste Besitz, den sie je hatte …

Das 500-Seelen-Dorf Djalloubé war für einige Tage mein Zuhause als ehrenamtlichem Mitarbeiter einer privaten Entwicklungshilfeorganisation gewesen. Die Erfahrung hielt ich in einer Tagebuchnotiz fest. Als Gast auf dem Hof des Dorfchefs schlief ich nachts auf einer Strohmatte unter der Decke des klaren Sternenhimmels, und einmal am Tag langte ich mit den Dorfbewohnern in die tönernen Schüsseln, um mit den Fingern Klumpen des Hirsebreis zu formen und so die alltägliche käriglich Kost zu teilen – bei Temperaturen von 45 Grad im Schatten. Ich sah Frauen beim Flechten der Strohmatten zu. Unter den Männern fand ich einen Seilmacher, ein anderer schnitzte Hirsestampfer und Hacken für die Feldarbeit. Dann war da noch die Fahrzeug-Werkstatt: Ein Ein-Mann-Betrieb unter freiem Himmel. Das Werkzeug bestand aus einer Hand-Luftpumpe aus den 50er Jahren. Der „Meister" flickte die Reifen der Eselskarren, auf denen die Einwohner Tonnen zum Wasserholen transportieren.

Seit 1970 verdoppelte sich die Weltbevölkerung auf über 7,6 Milliarden Menschen. In dieser Zeit hat sich die Schere zwischen arm und reich nicht geschlossen. Die Schere gibt es auch in Deutschland. Nach dem Bericht vom Dezember 2018 des Paritätischen Wohlfahrtsverbandes leben in Deutschland 13,7 Millionen Menschen in Armut. Bei alleinstehenden Rentnern und Rentnerinnen liegt die Quote bei 31,6 Prozent. Die Armutsberichte der Bundesregierung liefern weitere Mosaiksteine der aktuellen Situation. 2017 hieß es: „Die Haushalte in der unteren Hälfte der Verteilung verfügen nur über rund ein Prozent des gesamten Nettovermögens, während die vermögensstärksten zehn Prozent der Haushalte mehr als die Hälfte des gesamten Nettovermögens besitzen."

Das Volkseinkommen erreichte in Deutschland 2017 einen Wert von 2.437 Milliarden Euro – das war etwa doppelt so viel wie 1991. Die Arbeitnehmerentgelte summierten sich 2017 auf knapp 1.668,9 Milliarden Euro, das war im Vergleichszeitraum weniger als die Hälfte mehr. Der Vermögenszuwachs kam damit zu einem zunehmenden Teil von Unternehmensgewinnen und aus Anlagen wie Aktien.

Weitere statistische Daten untermauern die starke Position der Reichen in der Gesellschaft. Nach dem *World Wealth Report* von Mitte 2018 der renommierten Unternehmensberatung Capgemini stieg die Zahl der Millionäre (in US-Dollar) in Deutschland innerhalb eines Jahres um 6,5 Prozent auf über 1,36 Millionen. Allein 2017 erhöhte sich die Zahl der Dollar-Millionäre weltweit um 1,6 Millionen Personen. Insgesamt hortete diese Gruppe von Personen mehr als 70 Billionen US-Dollar. Capgemini geht davon aus, dass das Vermögen der Millionäre bis 2025 die Grenze von 100 Billionen Dollar übersteigen wird.

Zur Situation auf internationaler Ebene stellt der Bericht von Oxfam International für 2018 fest: „82 Prozent des gesamten globalen Reichtums floss im letzten Jahr zum oberen einen Prozent, während die untere Hälfte der Menschheit keinerlei Anstieg erlebte." Und der *Human Development Report 2018* des United Nations Development Programm (UNDP) kommt zum Fazit, dass vielerorts Ungleichheiten und Konflikte zunähmen. „Unser Planet" scheine immer ungleicher zu werden. Das Pro-Kopf-Einkommen in Katar liegt 176mal höher als in der Zentralafrikanischen Republik.

Nach einem früheren Bericht leiden noch immer 842 Millionen Menschen unter chronischem Hunger. 1,5 Milliarden sind von informellen oder prekären Arbeitsverhältnissen abhängig, die Hälfte der arbeitenden Weltbevölkerung befindet sich in der „Falle" von unsicheren und schlecht bezahlten Arbeitsplätzen. 1,2 Milliarden Menschen müssen laut UNDP von einem täglichen Einkommen unter 1,25 Dollar leben. Bei einer Grenze von 2,5 Dollar pro Tag sind es 2,7 Milliarden. Allein in Südasien haben 730 Millionen Einwohner ein Einkommen zwischen 1,25 und 2,5 Dollar. „Viele, die vor kurzem in den Mittelstand aufgestiegen sind, könnten bei einer plötzlichen Veränderung der Umstände leicht in Armut zurückfallen", hieß es. Als Beispiel wurde Indonesien genannt: Die

Armutsrate im Land erhöhte sich im Verlauf der Finanzkrise in Asien in den späten 1990er Jahren von 11 auf 37 Prozent. Gemessen am Bruttoinlandsprodukt pro Kopf hat Afrika südlich der Sahara den niedrigsten Wert. Dort hat in 17 Ländern die Bevölkerung zu über 40 Prozent unter „schwerer Armut" zu leiden.

283 Minderheitsgruppen sind nach der letzten Untersuchung des UNDP dazu in mehr als 90 Ländern vom nationalen Wirtschaftsgeschehen ausgeschlossen. Die internationale Organisation sprach von Verletzbarkeit – davon waren zum Zeitpunkt der Veröffentlichung 200 Millionen Migranten auf der Welt betroffen. 2,2 Milliarden lebten an der, oder unterhalb der Grenze von „multidimensionaler Armut" – ein Begriff, der über das Einkommen hinausgeht und unter anderem die Gesundheitsversorgung und Bildungsmöglichkeiten einschließt. Klar erkennbar ist der Zusammenhang zwischen Reichtum und Lebenserwartung. Den höchsten Wert zeigt die neuste Statistik für Hongkong (84,1 Jahre), den geringsten für Sierra Leone (52,2 Jahre).

Korruption ist ein Faktor, der besonders in „armen Ländern" die Einkommens- und Vermögensentwicklung beeinflusst. Das Motiv ist eindeutig: Korruption ist ein Instrument, mit dem Personen an den Schalthebeln der politischen und wirtschaftlichen Macht bis hinab zu subalternen Amtsträgern Habgier befriedigen können. Die Organisation Transparency International (TI) erstellt seit 1995 jährlich ihren Korruptionsindex. In der 2018 veröffentlichten Statistik waren Somalia, Südsudan und Syrien die Schlusslichter unter 180 Ländern. Am „saubersten" sind Neuseeland, Dänemark und Finnland. Deutschland landete auf Platz 12 und ist damit immerhin besser als die USA (Platz 16). Italien und Griechenland, auf den Rängen 54 und 59, schnitten schlechter ab als Botswana und Ruanda (Plätze 34 und 48). In die Bewertung von TI fließen die

Verschwendung öffentlicher Mittel, Schmiergeldzahlungen und undurchschaubare Entscheidungsprozesse mit ein.

Das Problem ist seit langem ein Thema. Ein altes chinesisches Sprichwort besagt: „Sieht ein Amtsdiener Geld, gleicht er einer Fliege, die Blut gerochen hat." Ein Arbeitspapier der Weltbank stellte bereits 1983 fest, Korruption habe in den Ländern Asiens, Afrikas und Lateinamerikas „eine schädliche, oft vernichtende Wirkung auf die Verwaltung und auf die wirtschaftliche und politische Entwicklung." Die Autoren des damaligen Weltbankpapier erklärten die Erscheinung mit dem Prozess der Entkolonialisierung: „In einigen der neuen Nationen bleibt der Gedanke an ein nationales Interesse schwach ausgeprägt. So sind auch die Institutionen des Staates einschließlich des bürokratischen Apparates fremd und verwirrend. Dazu kommt, dass ihr westlicher Ursprung sie verdächtig erscheinen lässt; mit ihnen verbindet sich Fremdherrschaft und sie werden mehr wahrgenommen als Gegenstände der Plünderung denn als Instrumente zur Förderung des allgemeinen Interesses."

In vielen Ländern der Dritten Welt ist Korruption ein Erbe von Praktiken, die einst die Kolonialmächte einführten. Zu Kolonialzeiten erkauften sich so gut wie alle Handelsgesellschaften die Erlaubnis zur Geschäftstätigkeit durch „Geschenke" an die Stammesfürsten. Im frankophonen Westafrika wurden diese „coutume"-Zahlungen erst 1904 eingestellt. Bis dahin unterhielt die französische Kolonialverwaltung ein umfangreiches System von Zuwendungen an Dorfchefs und Familienoberhäupter, um den Wunsch zur Einführung exportfähiger Monokulturen wie der Erdnüsse oder Baumwolle durchzusetzen.

Die Kolonialherren versuchten auch später allenthalben, Vertreter der einheimischen politischen Elite in den Kolonien durch Privilegien bei Laune zu halten. Der Grund für die Korruption als eine „Aktivität des Geldverdienens“ sind Bedürfnisse, die aus dem Kulturkreis der westlichen Industrieländer stammen. Für die Angestellten mancher Zoll- und Steuerbehörden in Afrika sind die Autos, sind Stereoanlage und französischer Cognac nichts anderes als es für die Stammesfürsten zur Zeit der Sklavenjagden die Flinten und Pulverbeutel, Eisenstangen und Branntwein oder bunte Stoffballen, Leinwand, Spiegel, Kämme, Vorhängeschlösser und Trompeten waren.

Wie TI nachweist, gibt es aber Korruption ebenso in den entwickelten Industrieländern. „Noch nie in der deutschen Wirtschaftsgeschichte wurden so viele Topmanager des Betruges, der Korruption, Selbstbereicherung und Großmannssucht auf Kosten ihrer Firmen und Aktionäre überführt wie in den letzten Jahren“, stellen Friedrich Bräuninger und Manfred Hasenbeck in ihrem Buch über *Die Abzocker* treffend fest. Lang ist die Liste prominenter Namen: Vom Coop-Chef Bernd Otto bis zum IG Metall-Vorsitzenden Franz Steinkühler reicht der Bogen. Ein Beispiel von vielen war der Frankfurter Baulöwe Jürgen Schneider. Der Großinvestor hatte sich in den 1990er Jahren für die Sanierung von meist spektakulären Immobilien Milliardenkredite bei Banken erschlichen. Zurück blieb ein Milliarden-Schuldenberg. Das Landgericht Frankfurt verurteilte ihn 1997 wegen Betruges in Milliardenhöhe zu sechs Jahren und neun Monaten Haft. Davon musste er nur einen Teil absitzen.

„Schmieren“ sei wie ein Gesellschaftsspiel, denn „dem Reiz des großen Geldes erliegen viele“, meinen Bräuninger und Hasenbeck. Quer durch die Geschichte der Menschheit ziehe sich das Thema „ars corrumpendi“ wie ein roter Faden. Ohne die Skandale um die Mächtigen, die ihre Ursache in Habgier haben, wäre das Spektrum der Schlagzeilen in den europäischen Medien um vieles geringer. Der Skandal um die FIFA zeigt, dass neben Volksvertretern auch viele Funktionäre renommierter Organisationen an diesem Gesellschaftsspiel teilgenommen haben.

Die Spur führt bis an die Spitze des Weltfußballverbandes FIFA, in der Person ihres Präsidenten Sepp Blatter und anderer Spitzenfunktionäre. Am 24. September 2015 eröffnete die Schweizer Bundesanwaltschaft ein Ermittlungsverfahren gegen Blatter. Im Mittelpunkt stehen der Verkauf von Fernsehrechte und eine Zahlung von zwei Millionen Schweizer Franken an Michel Platini, einst ein Idol des französischen Fußballs. Korruptionsverdacht verband sich außerdem mit der Vergabe der Fußball-Weltmeisterschaften 2018 an Russland und 2022 an Katar.

Fußball ist ein Rohstoff für die Gemüter des Volkes, Rohstoffe aus der Erde braucht die Wirtschaft. Um sich durch letztere zu bereichern, dazu braucht es keine Korruption, sondern nur der Spekulation – und die ist im Prinzip legal. Die Möglichkeiten dazu sind vielfältig. Das Paradebeispiel ist Rohöl, von dessen Preis die Lebenshaltungskosten praktisch alle Bürger abhängig sind. Dabei geht es nicht um Angebot und Nachfrage. Der Preis hängt zunächst von Fördermengen ab, die die Erdöl exportierenden Staaten festlegen. Die Verfügung über Erdöllagerstätten ist für die Staaten am Arabischen Golf zur Quelle immensen Reichtums geworden, sie ist aber kein Garant dafür, dass die Bewohner in jedem Land davon profitieren: In Nigeria, ebenfalls in der OPEC organisiert, leiden laut UNDP immer noch 25,7 Prozent der Menschen unter „schwerer Armut". Was am Ende der Verbraucher in den Industrieländern für Benzin, Heizöl und die vielen Versorgungsmittel zahlt, für deren Herstellung Energie benötigt wird, wird jedoch von vielen Akteuren in einer langen Kette beeinflusst. Ein Glied in dieser sehr komplexen Kette sind die Rohstoffbörsen. Die größten sind in London und in New York zu finden. Dort sind die Spekulanten zugange.

Sie kaufen oder verkaufen Rohöl, das noch gar nicht gefördert wurde. Fachleute schätzen den Anteil der reinen Finanzgeschäfte mit Öl auf über 90 Prozent. Es handelt sich schlicht um Wetten – entweder auf steigende, oder aber auf sinkende Preise. Also kann auch Gewinner sein, wer bei diesen „Futures“ auf sinkende Preise setzt. Dann sind da die „Optionen“: Der Käufer hat das Recht, Liefermengen zu bekommen, er hat aber nicht die Pflicht, sie tatsächlich abzunehmen.

Um die Öleinnahmen abzusichern, braucht es sichere Schifffahrtsrouten und Pipelines. Das ist ein Hintergrund beim Konflikt um den Jemen, mit dem sich eine der größten humanitären Katastrophen des bisherigen 21. Jahrhunderts verbindet. Seit 2012 sind Pläne Saudi-Arabiens bekannt, die Seestraße um den Golf von Hormuz durch eine Pipeline zur Südküste des Jemen zu umgehen. Das setzt die Hoheit über diesen Teil der Arabischen Halbinsel voraus – und führte zum Eingreifen des Königreichs im Jemen und kollidierte mit Interessen anderer Akteure im Nahen und Mittleren Osten.

Anderen Rohstoffen und Agrarprodukten gilt hierzulande weniger Aufmerksamkeit, ihre Preise sind aber für Milliarden Menschen von existenzieller Bedeutung. Ein Beispiel ist Weizen. Die weltweite Erntemenge an Weizen hält mit dem Bevölkerungswachstum kaum Schritt, sie stieg zwischen 2012/13 und 2018/19 immerhin von 659 auf 733 Millionen Tonnen. In einer Bilanz stellte auch das UNDP fest, dass die Entwicklung der Nahrungsmittelpreise ein wichtiger Faktor für Armut und die menschliche Entwicklung ist. In der Zukunft würden sie von einer Verschlechterung der Böden und geringen Investitionen in die Agrarforschung beeinflusst. Ob Gentechnik zu einer Lösung beiträgt, ist umstritten. Unter den Ursachen sind immer häufiger auftretende extreme Wetterverhältnisse angesichts des Klimawandels aufgelistet.

Nach Daten des United Nations Office for Desaster Risk Reduction (UNISDR) addierten sich schon in den 20 Jahren zwischen 1978 und 1997 klimabedingte wirtschaftliche Verluste auf 895 Billionen US-Dollar. Zwischen 1998 und 2017 summierten sie sich auf 2.245 Billionen US-Dollar – den Zweieinfachen Wert. Dabei verloren 1,3 Millionen Menschen ihr Leben.

Bei der Vermarktung von Nahrungsmitteln kommen die internationalen Rohstoffbörsen ins Spiel. Die wichtigste ist die Chicago Mercantile Exchange, kurz CME. Ihre Geschichte reicht ins Jahr 1898 zurück. Zunächst wurden dort Butter und Eier gehandelt, heute ist sie der Umschlagplatz von Optionen und Futures auf Weizen, Rinder und Schweine ebenso wie auf Wolle und Holz, Aluminium, Kupfer und Zinn. Im November 2018 meldete die CME durchschnittlich 21,7 Millionen Vertragsabschlüsse pro Tag. Die CME ist ein Paradies für Spekulanten.

Besonders anfällig für Schwankungen sind die Weltmarktpreise für Kakao. Sie werden ebenfalls an den Rohstoffbörsen von London und in den USA festgelegt und sind für Spekulanten besonders interessant. Im Zeitraum zwischen 2006 und 2016 schwankte der Preis in der Spanne zwischen rund 800 und 2700 britischen Pfund. Mitte April 2017 lag er bei 1400 Pfund je Tonne. In der Wertschöpfungskette sind rund 5,5 Millionen Kakaobauern betroffen, die die Früchte sammeln. An der Elfenbeinküste betrug das Pro-Kopf-Einkommen einer Kakaobauernfamilie über die Jahre hinweg 0,50 Dollar am Tag. Die Verdiener an dem Geschäft sind die großen Nahrungsmittelkonzerne – und eben Spekulanten. Auch im Fall des Kaffees bleiben nur 14 Prozent der Einnahmen in den Anbauländern. Das ist die traurige Seite der Globalisierung.

Meist nur Fachleuten sagt der Begriff Coltan etwas – obwohl das wertvolle Metall in der Industrie vielfältig verwendet wird. Der Bogen reicht von Laptops, Playstations und Mobiltelefonen bis zu chirurgischen Instrumenten. Der Name kombiniert die Stoffe Columbit und Tantalit. Der Stoff ist sehr hitzebeständig, ist nicht anfällig für Korrosion und wird nicht an einem zentralen Platz gehandelt. Die Hauptlagerstätten liegen in Zentralafrika. Rebellengruppen kontrollieren sie teilweise und finanzieren sich dadurch. Da die Herkunft zu einem großen Teil illegal ist, sind keine verlässlichen Daten zu Fördermengen erhältlich. Die Arbeitsbedingungen in vielen Minen werden von Menschenrechtsorganisationen (inklusive Kinderarbeit) als inhuman angeprangert – das ist der Preis, damit die Menschen in den Industrieländern all' das haben können, was sie aus dem Angebot des IT-Sortiments begehren.

Bei der Herstellung vieler technischer Produkte sind sogenannte Seltene Erden unverzichtbar geworden. 48 Prozent der weltweiten Reserven liegen auf dem Gebiet der Volksrepublik China, hohe Anteile haben Australien und Grönland. Zu welchen Konflikten die Verteilung führen wird, ist eine der spannenden Zukunftsfragen.

Verschwendung polizeilich verboten

„Unsere Untertanen werden durch ihr Vermögen, und die daraus erwachsenden Einkünfte in den Stand gesetzt, sich und ihren Angehörigen die Notwendigkeiten und Bequemlichkeiten des Lebens verschaffen, den zu dem Anbaue ihrer Güter und zu dem Betrieb ihrer Gewerbe, wie auch den zur Erhaltung der bürgerlichen Verfassung erforderlichen Aufwand bestreiten zu können. Hieraus ergibt sich die Pflicht eines jeden, auf eine ehrbare Erwerbung des Vermögens, und auf dessen sorgfältige Erhaltung den eifrigen Bedacht nehmen zu müssen … Die allgemeinen Mittel zur Erreichung dieser Absicht sind Arbeitsamkeit, Ordnung und kluges Verhalten bei den Vorfällen, welche das Vermögen schwächen, oder zu Grunde richten können."

Hugo Damian Erwein Graf von Schönborn-Buchheim-Wolfsthal zu Wiesentheid sorgte sich um das Vermögen seiner Untertanen. Die idyllischen Bilder eines Pieter Breughel und anderer Maler mit Bauernhochzeiten als Motiv zeugen von der Erscheinung, die in der wirtschaftlichen Entwicklung des 15. bis 18. Jahrhundert ihre Spuren hinterlassen hat: Eigentum, sobald vorhanden, wurde gerne verprasst. Der Graf von Schönborn und seinesgleichen steuerten ordnungspolitisch dagegen. Das Kalkül war einfach: Wenn die Untertanen an Verschwendung gehindert wurden und stattdessen ihr Vermögen vermehrten, so konnten von ihnen höhere Abgaben herausgepresst werden. Solche aber wollten die Grafen gern haben.

Ganz am Anfang der Schönborn'schen *Allgemeinen Polizeiverordnung* aus dem Jahr 1779 hieß es: „Unsre erste Angelegenheit wird es allezeit sein, die Personen sowohl, als auch das Eigentum unserer

Untertanen wider alle unrechtmäßige Gewalt zu schützen …" Ein eigenes Kapitel handelte „von den Pflichten unserer Unterthanen in Absicht auf die gute Verwaltung ihres Vermögens überhaupt." Sehr konkret waren die polizeilichen Vorschriften, nämlich

- dass die Untertanen, die Geld aufnehmen, nur ein Drittel des Werts ihrer Güter verpfänden dürfen;
- dass niemand mehr als vier Prozent Zinsen verlangen darf;
- dass Schulden gegenüber Juden, weil „am gefährlichsten", gemeldet, untersucht und protokolliert werden;
- dass alle Verträge, bei denen es um Gegenstände von mehr als 5 Reichstaler Wert geht, bei den Dorfvorstehern gemeldet und protokolliert werden;
- dass „Lustbarkeiten" bei Hochzeiten nicht länger als einen Tag dauern, bei Leichenbegräbnissen überhaupt unterbleiben;
- dass kein Untertan „in unserem Gebiete, noch auswärts um Geld mit Karten, Würfeln, oder einem anderen Spielzeuge spielen" darf
- und dass Spielschulden „unkräftig und unverbindlich sein, auch niemals gefordert oder abgerechnet werden können."

Verfassungen nach modernem Verständnis, die Regeln für das Eigentum beinhalten, gibt es erst seit der Emanzipation des Bürgertums zum Ende des 18. Jahrhunderts: 1787 in den USA, 1791 in Frankreich. Im deutschen Raum erhielten als erste 1816 die süddeutschen Staaten Sachsen-Weimar-Eisenach eine Verfassung. Als Vorläufer regelten Polizeiordnungen wie die zitierte in vieler Fürsten Länder die Rechte und Pflichten der Untertanen. In der Rechtsgeschichte gelten diese Polizeiordnungen – manchmal auch Landesordnungen genannt – als Ordnungsinstrument, um aufgetretene Missstände zu bekämpfen. Als eine der ältesten Landesordnungen ist der Erlass des Erzbistums Salzburg von 1328 überliefert. Vor allem im 16. bis 18. Jahrhundert regelten die Polizeiordnungen die Beziehungen zwischen den Menschen. Das Verbot von „Gottesschwüren und Fluchen“ steht – zumindest bei den älteren Verordnungen – meist am Anfang.

Ein kleiner Streifzug durch die Quellen gibt Aufschluss über manche Zustände zur jeweiligen Zeit. *Des löblichen fränkischen Reichskreis vereinte und verglichene Polizeiordnung* von 1572 beschrieb, dass viele Wirtsleute aus Habgier ihre Kunden schröpften. Dass Habgier dahinter stand, muss nicht weiter erläutert werden. Da wurde „bei den Gastgebern und Wirtschaften auf dem Land und in den Städten die Zehrung unerträglich nicht allein die Victualien halben was die ordentliche Mahlzeit belangt, sondern auch für Morgen-, Abend- und Schlaftrunk ein Übermäßiges … gerechnet und genommen.“ Dem zu begegnen, „soll hinfort ein jeder Stand und Obrigkeit … den Wirten wie teuer und hoch sie die Mahlzeiten, den Wein, Bier, Brot, Fleisch, Stalmet und Habern, desgleichen den Gästen die Morgensuppen, Mittags- und Schlaftrunk nach Gelegenheit der Zeit rechnen … Ordnung und Maß setzen.“

So gut wie alle Polizeiordnungen versuchten, der Verschwendung bei Hochzeitsfesten einen Riegel vorzuschieben. Die fränkische Polizeiordnung von 1572 schrieb vor: „Und sollen … zu jeder Mahlzeit vier Gerichte, es sei an Fischen oder Fleisch, und darüber nichts aufgesetzt werden, und von einem geladenen Hochzeitsgast dem Wirt nicht mehr denn für eine Mahlzeit in Städten 72 Pfennig, auf dem Land ein Gulden bezahlt und gegeben.“ Des Pfalzgrafen Ludwigs Polizeiordnung von 1578 legte fest: „Es soll auch keine Person, die mit dem Bräutigam oder der Braut mit Sippschaft nicht verwandt ist, etwas übermäßig an Geld oder Geldwert als Schenkung auf die Hochzeit verehren … Doch wo die gebührliche Schenkung von Weibspersonen und Jungfrauen altem Brauch nach an

Schüsseln, Kanten, Pfannen und dergleichen Hausgerätlein den Hochzeitern etwas zur Morgengabe verehrt wurde, so soll das hierin nicht abgeschnitten sein – sofern kein Übermaß darin gespürt." Diejenigen übrigens, die „armut und unvermögens" sind, sollten zu Hochzeiten „allein etliche ihrer nächsten Blutsfreunde zuladen", „dadurch sowohl ihnen selbst, als anderen unnötigen Kosten und Schaden zu vermeiden."

Die fatalen Folgen ausschweifender Hochzeitsfeiern beklagte die Polizeiordnung von Rothenburg ob der Tauber aus dem Jahre 1654. So hätten des Öfteren „unvermögliche und sonderlich junge angehende Eheleute" sich „in Schulden vertieft, dadurch sie ihr Hauswesen, Gewerbe und Handwerk sehr geschwächt." Die Polizeiordnung von Rothenburg beschrieb, wie sich manche Gäste bereicherten: „Weil auch bei den Hochzeiten dieser üble Brauch verspürt wird, dass teils unverschämte Manns- und Weibspersonen … ganze Braten in die Hosen oder andere dazu verborgen bei sich gehabte Säcke stecken, teils auch ihren dazu bestellten Mägden es mit vollen Tüchen hinweg zu tragen zugestellt, so dass mancher oft doppelt so viel von Speisen nach Hause bringen lässt, als er vielleicht an Wert schenkte oder bezahlte."

Etliche Verordnungen richteten sich gegen Glücksspiele. Seit dem Ende des 14. Jahrhunderts ging es europaweit beim Karten- und Würfelspiel um Geldeinsätze. Manche Spiele der vergangenen Jahrhunderte sind überhaupt nur dadurch überliefert, dass sie verboten wurden. Wieder liefert eine Verordnung aus Rothenburg, diesmal aus dem Jahre 1780, den Hintergrund: „Der mächtige Reiz ansehnlicher Gewinnste und mit dem erhaltenen Gewinnst gar nicht in Vergleich zu stellende Einlagen; die daher entstehende Begierde und schmeichelhafte Vorstellung von der Möglichkeit dergleichen Gewinnste auch zu erhalten; die Täuschende Hoffnung, den endlich nachfolgend werdende Gewinnste wieder auszubüsen; von kleinen

Gewinnsten zu größeren fortzuschreiten, und somit endlich ohne alle Mühe, Arbeit und Anstrengung eigner Kräfte zu einem beträchtlichen Vermögens-Anwachs zu gelangen etc. Solche und andere dergleichen träumerische Vorstellungen haben bey bemittelten so wie bey unvermöglichen Personen diese Spielsucht angefacht.“ Der Versuch, dies alles in geordnete, das heißt kontrollierbare Bahnen zu lenken, sollte letztlich zur Einrichtung von Spielcasinos auf der Basis staatlicher Konzessionen führen.

Ein ganz anderes Problem zeigte die Schauenburgische Polizeiordnung von 1615 auf: „Es kommen uns auch Klagen vor, dass etliche Bauern aus Dörfern auch wohl ihre Dienstboten ihren Ackerbau liegen lassen und ihre Dienste aufsagen, und Getreide, Fellwerk, Häute, Flachs, Hopfen und dergleichen Waren beieinander kaufen und außerhalb Landes fahren, darüber viel Hausleut verarmen und ihre Höfe verderben. Sie hängen auch oft in fremden Städten Leuten die Waren auf, so nicht bezahlen können, daraus dann Arrest und viel Ungelegenheit erfolgen.“

Polizeilich geregelt wurde auch das Erbschaftswesen: „Stirbt jemand und lasset nach sich ehe-leibliche Kinder, dieselben sollen alle Erbgüter ohne Unterschied – seien Töchter oder Söhne – zugleich untereinander teilen. Wobei jedoch in Acht zu nehmen, dass aus allerhand bewegenden Ursachen – die Adeligen Sitze wie auch unter Bürgern Haus und Hof denselben so im Erbe bleiben – nicht zu hoch sondern wie unter Schwestern und Brüdern üblich sollen aestimiert und angeschlagen werden. Desgleichen auch, wenn adlige Personen neben den unbeweglichen Gütern ansehnliche Barschaft durch Gottes Segen hinterlassen, dass dann die Söhne in Betracht, dass der Mann-Stamm viel Bürden-Last trägt, das Geschlecht durch denselben zu erhalten, erweitert und fortgesetzt wird – die Töchter aber die erworbenen Güter gar in fremde Familien bringen – eine Prärogative haben, und die Töchter sich mit einer guten Barschaft und der Legitima sollen begnügen lassen und darauf Verzicht tun."

Vor der Einführung von modernen Techniken der Landvermessung verrückten Landbesitzer bisweilen heimlich Grenzsteine zwischen den Äckern und Lehen, um eine größere eigene Parzelle zu haben. Die Polizeiordnung der Burg Friedberg von 1680 bestimmte deshalb klipp und klar: Landmessen und Steinsetzen solle „niemand anders dann die Land- und Feldgeschworenen" dürfen. Und die Großfürstlich Schleswig-Holsteinische Polizeiordnung von 1768 legte im Paragraph 28 fest: „Um den auf dem Lande wohnenden Untertanen vor allem bei nächtlicher Zeit etwa entstehenden Feuersgefahren, demgleichen zunehmenden Diebstählen und sonstigen Unordnungen Sicherheit und Ruhe zu verschaffen, soll hinfort, sonderlich zur Herbst- und Winterszeit vom 1. Oktober bis zum 1. April jeden Jahres, in einem jedem Dorfe ohne Unterschied ein Nachtwächter bestellt sein, der des nachts fleißig im Dorfe herumgehe, und auf alles genau acht habe." Der Sicherung der „getreuen Untertanen" Eigentum diente die Anordnung, „die Anzahl von herumlaufenden Betteljuden, Zigeuner und allerhand loses Gesindel" zu verhaften und über die Grenze bringen zu lassen.

Kleiderordnungen sorgten für die Abgrenzung zwischen den Bevölkerungsgruppen. Die Klage der Stadtväter von Rothenburg ob der Tauber in einer Polizeiordnung von 1654 spricht für sich selbst: „Dass viele gemeine Bürgers Weiber mit Seiden-Tobinen- und anderer kostbarer Art Kleider, sodann in Gold und Silber gewirkten Tag- und Haarhauben, Kragen von zartestem Kammertuch daher prangen, bei denen es doch gar nicht von nöten, ihrem Stand und Herkommen auch entgegen ist. Wodurch dann dasjenige zu notwendiger Haushaltung, Erziehung der Kinder oder zu einem Notpfennig hätte sollen verwendet und ersparet werden, ganz unnützlich verschwendet, an die Kleider gehängt, ja noch wohl gar Schulden damit gemacht worden."

„Trachtenvorrechte" reichen in Deutschland bis in die Mitte des 14. Jahrhunderts, in Italien bis zum Ende des 12. Jahrhunderts zurück. Sogar die Farben der Kleidung wurden zum Kennzeichen der Adeligen und Reichen. Rotes Tuch zu tragen war, als Symbol von teurem Prunk, vielerorts dem einfachen Volk verboten. Als die Französische Revolution die Privilegien des Adels beschnitt, wurde auch die Kleiderordnung auf der Kopf gestellt. Im Dezember 1790 berichtete das Journal des Luxus und der Moden aus Paris: „Es ist ein närrisch Ding, wie jetzt, seit der Revolution. Alles ist hier affectiert anders und gerade das Gegentheil von sonst … Sonst zeichneten sich unsre Petits-Maitres und Elegants durch reiche oder seidne Kleider, goldne Nippes, eine zierliche, sorgfältige und oft lächerliche Frisur aus; und jetzt affectiren sie gerade das Gegentheil, die äusserste Simplicität, die … beynahe bis zur Rusticität geht."

Details zu diesem Thema lieferte Werner Sombart in seinem Buch über *Liebe, Luxus und Kapitalismus* von 1922: „Während des 17. Jahrhunderts verschwinden in den Ländern mit rasch fortschreitender kapitalistischer Entwicklung die Aufwandsverbote; die letzte Kleiderordnung, die aber auch Verbote bestimmter Luxusaufwendungen, bestimmter Leckerbissen usw. enthält, fällt in England in das Jahr 1621; in Frankreich datiert das letzte Edikt über den Tafelluxus aus dem Jahre 1629; 1644 und 1672 wurde noch die übermäßige Verwendung der Edelmetalle zu Luxuszwecken verboten (aus wesentlich münzpolitischen Erwägungen); 1656 begegnen wir noch einem Verbot der (Kastor-)Hüte über 50 l., und 1708 wird die letzte Kleiderordnung in Frankreich erlassen. Seitdem sind auch die regierenden Kreise von der Notwendigkeit des Luxusaufwandes (im Interesse der kapitalistischen Industrie) überzeugt, und die führenden Geister der Literatur nehmen für den Luxus Partei …

Was sie vor allem am Luxus schätzten, war seine marktbildende Kraft."

In der Gegenwart gelten andere ordnungspolitische Prinzipien. Jeder kann so viel Vermögen verschwenden, wie er mag – für Feste ebenso wie für Kleidung oder moderne Konsumartikel wie stets das neueste Handy. Jedermann und jede Frau kann über Eigentum und Erbschaften vertraglich verfügen, wie er oder wie sie mag. Die Freiheitsrechte, wie sie in den modernen Verfassungen niedergeschrieben wurden, machen den freien Umgang mit Eigentum möglich – aber sie bringen zugleich einen Verlust von Fürsorge mit sich. Die Errungenschaften der Französischen Revolution, sie haben – gemessen an der Frage des Umgangs mit Vermögen und Eigentum – zwei Seiten der Medaille. Eine These wäre: Der freie Umgang mit Eigentum und das Recht auf Verschwendung könnte zusätzliche Anreize geschaffen haben, um die kapitalistische Produktionsweise und die freie Marktwirtschaft voranzutreiben.

Friedrich Engels schrieb in *Der Ursprung der Familie, des Privateigentums und des Staates*, dass „der Staat eine Organisation der besitzenden Klasse zum Schutz gegen die nichtbesitzende ist." So sei es schon im Alten Athen und im Alten Rom gewesen, und natürlich im mittelalterlichen Feudalstaat, „wo die politische Machtstellung sich nach dem Grundbesitz gliederte." In der demokratischen Republik übt der Reichtum nach der Wahrnehmung von Engels „seine Macht indirekt, aber umso sicherer aus." Verfassungen sind stets der Rahmen, in dem die gesellschaftliche Ordnung auch hinsichtlich der Eigentumsfrage festgeschrieben ist.

„Eigentum verpflichtet", steht im Artikel 14 des Grundgesetzes der Bundesrepublik Deutschland, und: „Das Eigentum und das Erbrecht werden gewährleistet." Sein Gebrauch solle zugleich „dem Wohle der Allgemeinheit dienen." Dazu ist notfalls Enteignung zulässig – bei entsprechender Entschädigung. Verfassungsexperten bezeichnen das Eigentumsrecht – gemessen an der Praxis – als eines der wichtigsten Grundrechte in der Verfassung der Bundesrepublik. Das Prinzip galt schon in der Weimarer Verfassung. „Das Eigentum wird von der Verfassung gewährleistet. Sein Inhalt und seine Schranken ergeben sich aus den Gesetzen. Eine Enteignung kann nur zum Wohle der Allgemeinheit und auf gesetzlicher Grundlage vorgenommen werden. Sie erfolgt gegen angemessene Entschädigung …", hieß es dort im Artikel 153. Das war damals neu. In der Reichsverfassung vom 16. April 1871 waren Grundrechte, und war damit die Eigentums-„Gewährleistung" noch nicht festgeschrieben. Verfassungsrechtler hielten die Abwälzung der Frage nach dem Inhalt des Eigentumsrechts auf einzelne Gesetze in der Weimarer Verfassung für problematisch. Ähnlich war es mit verwandten Rechten wie dem Erbrecht: Grundsätzlich im Artikel 154 geschützt, blieb aber ein gesetzlich zu bestimmender Teil des Erbgutes dem Staate vorbehalten. Konflikte entstanden sehr bald insbesondere bei behördlichen Zuweisungen von Wohnraum.

In der Verfassungsgeschichte tauchte immer wieder die Idee auf, das Wahlrecht an Besitznachweise zu koppeln. Auf die Idee, dass nur Eigentum für den Eintritt ins politische Leben qualifiziere, stößt man in der Geschichte Großbritanniens wie Schwedens, in den USA und ebenso in Deutschland. In der Frankfurter Nationalversammlung 1849 nahm die Frage, ob das Wahlrecht an Eigentum gebunden werden solle, breiten Raum ein. Das am Ende beschlossene allgemeine, gleiche, direkte und geheime Wahlrecht war nicht selbstverständlich, schließlich stand es im Kontrast zum Vormärz, in dem politische Rechte durchwegs an Besitz gebunden waren.

Der Verfassungsausschuss zur Nationalversammlung hatte zunächst mehrheitlich vorgeschlagen, das Wahlrecht nur den Selbständigen zuzugestehen. Etwa die Hälfte der erwachsenen männlichen

Bevölkerung wäre damit von Wahlen ausgeschlossen gewesen: Fabrikarbeiter ebenso wie Handwerksgehilfen, Dienstboten ebenso wie Tagelöhner und Empfänger von Armenunterstützung. Ein Argument war, dass wirtschaftliche Abhängigkeit ein Hindernis für eine freie politische Willensbildung sei. Zusatzanträge zur Knüpfung des Wahlrechts an Steuerleistungen hätten Kleinhändler, verarmte Handwerksmeister, Heimarbeiter und weite Teile der Bauernschaft ausgeschlossen. Geschichtsforscher meinen jedoch, dass dem deutschen Bürgertum gar keine Alternative zum allgemeinen Wahlrecht blieb: die feudale Reaktion drängte das Bürgertum in die Enge, sodass es nur in der Allianz mit den Besitzlosen seine Position behaupten zu können glaubte.

Die Verfassung ist unmissverständlich, dennoch sind Eigentumsdelikte an der Tagesordnung. Dann sind Polizei und Justiz am Zug – nach der Statistik durchaus mit Erfolg. Die Zahl Diebstahle verringerte sich zuletzt: Nach den Daten des Bundeskriminalamts sank sie zwischen 2017 und 2018 um 7,5 Prozent auf unter zwei Millionen. Es gab 36.756 Raubdelikte, 5,4 Prozent weniger als im Vorjahr und sogar 16,3 Prozent weniger Wohnungseinbrüche.

Mit Kaufhausdiebstählen fängt es oft an. Da war die 26-jährige, unverheiratete Beamtin K. B., die in einem Kaufhaus eine Damenhose und einen Kerzenständer klaute. Der Fall wurde in der Fachliteratur ausgiebig diskutiert. Ein „verschlüsselter Sexualakt“ sei wohl der tiefenpsychologische Hintergrund gewesen, hieß es. In Gerichtsverfahren gegen Kaufhausdiebe haben Gutachter viele Motive ans Tageslicht gebracht. In Prozessakten sind „orgasmusartige Erregungszustände“ beim unerlaubten Akt des Klauens ebenso wie Minderwertigkeitsgefühle als Erklärung zu finden. Eine Mutprobe kann dahinterstecken, Langeweile, Neid oder blanke Not. Doch der Normalfall ist anders. Die Bereicherungsabsicht – also

„mehr" haben zu wollen, als man hat oder sich leisten kann – ist ein triviales Motiv von Eigentumsdelikten.

„Eigentum und Gesetz wurden zusammen geboren", meinte der englische Philosoph Jeremy Bentham 1864, und weiter: „Bevor Gesetze geschaffen wurden, gab es kein Eigentum; nimm die Gesetze fort, und Eigentum verschwindet." Das älteste Strafgesetzbuch ist schon im 2. Buch Mose im Alten Testament enthalten. Da steht unter anderem: „Wer einen Menschen stiehlt und verkauft, dass man ihn bei ihm findet, der soll des Todes sterben … Wenn jemand einen Ochsen oder Schaf stiehlt, und schlachtet's, oder verkauft's, der soll fünf Ochsen für einen Ochsen wiedergeben, und vier Schafe für ein Schaf. Wenn ein Dieb ergriffen wird, dass er einbricht, und wird darob geschlagen, dass er stirbt, so soll man kein Blutgericht über jenen lassen gehen. Ist aber die Sonne über ihn aufgegangen, so soll man das Blutgericht gehen lassen. Es soll aber ein Dieb wieder erstatten. Hat er nichts, so verkaufe man ihn um seinen Diebstahl. Findet man aber bei ihm den Diebstahl lebendig, es sei Ochs, Esel oder Schaf, so soll er's zwiefältig wieder geben."

Menschen kommen sich, bildhaft gesagt, sehr häufig mit ihren Eigentumsansprüchen gegenseitig in die Haare. Konflikte, die daraus entstehen, lassen sich dann nur durch Richterspruch lösen. Ein interessanter Fall in der Rechtsliteratur ist der Fall Miller gegen Schoene im US-Staat Virginia. Zwei benachbarte Waldbesitzer standen sich vor Gericht gegenüber: Der eine besaß Zedern, der andere Apfelbäumchen. Die Zedern aber waren Gastpflanzen von Organismen, die für die Apfelbäume Schädlinge waren. Der Fall beschäftigte das höchste amerikanische Bundesgericht. Besitzer von Apfelbäumchen bekamen das Recht auf ein „krankheitsfreie Zone" zugesprochen. Die Zedernbäume mussten – obwohl es einen Eigentümer gab – abgeholzt werden.

Die Justiz musste beim Streit um Fundsachen häufig eingreifen. Viel zitiert wird in amerikanischen Rechtskommentaren der Fall Bridges gegen Hawkesworth aus dem Jahr 1851. Bridges hatte im Oktober 1847 Hawkesworths Krämerladen betreten und auf dem Boden ein Päckchen gefunden, das offenbar vorher jemand verloren hatte. Das Päckchen enthielt Geldscheine. Bridges gab den Fund an den Ladenbesitzer und bat ihn, das Geld in Verwahrung zu nehmen, bis sich der Verlierer melden würde. Drei Jahre später kam Bridges das nächste Mal in die Stadt und fragte Hawkesworth nach dem Verbleib des Geldes. Niemand hatte danach gefragt. Also wollte Bridges, als Finder, das Päckchen samt Inhalt haben. Hawkesworth weigerte sich und wurde von Bridges verklagt. Vor Gericht bekam der Ladenbesitzer recht: Schließlich war das Geld auf dem Boden des Geschäfts verloren gegangen, der ihm gehörte.

Ebenfalls aus den USA wird ein skurriler Eingriff der Justiz in Eigentumsrechte berichtet. Im Sommer 1822 hatte zum vierten Mal innerhalb von 30 Jahren eine Gelbfieber-Epidemie in New York gewütet, und die Friedhöfe füllten sich mit Gräbern. Allerdings hatte 1798 ein Gutachten der New York Medical Society empfohlen, weitere Beerdigungen in der City zu unterbinden – weil die verwesenden Körper Quelle weiterer Ansteckung sein könnten. Das war ein Vorwand. Den eigentlichen Hintergrund lieferte die Sorge, dass weitere Flächen für Friedhöfe das Wachstum der Stadt hindern könnten. Der Stadtrat verbot deshalb am 31. März 1823 das Ausheben weiterer Gräber. Betroffen waren die Kirchengemeinden als Besitzer der Friedhofsgrundstücke. Sie klagten unter der Führung der Brick Presbyterianer-Kirche und beriefen sich auf die Eigentumsrechte und auf das Gewohnheitsrecht – denn die Einwohner waren seit 200 Jahren in der Stadt begraben worden, in der sie gelebt hatten. Doch der Richter John D. Irving wies die Klage ab, ebenso weitere Instanzen. Das Interesse der (von Behörden vertretenen) Allgemeinheit an urbanem Wachstum stach alle anderen Argumente aus.

Wohl keine Chance, aufgegriffen zu werden, hat ein Gedanke von Jeff Gates: Es sollte eine internationale Organisation geschaffen werden, die Standards für die Verwendung von Eigentum aufzustellen und zu überwachen hätte. Vorbild ist für Gates das Internationale Arbeitsamt (ILO = International Labour Organisation), das Kinderarbeit und die Arbeitsplatzsicherheit auf ihrer Tagesordnung stehen hat. Gates hat sicherlich Recht, wenn er die Notwendigkeit sieht, durch eine internationale Konvention den moralischen und umweltverträglichen Umgang mit Eigentum zu regeln. Akzeptanz dürfte diese Vorstellung in der heutigen Shareholder Valuten-orientierten Welt kaum finden.

Eine internationale Herausforderung sind die Steueroasen, die Steuerhinterziehung und damit eine Bereicherung auf Kosten der Allgemeinheit ermöglichen. Die Zahl der Steuerflüchtlinge wird in Deutschland auf rund 100.000 geschätzt. Die Schweiz galt in der Vergangenheit als große Steueroase. Oxfam International listet das Land immer noch unter den 15 größten Steueroasen auf.

Immer wieder gibt es Ansätze in der Ordnungspolitik, das Ausmaß von Steuerflucht zu verringern. Eine wirkliche Lösung wäre aber wohl nur durch eine internationale Regelung erfolgversprechend, so wie es der Ökonom Thomas Piketty fordert. Das Konzept würde einen systematischen und automatischen Austausch von Daten über Bankkonten über Grenzen hinweg voraussetzen. Notwendig wäre zudem ein Ende des internationalen Wettlaufs um Steuersenkungen, die Schließung der Steueroasen, Regulierung des Finanzsektors und eine Finanztransaktionssteuer. Eine Utopie?

Sammeln als Leidenschaft

„Die einen sammeln alte Briefmarken, die anderen seltene Münzen, wieder andere Autogrammkarten oder sogar Bierdeckel. Auch Antiquitäten sind in Sammlerkreisen heiß begehrt, das heißt Gegenstände wie Möbel, Puppen, Keramik, Gemälde oder Schmuckstücke, die bereits 100 Jahre und mehr auf dem Buckel haben.“

Der Text ist den Seiten der Online-Plattform Ebay entnommen. Eine Erscheinung eigener Art in der Konsumgesellschaft ist die Sammelleidenschaft, die viele Menschen umtreibt. Egal, ob es sich um nützliche Dinge handelt oder nicht, man will sie haben. Glücklich kann zum Beispiel sein, wer unter seinen Kotztüten eine solche der Ex-DDR-Fluggesellschaft Interflug in der Schublade hat, die es nicht mehr gibt. Sie ist heute durchaus wertvoll.

Vielfältig sind die Sammelobjekte, die man haben kann und die manch‘ einer will. Münzen und Teddybären stehen oben in der Gunst – renommierte Auktionshäuser wie Sotheby's versteigern schon mal die Knuddeltiere für sechsstellige Beträge. Das Haus von George im US-Bundesstaat Maine ist voller Regale mit Stromkondensatoren von Telefon-Überlandleitungen aus aller Welt. Auf einer Dienstreise hielt ein Kollege den ganzen Tross auf, weil er unbedingt vor der Abfahrt des Busses vom Hotel zum Termin zum Strand gehen musste – er sammelt von überall auf der Welt eine Sandprobe vom Strand.

Unter den Angeboten einschlägiger Fachzeitschriften stößt man auf Artikel und Werbeangebote zu Afrikanischen Masken, Ansichtskarten, Autogrammen, Barbie-Puppen, Besteck, Bierkrügen, Bildern, Blechspielzeug, Büchern, Comics, Dessous, Fächern, Filmplakaten, Flaschen, Gläsern, Historischen Wertpapieren, Mausefallen, Nadelbehältern, Nussknackern, Orden, Ostereiern, Plüschtieren, Polizeikopfbedeckungen, Porzellan, Rechenschiebern, Reklamefeuerzeugen, Sammlertassen, Schachspielen, Schiffsmodellen, Schlittschuhen, Schlümpfen, Schlüsseln, Sektkorken, Speisekarten, Star-Treck-Figuren, Straßenschildern, Tankfahrzeugminiaturen, Telefonkarten, T-Shirts, Uhren, Weihnachtskrippen, Weinetiketten, Weinflaschen, Weinkorken, Zinnfiguren, Zündholzschachteln. Briefmarken sind eher „out", Autogramme dagegen „in". Ein Autogramm von Michael Jackson wurde für lockere 5000 Euro angeboten, ein solches des letzten Kaisers von China für fast 100.000 Euro. Für ein bemaltes Segment der Berliner Mauer muss man Tausende von Euro zahlen. Woher aber stammte bloß etwa die für 13.990 Euro angebotene Kappe von Papst Franziskus?

Oft geben Unbekannte bei Auktionen Millionen aus, um Kunstwerke ganz alleine im stillen Kämmerlein anschauen zu können. Bilder von Monet bis Picasso sind auf diese Weise in Privatbesitz gelangt. Mitte 1996 ersteigerte ein Händler bei Sotheby's für einen anonymen Auftraggeber einen Reliquienschrein für umgerechnet fast zehn Millionen Mark. Er stammte aus dem 12. Jahrhundert und war mit Szenen des Martyriums von Thomas Becket bemalt – aber ohne Inhalt. Museen hatten vergeblich versucht, Spenden für den Aufkauf zu sammeln. Im Oktober 2012 erzielte das abstrakte Bild des deutschen Malers Gerhard Richter zu seinen Lebzeiten einen Preis jenseits der 20 Millionen Pfund. Wenig später wurde der sogenannte Erzherzog-Joseph-Diamant für rund 16,5 Millionen Euro auf einer Auktion in Genf versteigert – sicherlich auch ein Kunstwerk, aber niemand weiß, wer sich nun daran ohne Zeugen ergötzt.

Dass Sammeln zur Sucht werden kann, wird publik, wenn ihr Prominente erliegen. Um die ganze Welt ging die Geschichte von Imelda Marcos, die Gattin des ehemaligen philippinischen Staatspräsidenten, als Schuhfetischistin. 1997 wurde sie von Jayalalitha Jayaram, der ehemaligen Regierungschefin des südindischen Bundesstaates Tamil Nadu überboten: Polizisten fanden bei Ermittlungen zum Vorwurf der Korruption in ihrem Haus 10 500 Saris, 750 Schuhe, 500 Weingläser, 91 Uhren, 28 Kilogramm Goldschmuck, 800 Kilogramm Silber sowie 19 Autos.

Auf rund 5000 Luxuskarossen wurde die Sammlung des Sultans von Brunei geschätzt. Auf den Herrscher dürfte kaum zutreffen, was eine Studie der Universität von Ohio zutrifft: Dass solche Anhäufungen von teuren Gegenständen, die nicht genutzt werden können, in unserer konsumorientierten Gesellschaft Minderwertigkeitskomplexe kompensieren. Oder doch?

Privater Besitz von Kunst kann zum brisanten Politikum werden – wenn es im Verlauf von Kriegen zur Beutekunst der Sieger wird und eines späteren Tages die Besiegten auf Rückgabe pochen. Zu allen Zeiten haben Soldaten nicht nur öffentliche Kunstgüter „mitgehen" lassen, sondern sie haben plündernd private Schatzkisten und Panzerschränke geknackt. Die römischen Legionäre waren da nicht besser als Kolonialtruppen oder Armeen im 20. Jahrhundert. Russische Truppen transportierten 1945 Kunstschätze der Sammlerfamilien Gerstenberg, Köhler und Siemens aus Luftschutzräumen ab. Von Paul Cézanne bis Emil Nolde, von Goya bis Toulouse-Lautrec reicht die Liste der Malernamen, deren Bilder zunächst in Archiven in Moskau oder Sankt Petersburg landeten. Ausstellungen nach dem Fall des Eisernen Vorhangs brachten die Beutekunst wieder ans Tageslicht – und führten zur politischen

Kontroverse zwischen Deutschland und Russland über die Eigentumsfrage. Touristen, die sich auf Reisen in ferne Länder auf die Jagd nach antiken Kunstgegenständen begeben, verhalten sich nicht besser. In den meisten Ländern ist die Ausfuhr zwar heute verboten, aber begierige Reisende werden dennoch von geschäftstüchtigen Souvenirhändlern gerne bedient – sehr häufig mit Imitationen. Die wirklich echten, antiken Gegenstände und Kunstwerke sind nationales Kulturerbe und gehören als nationales Eigentum in Museen.

Ruheloser Wettbewerb um materiellen Besitz und grimmiges Konsumdenken – die Welt von heute hat diese Eigenschaften nach Feststellung der britischen Kunsthistorikerin Lisa Jardine aus dem Zeitalter der Renaissance geerbt. Jardine wurde bei ihrer Spurensuche in der Londoner Nationalgalerie fündig. Die Kulissen der Bilder aus dem 15. Jahrhundert, die für den oberflächlichen Betrachter nur vornehme Herrschaften verewigen, quellen vor Luxusartikeln über: venezianische Spiegel, reich verzierte Leuchter, teure Brokatstoffe und Teppiche, wertvolle Buchausgaben, erlesene Kunst. Dies alles sind Symbole von Reichtum und Besitz, den die Auftraggeber stolz mit ihrer Person verbinden wollten. Selbst Madonnengemälde jener Zeit sind im Hintergrund häufig mit wertvollen Haushaltsgegenständen ausgestattet – nach dem Geist der Zeit forderten die Künstler damit die Bewunderung der Betrachter heraus. Die Komposition dieser Bilder ist ein Tribut an das Denken jener Zeit, schreibt Jardine: Zu haben und zu behalten.

Ein Heer von Fälschern hat zu allen Zeiten versucht, von der Gier der Sammler zu profitieren. In diesem Zusammenhang zeigt sich die Relativität von Wertvorstellungen: Ein und dasselbe Bildmotiv mag unter dem Namen des einen Malers niemand haben wollen – es kann wertlos und unverkäuflich sein, unter dem Namen eines anderen Malers aber Millionen einbringen. Diese Erfahrung musste auch Michelangelo machen. Als junger Künstler hatte er

1496 die Marmorfigur eines schlafenden Gottes Amor gefertigt. Die Arbeit war nicht absetzbar. Also vergrub Michelangelo das Werk in der Erde eines alten römischen Weinguts, fand sie später ganz überraschend und bot sie als eine antike Statue an. Ein reicher Kardinal biss an und kaufte. Wie Michelangelo erging es vielen Künstlern in der Geschichte, dass sie erst nach ihrem Tod entdeckt wurden und deren Arbeit dann einen hohen Wert erlangte.

Nepper und Bauernfänger nutzen die Habgier. Da ist der Fall des Hans Müller – er könnte ebenso Harald Schuster heißen. Zufrieden war der deutsche Geschäftsmann: für 25.000 Euro hatte er einen glitzernden Diamanten erstanden und, wie er überzeugt war, damit sein Geld gewinnbringend angelegt. Nun mochte er den Stein in einen Ring für seine Frau einarbeiten lassen. Doch im Juwelierladen kam die böse Überraschung: „Mit einem solchen Stein im Wert von 3500 Euro lohnt sich der Aufwand nicht", musste er hören. Hans Müller erfuhr: Er hat das Siebenfache dessen hingeblättert, was der Diamant wirklich wert ist. Und er musste sich aufklären lassen, dass die Vorstellung von einer Wertsteigerung nur aus der Märchenwelt stammt.

Nach Expertenschätzung summieren sich unseriöse Diamantenverkäufe in Deutschland Jahr für Jahr auf dreistellige Millionenbeträge. Im Unterschied zum normalen Fachhändler betreiben solche Anbieter ihr Geschäft per telefonischem Angebot und locken mit Glanzpapier-Prospekten. Sogar vor der Rentnerin im Altersheim, die ihre Erben mit Glitzersteinen glücklich machen möchte, schrecken sie nicht zurück. Das Kennzeichen: die Ware wird in verschweißter Verpackung und mit Zertifikat geliefert. Beim Aufbrechen der Verschweißung erlischt die Garantie – für eine Prüfung ist das aber notwendig. Denn die Qualitätsnormen – die „4 C", nämlich Cut (Schliff), Colour (Farbe), Clarity (Reinheit) und Carat (Gewicht) – sind nur im Labor feststellbar. Schwarze Schafe unter den Instituten, die unseriöse Zertifikate ausstellen, spielen den Geschäftemachern in die Hand.

Manche Zeitgenossen sammeln regelrecht Grundstücke, die sie gar nicht alle selber nutzen können. Haus- und Grundbesitz steht überhaupt auf der Liste der Eigentumswünsche weit oben. Nach den letzten Statistiken liegt die Wohneigentumsquote in Deutschland mit 51,4 Prozent allerdings hinter vielen anderen Ländern Europas. Mit 96,8 Prozent steht Rumänien an der Spitze. Mit Habgier hat der Erwerb wenig zu tun – für viele Bürger ist der Hausbesitz ein wesentlicher Bestandteil ihrer Altersvorsorge. Lange Zeit propagierten Finanzexperten diese Form, doch spätere Sanierungskosten trieben schon manche Hausbesitzer im Seniorenalter in den Ruin.

Eine Mitteilung des Europäischen Parlaments beschrieb Anfang 2012, was damals geschah: „Geplatzte Immobilienblasen, ausgelöst durch billige Kredite, führten in vielen EU-Staaten zu tiefgreifenden Bankenkrisen. Schuld sind nicht nur die Gläubiger, die leichtfertig Kredite vergaben. Auch Schuldner übernahmen sich mit Hypotheken. EU-Abgeordnete drängen nun den Finanzsektor, Kunden besser über Kreditrisiken zu informieren. Das Problem ist gewaltig: 2009, kurz nach Beginn der Finanzkrise, beliefen sich Hypothekenschulden in der EU auf mehr als die Hälfte des Bruttosozialproduktes der Union. Schulden im Wert von mehr als sechs Billiarden Euro lasteten auf Wohnhäusern und Appartements in ganz Europa. Drei Jahre später ist die Verschuldung privater Haushalte noch immer eines der größten Probleme in der EU …"

Weltweit Turbulenzen löste bekanntlich der Konkurs von Lehman Brothers, eine der größten Investmentbanken der USA, am 15. September 2008 aus. Das Unternehmen war 1850 von den drei Söhnen des aus Unterfranken eingewanderten Viehhändlers Abraham Löw Lehmann in Alabama gegründet worden. Auslöser der

Krise waren nicht die Lehmans, sondern die Mechanismen des Finanzmarktes. Immer mehr Banken hatten US-Bürgern das Geld für einen Hauskauf zu verführerisch günstigen Kreditraten geliehen, obwohl die Empfänger nur eine geringe Kreditwürdigkeit aufwiesen – das heißt: die Banken gingen ein hohes Risiko ein, dass die Häuslebauer die Kreditraten nicht zahlen konnten. So geschah es denn auch.

Doch es bedarf des Blicks zurück. Es war die zweite „Blase“, die in kürzester Zeit platzte. Das erste Drama erreichte im Jahr 2000 seinen Höhepunkt. Wie im Rausch hatten Investoren Aktien von Internet-Firmen gekauft, und jeder neue Börsengang in der Branche wurde als Erfolg bejubelt. So kam es zur „Dotcom-Blase“, und die „New Economy“ stürzte ab. In seinem Buch *Irrationaler Überschwang* hatte der amerikanische Wirtschaftswissenschaftler und Nobelpreisträger Robert Shiller die Blase vorhergesehen. Er knüpfte an John Kenneth Galbraight an, der bereits 1929 mit Blick auf die Börse von einem „wiederkehrenden Wahnsinn“ ausging.

Das Bankenkapital musste also neue Nahrung suchen, um seine Gier nach Profiten zu stillen. Futter lieferte eben die private Immobilienfinanzierung. Die Hauseigentümerquote aller US-Haushalte lag 2000 bei rund 67 Prozent, und die Banken hofften auf neue Kundengruppen. Die US-Notenbank (Federal Reserve) förderte mit ihrer Geldpolitik die Strategie. Zur Vermeidung einer Rezession senkte sie die Leitzinsen deutlich: Von 6,5 Prozent im Jahr 2000 bis auf 1,0 Prozent im Jahr 2004. Zugleich sanken die Zinsen für variable Hypothekendarlehen um vier Prozentpunkte. Das war verführerisch.

Die Immobilienkäufe erreichten 2003 ihren Höhepunkt. In vielen Fällen war die Zinsbindung auf nur zwei oder vier Jahre begrenzt. Zwischen Januar 2000 und Januar 2007 erhöhten sich die Immobilienpreise in den USA um 76 Prozent, in Florida und Kalifornien sogar um mehr als 140 Prozent. Institutionen wie die OECD warnten vor der Überbewertung. Ab Mitte 2004 stiegen die Zinsen aufgrund einer restriktiveren Geldpolitik der Federal Reserve wieder. In den vielen Fällen, in denen die Zinsbindung nun endete, verlangten die Banken nun drei Prozentpunkte mehr. Die Rate der Zahlungsausfälle stieg deutlich, das Angebot an Hausverkäufen überschwemmte den Markt. Als Konsequenz sank der Wert der Häuser. Als dann viele Bürger ihren Job verloren, konnten immer mehr ihren Kreditverpflichtungen nicht mehr nachkommen. Das führte zu massenhaften Ausfällen, riesigen Abschreibungen und Verlusten bei den Banken wie Lehman Brothers. Manche Institute begannen, mit den Hypothekenpapieren zu spekulieren. Das ging gründlich schief. Noch heute sitzen Hunderttausende von Amerikanern auf Häusern, die drastisch an Wert verloren.

Lästiger Besitz

„So soll ein jeder Einwohner hier zu Würzburg in der inneren Ringmauer seinen Mist, den er macht und der vor seinem Haus auf der Gasse liegt, innerhalb von 14 Tagen von da wegtun und hinweg fahren lassen."

Die Regelung in der Würzburger Polizeiverordnung vom März 1476 war klar. Ein halbes Jahrhundert später nahm der französische König ebenfalls seine Untertanen für das in die Pflicht, was ihnen gehörte, von dem sie sich aber allzu sorglos trennten. Franz I. verfügte 1539 per Edikt: „Wir untersagen, irgendwelchen Kot, Asche, Dreck oder anderen Unrat auf die Straße auszuleeren oder zu werfen …"

Abfallentsorgung ist heute mehr denn je ein Problem, und sie hat enorme Auswirkungen auf die Umwelt. Der Drang, etwas los zu werden, ist die andere Seite vom Drang, etwas zu haben. Der „Unrat" ist im 21. Jahrhundert vielschichtiger geworden. Verbraucher haben einen neuen Laptop erworben und mit ihnen die Verpackung. Man kauft Getränke, und übrig bleiben die leeren Flaschen oder Dosen. Verbrauchte Batterien, ungenutzte Medikamente und defekte oder ersetzte Elektro-Kleingeräte landen schnell mal in der Mülltonne – obwohl es spezielle Entsorgungsmöglichkeiten dafür gibt. Ein Beispiel: Pro Jahr werden in Deutschland mehr als 40.000 Tonnen Gerätebatterien und Akkumulatoren (Akkus) neu in den Verkehr gebracht. Sie sind irgendwann aufgebraucht.

Nach den Daten des Statistischen Bundesamtes erhöhte sich die Menge der Haushaltsabfälle in Deutschland zwischen 2004 und

2017 von 37,3 auf 38,3 Millionen Tonnen – oder 462 Kilogramm pro Kopf. Ein erfreulicher Wert: Gleichzeitig stieg der verwertete Anteil von 57 auf 93 Prozent. Das Prinzip der Wiederverwendung war bereits im 15. und 16. Jahrhundert bekannt. Manche Exkremente, die da in Würzburg oder Paris auf der Straße zu finden waren, hatten ihren Wert. Rattenkot etwa, gemischt mit Honig und Zwiebelsaft, verkauften mittelalterliche Quacksalber teuer als Mittel gegen Kahlköpfigkeit.

Größer sind die Mengen, die in der Wirtschaft anfallen. Bau- und Abbruchabfälle (einschließlich Straßenaufbruch) häuften sich zuletzt auf 201,8 Millionen Tonnen. Die Industrie sieht sich manchmal besonderen Problemen gegenüber. In der Chemieindustrie fällt Giftmüll an. Energieunternehmen müssen abgebrannte Brennelemente aus Kernkraftwerken entsorgen, ohne dass es dafür bis heute ein Endlager gibt.

Die Einrichtung des „Gelben Sacks“ trägt in Deutschland inzwischen zur teilweisen Entsorgung und zur Verringerung der Umweltbelastung durch Plastik bei. Plastik verrottet nicht und belastet die Umwelt. Ein spezielles Problem sind die weggeworfenen Plastiktüten. Nicht wenige Handelsketten verlangen für solche Tüten inzwischen einen Preis. Noch Mitte 2019 meldete dennoch das Bundesumweltamt: „Die Verbraucher in Deutschland verwenden jedes Jahr zwei Milliarden Plastiktüten“. Das ist pro Kopf immerhin weniger als in anderen europäischen Ländern. Das Umweltbundesamt schrieb dazu: „Plastiktüten werden häufig als Symbol einer Wegwerfmentalität betrachtet.“ In der politischen Diskussion ist das Thema Plastikabfälle erfreulicherweise inzwischen noch stärker in den Blick geraten. Vorbilder gibt es ausgerechnet in Afrika: In Ruanda und Tansania, Marokko, Mauretanien und Kenia sind Plastiktüten bereits seit längerer Zeit gesetzlich verbannt.

Der sorglose, die Umwelt schädigende Umgang mit Abfall ist ein Symptom dafür, dass die Menschheit mit der Natur umgeht, als wäre sie ihr Eigentum. Die Aneignung von natürlichen Ressourcen ist ein weltweites Phänomen. Sie erfolgt individuell ebenso wie kollektiv. Am Ende steht oft der Raubbau. Treibende Kraft ist auch hier die Habgier. Richtungsweisend war die Feststellung der Evangelische Kirche in Deutschland, die 2008 in ihrer Denkschrift *Gemeinwohl und Eigennutz* schrieb: „Die Erde ist als natürlicher Lebensraum des Menschen und aller Geschöpfe nicht beliebig verfügbares Eigentum der Menschheit. Hier müssen erst noch Wege gefunden werden, wie die Freiheit zur Nutzung der natürlichen Ressourcen der Erde wirksam von der Verantwortung für den richtigen Gebrauch begrenzt wird." Viele wirtschaftliche und staatliche Akteure interessiert dies nicht.

Die Verantwortung steht im Gegensatz zur Auffassung jener Rechtswissenschaftler, die meinen: Mit einer Aneignung und Inbesitznahme sei das Recht auf Zerstörung verbunden. Sie berufen sich auf John Locke, der schrieb: „Das Eigentum, dessen Ursprung im Recht des Menschen liegt, jedes untergeordnete Geschöpf für den Unterhalt und die Annehmlichkeiten des eigenen Lebens zu nutzen, dient allein dem Wohl und dem Vorteil des Eigentümers, so dass er sogar den Gegenstand zerstören kann, an dem er Eigentum durch sein Gebrauchen hat, wenn es die Notwendigkeit erfordert."

Mit der Aneignung und Nutzung von natürlichen Stoffen, noch mehr nach deren Umwandlung mittels entdeckter Techniken, begann die Menschheit mit der Manipulation von Natur und Umwelt. Nur ein Teil der Stoffe findet man auf der Erdoberfläche. Ein trauriges Beispiel für diesen Raubbau liefert Holz. Der Bedarf an diesem natürlichen Stoff als Mittel zum Heizen und Kochen wäre noch kein Problem gewesen. Aber eine darüber hinaus gehende

Nutzung führte in weiten Teilen des Mittelmeerraums zur Versteppung.

Holz diente seit alters her für Behausungen. Hinzu kamen allerlei Gebrauchsgegenstände und Luxuseinrichtungen wie Thermen, die beheizt wurden. Das Bevölkerungswachstum beschleunigte den Raubbau. Der römische Dichter Lucretius schrieb im ersten Jahrhundert v. Chr.: „Von Tag zu Tag zwang man die Wälder mehr, sich in die Berge zurückzuziehen und unten am Fuße für bebautes Land Platz zu lassen." Die alten Römer holzten manche ihrer Provinzen wegen des Materialbedarfs für den Flottenbau ab. Doch sie bekamen die Quittung: Die Folge des Raubbaus war Erosion und eine Verarmung der Böden. Das führte zu Landflucht und Konflikten, die den Untergang des Imperiums mit vorantrieben. Plinius fragte: „Siegesgewiss blicken wir auf den Zusammenbruch der Natur. Was für ein Ende soll die Ausbeutung der Erde in all den künftigen Jahrhunderten noch finden? Bis wohin soll unsere Habgier noch vordringen?"

Die Römer waren nicht die ersten Sünder an der Umwelt. Schon zuvor hatten die Phönizier die Wälder des Libanon abgeholzt, und die Alten Ägypter die Halbinsel Sinai. Dort lagen ihre Kupferminen, und zur Verhüttung wurde das Holz der Bäume gebraucht. Nach wenigen Jahrzehnten war es aufgebraucht, und die Blüte des „ägyptischen Ruhrgebiets" fand ein Ende. Später, zur Zeit des Osmanischen Reiches, wurden in Anatolien Wälder abgeholzt, um Dämme und Kanalbefestigungen am Nil zu erneuern – Ägypten war damals die Kornkammer für die heutige Türkei.

Die Jagd nach der Beute edler tropischer Hölzer für Luxusprodukte und der Wunsch nach Weiden für profitbringende Rinderherden führte in der Neuzeit in vielen Regionen Südamerikas zu einem Kahlschlag, der nun für eine weltweite Klimaveränderung mit verantwortlich gemacht wird. In Brasilien und Südostasien wird bis in die Gegenwart Regenwald großflächig vernichtet, um Palmöl- und Sojaplantagen anzulegen. Die Wälder sind jedoch nicht nur für den Boden- und Wasserhaushalt, sondern auch für den Gehalt an Sauerstoff und Kohlendioxid in der Luft um den Planeten Erde von Bedeutung. So hat der Umgang des Menschen mit den natürlichen Ressourcen des Planeten, hat die Umweltgeschichte eigentlich mehr Bedeutung für die Bewohner der Erde als die politische und die Militärgeschichte, die Wechsel in vergänglichen Herrschaftsverhältnissen brachte.

Unter der Erde sind mehr Ressourcen als auf der Oberfläche zu finden und zum Gegenstand der Ausbeutung geworden. So wurde die Erde zu einem „geplünderten Planet“, wie der Club of Rome feststellte. Innerhalb von 30 Jahren hat sich die Bergbauförderung auf der Welt praktisch verdoppelt. Der Run internationaler Fördergesellschaften auf Minen in Afrika hat sich in den letzten Jahren verschärft. Es geht ihnen um Uran wie um Diamanten, um Kupfer und Gold. In Namibia steuert der Bergbau 25 Prozent zum Bruttoinlandsprodukt bei und die Einweihung weiterer Minen ist angekündigt.

Um die Schätze auf der wie unter der Erde drehte sich die Kolonialgeschichte. Man findet diese Schätze heute auch in einem Territorium außerhalb aller Staatsgrenzen: In der Antarktis. Als Dorado und als Schatzkammer hat man den Südkontinent schon bezeichnet. Andere sprechen wegen der klimatischen Widrigkeiten von einem Sperrkonto. 1988 wurde eine internationale „Convention on the Regulation of Antarctic Mineral Ressource Activities“ (kurz: CRAMRA) abgeschlossen – sie ist ein Moratorium, das einen Bergbau in der Antarktis für 50 Jahre untersagt. Umweltfolgen eines solchen Bergbaus gehören zu den Sorgen der Experten. Denn das Südpolarmeer, die Eismassen und die antarktische Atmosphäre haben großen Einfluss auf das Weltklima. Wenn sie schmelzen, erhöht sich der Meeresspiegel und ganze Länder gehen unter. Mit Sorge blicken Fachleute in diesem Zusammenhang nicht nur auf Südseeinseln, sondern auch zu den Niederlanden und nach Florida.

Geschichten von Ausbeutung und Raubbau ranken sich um viele Bodenschätze. Insbesondere hat die Suche nach Energiequellen und das Streben nach der Verfügung über diese Quellen die Geschichte mit geprägt. Um ihren Lebensstandards zu erhöhen und Land auch unter klimatisch ungünstigen Bedingungen nutzen zu können, brauchten die Menschen seit frühester Zeit Energie. Als erstes brachte die Spezies Mensch das Feuer als Energiequelle unter ihre Kontrolle. Feuer ermöglichte Brandrodung und veränderte Essgewohnheiten – selbst im Rohzustand. Ungenießbares wurde durch Kochen genießbar, anderes wurde verfeinert. Die Glut verwandelte Dinge in eine andere Form. Ton konnte jetzt gebrannt werden, selbst Metall konnte zu Gegenständen umgewandelt werden, die nützlich und begehrenswert wurden.

Schließlich fanden die Menschen heraus, dass Energie auch aus Quellen unter der Erdoberfläche kommt. So sei hier noch einmal das Thema Rohöl aufgegriffen. Schon im Alten Babylon war der praktische Nutzen von Erdöl bekannt. Der griechische Schriftsteller Diodor berichtete voller Respekt: „Es gibt viele unglaubliche Wunder im Lande Babylon, aber keines ist so groß wie die gewaltige Menge an Erdpech, die es dort gibt.“ Auf der anderen Seite der Erde, im fernen China, stieß ein Kaiser der Tschin-Dynastie ebenfalls auf Erdöl, das für Petroleumlampen genutzt wurde. Homer berichtete in der *Ilias*, dass „die Trojaner auf das schnelle Schiff unermüdliches Feuer warfen, und sogleich ergoss sich unauslöschlicher Brand auf dieses herab.“ Das war jenes „Erdpech“, und es bedarf wenig Phantasie, dass die militärischen Führer über solches verfügen wollten.

Die erste Meldung über einen Ölfund in der Neuzeit im Nahen Osten kam im Mai 1908 aus Masjid-i-Suleiman im heutigen Iran. Die Burmah Oil Company finanzierte das Unternehmen – es ging im Jahr darauf in die Anglo-Persian Oil Company über. Daraus wurde später British Petroleum (BP). Das Telegramm an die Firmenzentrale in London hatte einen verschlüsselten Text. Er verwies auf den Psalm 114: „Der den Fels wandelt in Wassersee, und die Steine in Wasserbrunnen." Seit diesem Tag bestimmte der Wettlauf um die Verfügung des Öls als Energieträger die Geschichte des Nahen Ostens und anderer Regionen der Welt.

Auch der Rumänienfeldzug Deutschlands im 1. Weltkrieg hatte ausdrücklich das Ziel, dem Reich die dort vorhandenen Erdölfelder, Raffinerien und Verladestationen anzueignen. Um die Eroberung zu verhindern, jagten Engländer und Franzosen als bisherige Besitzer die Anlagen und 800.000 Tonnen Rohöl und Rohölprodukte in die Luft.

Der Kampf um das Öl und um den Zugang zu diesem Energieträger lieferte in der Geschichte das Motiv für manche Kriege. „Das Gold des Öls, ist es nicht das Gold des Teufels?", fragt deshalb beispielsweise Jean Lartéguy angesichts der Konflikte in der Region des Nahen und Mittleren Ostens über die Jahrzehnte hinweg. Er stellt fest: Die Geschichte des Öls am Arabischen Golf ist wie die Geschichte von Aladin mit der Wunderlampe.

Eine alternative Energiequelle ist die Sonne. Das Sonnenlicht kann grundsätzlich niemand als Besitz beanspruchen. Wohl aber lässt sich ein Verfügungsrecht geltend machen. In einem Zeitalter, in dem sich die Solarenergie durchzusetzen beginnt, sind mit diesem Verfügungsrecht potenziell Konflikte verbunden: Es kann mit dem Nutzungsrecht von Grundeigentum kollidieren. In den amerikanischen Rechtskommentaren wird gern die Klage des Glenn Prah gegen seinen Nachbarn Richard Maretti in Wisconsin aus dem Jahre

1982 zitiert. Die Sonneneinstrahlung auf die Kollektoren für Prahs Solarheizung wurde durch den Hausbau des Nachbarn beeinträchtigt. Der Oberste Gerichtshof von Wisconsin wies jedoch die Klage ab und gab dem Recht des Richard Maretti, auf seinem Grundstück ein Haus nach seinen Vorstellungen bauen zu können, den Vorrang. Pech für Glenn Prah: Hätte er im US-Staat New Mexico gelebt, wäre das Urteil wahrscheinlich anders ausgefallen. Denn dort erklärt das Landesgesetz: „Das Recht, die natürliche Ressource der Solarenergie zu nutzen, ist ein Eigentumsrecht."

Die Sonnenenergie einem großen Prozentsatz der Menschheit zugutekommen zu lassen, das war die Vision der Väter des Desertec-Projekts. Es wurde von einem Netzwerk von Politikern, Wissenschaftlern und Unternehmen in die Wege geleitet. Das Konzept: Die Wüsten der Erde empfangen in sechs Stunden mehr Energie von der Sonne, als die Menschheit in einem Jahr verbraucht. Wüstenstrom aus sogenannten solarthermischen Kraftwerken ist dank Wärmespeicher Tag und Nacht verfügbar und somit eine ideale Ergänzung für Stromnetze mit anderen Energiequellen. Zugleich sinken die CO2-Emissionen. Installationen laufen zwischen Marokko und den Vereinigten Arabischen Emiraten. Die Technik der Hochspannungs-Gleichstrom-Übertragung (HGÜ) ermöglicht es prinzipiell, die Energiequelle über tausende von Kilometer zu liefern. Solarstrom aus der Sahara könnte dadurch einmal bis nach Mitteleuropa geleitet werden – so die Vision. Die HGÜ-Technik hat sich längst bewährt – auch als Unterwasser-Leitung. 295 km lang ist die Trasse, die, mit Technik des Siemens-Konzerns, seit 2005 von der Insel Tasmanien in den australischen Staat Victoria führt. 2009 baute Siemens den bislang weltweit größten HGÜ-Transformator für Umformstationen in China. Die Verbindung geht über insgesamt 2000 Kilometer.

Eine weitere alternative Chance zur Energiegewinnung bietet der Wind. Auch er ist niemandes Eigentum. Mitte 2017 hatte der Wind einen Anteil von 18,8 Prozent an der Bruttostromerzeugung in Deutschland. Installiert waren Anlagen mit einer Leistung von mehr als 56.000 Megawatt – teilweise an Land, teilweise auf See. Ingenieure tüfteln außerdem an einer weiteren Energiequelle, die sich ebenfalls niemand als Eigentum aneignen kann: Meeresströmungen wie den Golfstrom zu nutzen. Vorstellbar sind Rotorblätter wie bei Windkraftanlagen, die umgedreht in Strömungen gehalten werden könnten. Gezeitenkraftwerke gibt es bereits. Diese Idee ist nicht neu: Reste von alten „Gezeitenmühlen" findet man an den Küsten Frankreichs und England. Naturschützer kritisieren die dafür notwendigen Eingriffe in das Ökosystem.

Wasser: Es ist nicht überall auf der Welt selbstverständlich vorhanden. Auseinandersetzungen um seine Nutzung auf dem Land gab es quer durch die Geschichte. Frühe Ackerbauern stritten um das Nutzungsrecht. Immer wieder versuchten ganze Stämme und Völker, anderen durch Umleitung das lebensspendende Nass wegzunehmen. Staudammprojekte, im Nahen Osten die israelische Besetzung von Land und Wasserressourcen der Palästinenser, beinhalten viel Konfliktstoff, und manche Wissenschaftler meinen, dass die Kriege der Zukunft ein Kampf um die immer knapper werdende Ressource Wasser sein wird. Die moderne Konsumgesellschaft hat jedenfalls zu einem Pro-Kopf-Wasserverbrauch wie nie zuvor in der Geschichte geführt.

Wasser dient dem Bundesbürger ganz selbstverständlich zum Duschen und zum Aufgießen seines morgendlichen Kaffees oder Tees. Aber das ist nicht alles. Die Industrie braucht für die unterschiedlichen Produktionsschritte viel Wasser. So stecken in einer Tasse Kaffee rund 140 Liter Wasser. Die Fachwelt spricht von virtuellem Wasserverbrauch. Ein DIN-A4-Blatt Papier hat demnach zehn Liter Wasser in sich. Forscher errechneten ferner, dass zur Erzeugung des Futters für ein Rind 300.000 Liter Wasser verwendet werden, bis das Tier nach drei Jahren rund 200 Kilogramm Fleisch hergibt. In einer Jeans stecken im Durchschnitt 6000 Liter Wasser, und in einem Auto – je nach Fabrikat und Ausstattung – bis zu 300.000 Liter.

Juristen bringt Streit um Wasser in der Gegenwart der Industriegesellschaften reichlich Arbeit. Zwar kann Wasser in Brunnen, Tonnen und Flaschen einem Besitzer zugeordnet werden, als fließendes Gut in Bächen und Flüssen hat es aber besondere Merkmale. Gehäuft sind Gerichtsfälle über den Streit um Wasser im 19. Jahrhundert in den USA dokumentiert. Was ist, wenn an einem Wasserlauf hintereinander zwei Mühlen stehen, und der Mühlenbesitzer am Oberlauf das Wasser auf eine Weise leitet, dass am Unterlauf die Menge oder auch nur die Kraft des Wassers nachlässt?

Im Fall Evans gegen Merriweather von 1842 setzte sich der Oberste Gerichtshof von Illinois recht ausführlich mit dem Thema auseinander: „Jeder Eigentümer ist verpflichtet, fließendes Wasser in einer solcher Weise zu nutzen, dass jenen hinter ihm so wenig wie möglich Schaden entsteht – so wie es mit dem Nutzen für ihn selbst vereinbar ist. Die Verwendung muss vernünftig sein. Nun erhebt sich zurecht die Frage: Ist es eine vernünftige Verwendung von fließendem Wasser durch den Besitzer am Oberlauf, wenn dadurch die Flüssigkeit ganz verwendet wird? Um die Frage zufriedenstellend zu beantworten, ist es notwendig, die Wünsche des Menschen bezüglich des Elementes Wasser zu betrachten. Diese Wünsche sind entweder natürlich oder künstlich. Natürlich sind solche, die absolut notwendig sind für seine Existenz. Künstlich sind nur solche, die dazu beitragen, seinen Komfort und seinen Wohlstand zu erhöhen. Um Durst zu stillen und für Zwecke des Haushaltes ist Wasser völlig unverzichtbar. In zivilisiertem Leben ist Wasser auch für das

Vieh notwendig. Diese Wünsche müssen erfüllt werden, oder Mensch und Tier werden sterben. Der Bedarf an künstlichen Wünschen des Menschen ist nicht entscheidend für seine Existenz. Er ist nicht verzichtbar. Er könnte auch leben, wenn Wasser nicht für die Bewässerung von Land oder zum Antrieb seiner Maschinen verwendet würde."

Zur Umsetzung einer entsprechenden EU-Richtlinie wurde in Deutschland 2001 eine Trinkwasserverordnung erlassen (im Amtsdeutsch: Verordnung über die Qualität von Wasser für den menschlichen Gebrauch). Sie verpflichtet die Versorgungsunternehmen, den Haushalten Wasser nach festgelegten Qualitätsstandards zu liefern. Doch was ist mit Regenwasser? Der bayerische Verwaltungsgerichtshof entschied erst 2009, dass es die Trinkwasserverordnung zulässt, eine Waschmaschine mit Regenwasser zu betreiben.

Nach dem islamischen Verständnis steht Wasser allen Lebewesen zum Trinken zur Verfügung. So ist seine Monopolisierung ebenso wenig zulässig wie seine Verschwendung. Wer die Nutzung von Wasser für ein Weideland verweigert, dem werde Gott am Tag der Auferstehung seine Barmherzigkeit verweigern, heißt es im Koran. Wasser von einer Verunreinigung zu bewahren, ist für Muslime ein Akt der Verehrung Gottes, von dem das Wasser gegeben wurde. Die Vorschrift greift auf Praktiken aus vorislamischer Zeit zurück: Die Nomaden in der Antike ließen Kamele nicht direkt zu den Oasenbrunnen zu, sondern errichteten die Tränken abseits davon, um eine Verschmutzung zu verhindern.

Wasser, das ist auch das Meer. Die Frage, wem das Meer gehören solle, beschäftigte schon den niederländischen Rechtsgelehrten Hugo Grotius (1583-1645). Er forderte die Freiheit des Meeres („mare liberum"). Außerhalb territorialer Grenzen gelten heute internationale Vereinbarungen. Eine 1982 verabschiedete Seerechtskonvention der Vereinten Nationen gab allen Staaten die Freiheit, auch innerhalb einer 200 Meilen-Zone vor der jeweiligen Küste unbegrenzt Fischfang zu betreiben. Doch die Hochseefischerei reduziert die Fischfänge in den Küstengewässern.

Täglich fahren schätzungsweise vier Millionen Fischerboote aus, um aus dem Meer Nahrung für die Menschen zu fangen. Austern- und Seetang-Plantagen ergänzen die Ernährung, die aus den Meeren stammt. Aber die Fangreviere schrumpfen. Abfälle sorgen für ihre Verschmutzung. Sechs Milliarden Tonnen Plastik gelangen jedes Jahr ins Meer. Dazu sei noch einmal das Bundesumweltamt zitiert: „Durchschnittlich dreiviertel des gefundenen Mülls in den Ozeanen besteht aus Kunststoffen. Plastikmüll im Meer hat deutlich negative Auswirkungen auf Organismen. Plastik hat eine sehr lange Abbauzeit und zersetzt sich zum Teil in immer kleinere Teile, wobei Additive wie Weichmacher oder Flammschutzmittel freigesetzt werden. Mikroplastik gelangt aber auch direkt ins Meer. Die Verwendung solcher Teilchen in Kosmetikprodukten wie Peelings oder Zahnpasten ist mittlerweile Standard. Aber auch die bis zu 2000 Kunstfasern aus Fleece-Kleidungsstücken, einem Velourstoff, der meist aus Polyester oder Polyacryl besteht, gelangen pro Waschgang in die Meeresumwelt, da sie von den Klärwerken ebenfalls nicht zurückgehalten werden können."

Dramatische Auswirkungen auf den Zustand der Meere haben die Verbrennungsrückstände von Treibstoff, die die immer größer werdenden Transportschiffe für Container sowie Kreuzfahrtschiffe hinterlassen. Es handelt sich um besonders schadstoffhaltiges Schweröl. Mehr als 90 Prozent aller Güter des Welthandels werden gegenwärtig auf dem Seeweg geliefert. Aber Öltanker stranden, sie werden leck und verursachen Umweltkatastrophen, die dann für Schlagzeilen sorgen. Schädlich ist der Einsatz von Kunstdünger in der Landwirtschaft, der mit dem Regen in die Flüsse gespült wird und durch sie ins Meer gelangt.

Dabei nimmt die Nachfrage nach Fisch aus dem Meer mit dem Bevölkerungswachstum zu. Weltweit stieg der Pro-Kopf-Konsum von 9,9 Kilogramm in den 1960er Jahren auf über 20 Kilogramm im Jahre 2016. Auf den Märkten werden über 25.000 unterschiedliche Fisch- und Meeresfrüchteprodukte angeboten. In Deutschland verzehrt jeder Bürger im statistischen Durchschnitt an die 14 Kilogramm Fanggewicht. Der Selbstversorgungsgrad liegt dabei bei nur 24 Prozent. Der Rest muss importiert werden.

Experten schlagen Alarm: Innerhalb von 40 Jahren haben sich die Fischbestände auf den Weltmeeren halbiert. An die 85 Prozent der Fischbestände gelten nach Schätzungen der „Food and Agricultural Organization“ (FAO) der Vereinten Nationen trotz internationaler Regelungen als überfischt oder stehen unmittelbar davor. Sollte sich an der Situation nichts ändern, werden laut der Prognose die meisten Fischbestände bis zum Jahr 2048 kollabiert sein. Der Wert des weltweit angelandeten Fischs wird dennoch immer noch auf jährlich etwa 90 Milliarden US-Dollar geschätzt. Damit verbinden sich profitable Geschäfte. Die Menge an gefischtem Thunfisch hat sich zum Beispiel in den letzten 50 Jahren verzehnfacht. Rund 400.000 Tonnen waren es 1950, heute sind es 4,5 Millionen Tonnen.

Für die EU-Länder werden die zulässigen Fangquoten auf EU-Ebene erlassen. Dazu gibt es eine gemeinsame Fischereipolitik. Für die meisten Fischbestände werden jährlich Gesamt-Fangzahlen (Total Allowable Catch – TAC) festgelegt, die in einem bestimmten Gebiet während eines festgesetzten Zeitraum gefangen werden dürfen. Wissenschaftler sind in der Frage der Fangzahlen im ständigen Konflikt mit den Politikern. Inzwischen haben aber auch die zuständigen EU-Minister begriffen, dass insbesondere die Fänge von Heringen und Kabeljau ausgeufert sind. Die Fangquoten dafür wurden für 2019 um 40 beziehungsweise 35 Prozent gesenkt. Das sind bei Heringen aber immer noch mehr als 230.000 zulässige Tonnen. Deutschen Fischern sind davon 39.000 Tonnen zugestanden.

Dass die Fangquoten am Ende nicht von allen Beteiligten eingehalten werden, ist eine andere Geschichte. Staaten wie Marokko verkaufen regelmäßig Fischereirechte für Zig-Millionen Euro – dafür dürfen Fangflotten vor Marokko fischen. Spanische Fangschiffe kreuzen sogar im Südpazifik. Insgesamt werden etwa ein Viertel aller europäischen Fischfänge außerhalb der EU-Gewässer aus dem Meer geholt. Gefürchtet ist die japanische Fischfangflotte. Gefangen werden pro Jahr rund 4,4 Millionen Tonnen. Da Fisch ein wichtiger Bestandteil der Ernährung im Lande ist, muss Japan darüber hinaus mehr als die Hälfte seines Bedarfs an Fischen und Meeresfrüchten von überall auf der Welt importieren. Ungeklärt ist die Frage, wer die Fischgründe der Antarktis ausbeuten darf. Eine speziell eingerichtete internationale „Commission for the Conservation of Antarctic Marine Living Resources“ (CCAMLR) schaffte es bisher nicht, dazu verbindliche Regeln aufzustellen.

Wasser kommt, in Form von Regen, auch aus Wolken – doch wem gehören diese? Wer kann darüber verfügen? Die Frage klingt zunächst albern, doch auch sie beschäftigte bereits Gerichte. Ein Fall spielte in Texas 1958. Die Southwest Weather Research Inc. klagte gegen Rancher aus dem Jeff Davis County. Die Spezialität der Firma war ein „Wetter-Änderungs-Programm“. Die Auftraggeber waren Farmer aus der Gegend von Fort Stockton. Jene litten unter Hagelunwetter, die regelmäßig von den Davis-Bergen zu ihnen zogen. Die Erklärung: Flugzeuge der Southwest Weather Research Inc. Sprühten Chemikalien auf die Wolken, die über dem Jeff Davis County hingen. Die Chemie sollte die Wolken auflockern. Die

Rancher aus dem Jeff Davis County bezeugten, dass dadurch Wolken zerstört und potenzieller Regen verhindert würde, den sie für ihre Äcker brauchten.

Das Appellationsgericht von Texas ging bei seiner Entscheidung von einem Disput zwischen privaten Interessen aus. In der Begründung des Urteils zugunsten der Farmer aus dem Jeff Davis County berief sich das Gericht auf einen Fachaufsatz im *Stanford Law Review* vom November 1948, in dem es hieß: „Der Landbesitzer hat Anrecht auf das Wasser in den Wolken." Zitiert wurde außerdem die *California Law Review* vom Dezember 1957, in der geschrieben stand: „Was sind die Rechte des Landbesitzers oder der Öffentlichkeit gegenüber natürlichem Regenfall? Es wird vorgeschlagen, dass das Recht, Regen zu bekommen, zu den natürlichen Rechten gehört, die Bestandteil der vollen Nutzung des Landes sind …"

Es bleibt als Fazit: Die Inbesitznahme von natürlichen Ressourcen und der oft gedankenlose Umgang mit der Umwelt verändert diese. Manches Verhalten trägt auf fatale Weise zum Klimawandel bei, der nicht Gegenstand dieses Buches ist. Es ist aber festzuhalten: Um aus Habgier Gewinn aus den natürlichen Ressourcen der Erde zu ziehen, wird im Industriezeitalter von allzu vielen Akteuren ein nachhaltiger Schaden für die Menschheit in Kauf genommen.

Wissen als Schatz

„Wissen ist ein Schatz, den man nicht verliert.“

Das alte chinesische Sprichwort ist heute so aktuell wie eh und je. Soziologen und Wirtschaftswissenschaftler meinen sogar, dass in der Gesellschaft von heute verfügbares Wissens gegenüber materiellem Eigentum an Bedeutung gewinnt. Die Rede ist von geistigem bzw. intellektuellem Eigentum. Auch dieses kann zu Ware und zum Objekt von Begierde werden, um von der Leistung eines anderen zu profitieren.

Gewusst wie, was und wo – das war in den frühen Stadien der Menschheitsgeschichte eine Voraussetzung zum Überleben. Wo waren Jagdgebiete, wo Wasserquellen und Weiden zu finden? Wie kam man dort am besten hin? Gewusst, wie und wo – von den Antworten hing die Expansion des Römischen Imperiums ab. Wo war was zu holen? Wo war das Holz für den Schiffsbau und wo waren die Gold- und Silberbergwerke für die Münzen zu finden? Allerdings war im Alten Rom allzu viel Wissensdrang – die curiositas – verpönt. Der Schriftsteller Apuleius machte die curiositas sogar zum Gegenstand eines Romans. Die Hauptfigur Lucius wird wegen allzu viel Wissbegierde am Ende in einen Esel verwandelt. Die Kritik jener Zeit an der curiositas ist leicht erklärbar: Allzu weit verbreitetes Wissen hätte den Kompetenzanspruch der Philosophen in Frage gestellt. Ihr Wissen wollten sie horten, und sie waren begierig nach mehr. Denn darauf beruhte ihr sozialer Status und später das Ansehen mittelalterlicher Gelehrter.

Mit der Gründung geordneter Staatswesen prägte Wissen der einen und Nicht-Wissen der anderen die sozialen und wirtschaftlichen Unterschiede mit. Wer Fachkenntnisse hat, ist heute auf dem Arbeitsmarkt oder als Selbständiger im Vorteil gegenüber anderen. Die Summe des verbreiteten Knowhows ist sogar ein entscheidender Faktor für das Wohl und Wehe der modernen Volkswirtschaften. Die Forschung und Lehre an den Universitäten zielt darauf ab, möglichst viel Wissen in einem Land zu haben, um durch dessen Anwendung einen Vorteil auf den Märkten der Wirtschaft zu haben. Weil auch Konkurrenten dieses Wissen haben wollen, hat sich Wirtschaftsspionage global ausgebreitet. Der Umtrieb von Hackern im Internet hat bisher ungekannte Ausmaße erreicht. Die Gier von Google und Facebook nach Informationen über die Menschen treibt immer mehr Nutzer des Internets um.

Wissensansprüche wurden häufig missbraucht und zu Manipulation und Unterdrückung genutzt. Ein Beispiel liefert die Inquisition in Europa. Die Gläubigen zu Zeiten vor der Reformation glaubten zu wissen, dass der Kauf eines Ablassbriefes ihre Seele retten würde, weil es ihnen von den Vertretern der Kirche so gesagt wurde. Die Soldaten, die unter dem Befehl der Konquistadoren dienten, glaubten zu wissen, dass sie bei der Eroberung südamerikanischer Völker im Dienste des Kreuzes handelten, das ihren Zügen vorausgetragen wurde.

Täuschung ist zum Alltag geworden. Islamische Fundamentalisten wiegeln Gefolgsleute auf, indem sie eine „Dschihad"-Definition predigen, die in Wirklichkeit im Widerspruch zum Koran steht. Die Mehrheit der Amerikaner glaubte zu wissen, dass der Irak unter Saddam Hussein über Massenvernichtungswaffen verfüge, weil ihr Präsident das so behauptete. Der Präsident Donald Trump weiß, dass – anders als es die Fernsehbilder zeigen – das Publikum bei seiner Amtseinführung größer war als bei jedem seiner Vorgänger.

Die Erscheinung setzt sich bis zur Abschirmung ganzer Nationen von Informationen (etwa durch das Internet) fort. Dass etwas anders sein könnte als verkündet, oder dass es Alternativen an Lebensbedingungen geben könnte, erschien den Kirchenfürsten des Mittelalters ebenso gefährlich zu sein wie der Staatsführung Nordkoreas noch im 21. Jahrhundert.

Quer durch die Geschichte war Knowhow – genauer: die Verfügbarkeit darüber – ein Instrument, um Habgier zu befriedigen. Die Kenntnis von Seefahrtrouten ermöglichte Wikingern wie spanischen Konquistadoren den Raub von Reichtümern an fremden Gestaden. Die Geschäftstüchtigkeit alleine hätte den Hansestädten und Handelshäusern in Augsburg und Nürnberg nichts genutzt – das Wissen über die Märkte und Warenquellen war die eigentliche Voraussetzung, um Profite zu erlangen. Entscheidend war die Kenntnis über die Routen. Ein Meisterwerk war der *Wegzeyger* von Johann Schirmer aus dem Jahre 1613, der 24 von Nürnberg ausgehende Fernstraßen und insgesamt 545 eingetragene Etappenorte anzeigte. Dieses Wissen bedeutete einen entscheidenden Wettbewerbsvorteil. Und woher sollte der Fleischbedarf der Besuchermassen von Turnieren und Hoftagen in deutschen Reichsstädten herkommen? Finanziers wussten von riesigen Rinderherden in Ungarn und steckten Geld in ihre Beschaffung – so gingen zwischen dem 14. und dem 17. Jahrhundert riesige Trecks auf die Wege eines transeuropäischen Ochsenhandels.

Große Entdecker wie Columbus und Magellan nutzten Informationen, die eigentlich als Staatsgeheimnisse der portugiesischen Krone gehörten. Ihre Karten waren gestohlen oder basierten auf heimlich angefertigten Kopien, behaupten Forscher. Martin Behaims berühmter Globus war wohl ebenfalls nichts anderes als das Produkt von „Blaupausen“, die sich der Nürnberger Kartograph im Dienst des portugiesischen Königshauses angeeignet hatte.

Unternehmer können fremde Märkte auch heute nur erschließen, wenn sie über die Transportmöglichkeiten und die besonderen Gegebenheiten vor Ort Bescheid wissen. Marktstudien auf der Grundlage von Konsumforschung sind natürlich teuer. Mitarbeiter mit Sprachkenntnissen sind bei der Markterschließung oft unverzichtbar. Die Verfügung über interkulturelle Fähigkeiten ist mancherorts der Schlüssel zum geschäftlichen Erfolg. Im arabischen Raum beispielsweise ist Vertrauen die Hürde, und dieses Vertrauen ist im small-talk zu erwerben. Dazu muss man wissen, welche Fettnäpfchen man umgehen sollte.

Im Mittelalter sorgte das Zunftwesen dafür, dass Wissen um Fertigkeiten im exklusiven Besitz der jeweiligen Berufsgruppe blieb. Lehrlinge mussten für den Erwerb des handwerklichen Knowhows damals noch Geld zahlen. Schul- oder Studiengebühren waren bis weit ins 20. Jahrhundert ein Indiz dafür, dass Wissen ein wertvolles Gut war, für das man teuer zu zahlen hatte. Unter den gegenwärtigen Nachfragebedingungen der Wirtschaft nach Qualifikation setzt das moderne Bildungssystem darauf, Wissen an möglichst viele Personen zu verbreiten – um den Fachkräftemangel zu beheben.

Die Lehrlingsvergütung ist heute mit zu einem Argument bei der Berufswahl geworden. Das duale System in Deutschland ist dabei vorbildlich, um Wissen zu vermitteln, wie man praktische und theoretische Kompetenzen miteinander verknüpft. Allerdings hapert es in vielen Branchen bei der Weiterbildung. Eine solche ist jedoch unverzichtbar, da ständig neue technische Entwicklungen und Methoden hinzukommen. Die Kenntnisse, die sich Facharbeiter in der Ausbildung und Studenten an den Hochschulen aneignen und durch Weiterbildung pflegen, sind für die persönliche Zukunft und Existenzsicherung der Beschäftigten ebenso wie für die Unternehmen so bedeutsam, wie es für mittelalterlicher Kaufleute und noch das Bürgertum im 19. Jahrhundert die Schatztruhen waren.

Maler reisten zur Zeit der Renaissance nach Italien, um dort Techniken zu erlernen, die zuhause einen Wettbewerbsvorteil versprachen. Stempelschneider zogen im Mittelalter durch die Lande, damit dank ihrer Fertigkeiten die Fürsten auch kleinerer Territorien Münzen prägen lassen konnten. In den 1630er Jahren wurde der Nürnberger Glockengießer Hans Falk vom russischen Zaren nach Moskau berufen, um dort nicht nur Glocken zu fertigen, sondern mit seinem Knowhow auch bei der Herstellung von Kanonen zu helfen – dafür mussten nur die Lehmformen verlängert werden.

Die Gier nach Beute – Land oder Schätzen – hat überhaupt quer durch die Geschichte die Gier nach Waffen als den Werkzeugen der Feldherren und ihrer Soldaten vorangetrieben. Das Knowhow der Waffentechnik hat sich dabei stetig verbessert. Araber brachten das wohl von den Chinesen im 12. Jahrhundert erfundene Schießpulver nach Europa. Im 17. Jahrhundert führte die verfeinerte Waffentechnik in Europa zu einer enormen Steigerung der Vernichtungskraft. Experten haben errechnet, dass sich die Gefallenenquoten in den europäischen Kriegen zwischen dem 16. und dem 17. Jahrhundert von 5,9 auf 15,7 Prozent fast verdreifachte. Im Dreißigjährigen Krieg wurden allein von den schwedischen Truppen rund 18.000 Dörfer, 1500 Städte und 2000 Schlösser zerstört oder schwer beschädigt – ein Schaden, der vorher nie vorstellbar gewesen wäre. Ein neuer Schub an Vernichtungs-Kraft ergab sich zwischen dem 19. und dem 20. Jahrhundert: Die Gefallenenquote verdoppelte sich auf 38,9 Prozent. Die Entwicklung der Atombombe stellt dies alles in den Schatten – diese Technik zu haben, war und ist das Bestreben auch mancher Staatsmänner der Dritten Welt wie zum Beispiel in Pakistan oder Nordkorea.

Wissen kann die Bürger andererseits schützen – zum Beispiel in ihrer Rolle als Verbraucher oder Arbeitnehmer. 1894 wurde in

Nürnberg, das erste Mal in Deutschland auf Initiative des Metallarbeiterverbandes das erste Arbeitersekretariat in Deutschland gegründet. Hauptaufgabe war die Rechtsauskunft und Rechtshilfe. Im ersten Jahr suchten dort bereits mehr als 6800 Arbeiter Rat. Heute ist die Rechtsauskunft und -hilfe eine wichtige Dienstleistung der Gewerkschaften. Schutz oder Missbrauch von Wissen über Daten – ob es zum einen oder zu anderen führt, wird sich in der Nutzung der Daten durch den Staatsapparat oder durch Unternehmen noch zeigen.

Der Wunsch und die Möglichkeit, mehr und mehr Wissen zu haben, brachten also auch begrüßenswerten Fortschritt. Die Araber transferierten auf ihren globalen Handelswegen die Papierfertigung nach Andalusien. Die Technik war die Voraussetzung zur Konservierung alter und zur Verbreitung neuer Ideen und deshalb ein wichtiger Katalysator zur gesellschaftlichen Entwicklung. Man stelle sich vor, Luthers Gedanken hätten von Mönchen auf Pergament abgeschrieben werden müssen. Die neuen Unternehmer in der ersten Hälfte des 19. Jahrhunderts versetzte erst das Wissen um die Technik neuer Maschinen in die Klasse der Kapitalisten. Auch Sigmund Schuckert, einer der Väter des Siemenskonzerns, wusste, wie das ging. Er war während einer Reise in die USA unter anderem in der Telegrafenfabrik von Thomas Alva Edison tätig und lernte von dem Erfinder.

Bildung war zunächst das Privileg einer Elite von Reichen und Mächtigen und damit nur für eine kleine Bevölkerungsschicht verfügbar. Von einem preußischen Geistlichen stammt der folgende Bericht aus dem Jahre 1764: „Die meisten Unterobrigkeiten und Patrone kümmern sich ganz und gar nicht um das Schulwesen … Viele halten eine vernünftige und christliche Erziehung ihrer Untertanen für überflüssig und unnötig. Wenn der Bauer nur pflügen, mähen und dreschen kann, dann ist er schon ein guter Bauer …

Man glaubt, je dümmer ein Untertan ist, desto eher wird er sich alles wie Vieh gefallen lassen. Denn wenn der Bauer nicht schreiben kann und ohne des Edelmanns Wissen auch nicht verreisen darf, so bleibt die in unserem Lande befindliche Barbarei noch am sichersten verborgen."

Herzog Ernst dem Frommen wird zugeschrieben, 1642 in Sachsen-Gotha die erste allgemeine Schulpflicht für 5- bis 12-Jährige Kinder eingeführt zu haben. Württemberg folgte dem Beispiel 1649, Brandenburg 1662; für Preußen wurde 1717 vom „Soldatenkönig" Friedrich Wilhelm I. ein entsprechendes Edikt unterschrieben. Die Schulpflicht war eine Begleiterscheinung der Aufklärung als einer Bildungsbewegung. Schlusslicht war Bayern, das erst 1802 die allgemeine Schulpflicht festschrieb. In vielen Ländern der Dritten Welt leisten Organisationen der Entwicklungshilfe mit Alphabetisierungsprogrammen heute noch einen wichtigen Beitrag, um Wissen als Faktor gesellschaftlicher Emanzipation zu verbreiten.

Heute lebt die Dienstleistungsbranche davon, dass ihr Wissen von anderen, die nicht darüber verfügen, in Anspruch genommen und wie eine Ware bezahlt wird. Der Vorgang ermöglicht Unternehmen ein Outsourcing von Verwaltungsfunktionen und Zulieferungen fast aller Art. Das externe Wissen hat bisweilen einen Tauschwert in Millionenhöhe – für die Konkurrenz, die mit Riesensummen die Experten abzuwerben versucht. Dabei kommen Headhunter ins Spiel. Allerdings gibt es, wie beim Geld, Inflationserscheinungen beim Wissen. Ausbildung in Modeberufen lässt Wissen auf dem Arbeitsmarkt an Wert verlieren, so wie eine übermäßige ungedeckte Geldmenge auf den Finanzmärkten für die Abwertung einer Währung sorgt.

Wissen und Geldvermehrung können in unmittelbarem Zusammenhang stehen. Der Besitz von Geld wird erst durch die richtige Geldanlage oder durch die Einbringung in Betriebsanlagen in Form von Kapital aktiviert. Wissen aus der universitären Grundlagenforschung wird erst durch die Investition in eine industrielle Fertigung aktiviert. Wirtschaftsexperten sprechen von Technologietransfer und beklagen, dass dieser beispielsweise in Deutschland weniger gut funktioniert als in den USA oder in Japan. Der Vergleich bietet sich an mit der Oma, die ihr Geld im Sparstrumpf verwahrt, während ihr Enkel sein Geld vielleicht in VW- und Lufthansa-Aktien oder Immobilienfonds anlegt, über deren Kurserwartungen er Bescheid weiß.

Volkswirtschaftler sprechen heute von einer Informationsgesellschaft. Information wird dabei zu einem Produktionsfaktor wie Kapital und Arbeit. Es wäre eine intellektuelle Abenteuerreise, den Marx'schen Widerspruch zwischen denen, die Kapital haben, und jenen, die es nicht haben, zu variieren in: die einen haben Information, die anderen nicht – und diesen Widerspruch in Formeln der politischen Ökonomie auszudrücken. Eine „ökonomische Theorie des Wissens" zu entwickeln haben Sozialwissenschaftler in der Tat längst als Aufgabe formuliert.

Ein Grundsatzpapier waren die Empfehlungen für den Europäischen Rat, die eine Gruppe von Industriekapitänen unter Anleitungen des Europäischen Kommissar Martin Bangemann bereits im Mai 1994 in einem Papier unter der Überschrift *Europa und die globale Informationsgesellschaft* formulierte. Es lohnt sich, daran zu erinnern. Ausgangspunkt in diesem sogenannten Bangemann-Papier ist die folgende These: „Die Informations- und Kommunikationstechnologien haben auf der ganzen Welt bereits eine neue industrielle Revolution eingeleitet, die in ihrer Bedeutung und Reichweite denen der Vergangenheit nicht nachsteht. Es ist eine Revolution, die sich auf Informationen stützt, worin wiederum das menschliche Wissen zum Ausdruck kommt."

Erst die breite Verfügbarkeit neuer Informationstechniken und -dienste biete „die Chance für mehr Gleichberechtigung und Ausgewogenheit in der Gesellschaft“ und fördere die Selbstverwirklichung. In dem Papier heißt es klar: „Die Hauptgefahr liegt in einer Zweiteilung der Gesellschaft in Wissende, die Zugang zu den neuen Technologien haben, sie problemlos nutzen und voll von ihren profitieren können, und Nichtwissende, denen dies nicht möglich ist.“

Der Markt werde die treibende Kraft der Entwicklung hin zur Informationsgesellschaft sein, glaubten die Autoren des Bangemann-Papiers. Sie nannten als Anwendungsbeispiele Homebanking, den Tele-Einkauf und „eine nahezu unbegrenzte Auswahl an Unterhaltung auf Abruf.“ Doch das ist nur eine Spielerei im Vergleich zu den professionellen Anwendungen: der Datenaustausch, der nicht nur den Geschäftsverkehr zwischen Firmen auf eine neue Basis stellt, sondern auch – in Form von elektronischen Ausbildungsnetzwerken und Teleworking zuhause – künftig mehr und mehr darüber entscheidet, ob jemand Arbeit hat oder nicht, und wie diese aussieht.

Die Autoren des Bangemann-Papiers gingen davon aus, dass neue ordnungspolitische Rahmenbedingungen geschaffen werden – dass eine Marktordnung zu schaffen sei, die den Wettbewerb ermöglicht und schützt. Gefordert – und für möglich gehalten – wurde die Abschaffung von Monopolen. Monopole: das ist letztlich nichts anderes als eine Verfügung über einen Markt, als eine Art Besitz eines Marktes. Im vorliegenden Fall geht es um die Öffnung von Infrastrukturen und Diensten der Telekommunikation, für die in vielen Ländern noch ein Monopol besteht.

Davon abgesehen befasste sich das Bangemann-Papier in einem eigenen Kapitel ausdrücklich mit dem Besitz von Medien. Es stellte fest: „Neben der Kontrolle von Eigentumsrechten zur Vermeidung von Monopolmissbrauch gibt es in den meisten Ländern auch Regeln für das Eigentum an Medien und für spartenübergreifendes Medieneigentum, die Meinungsvielfalt und das Recht der freien Meinungsäußerung sicherstellen sollen. In der Praxis bilden diese Regeln einen Flickenteppich, was zu einer Verzerrung und Fragmentierung des Marktes beiträgt." Tatsächlich ist die Zahl der Länder, in denen Pressefreiheit durch staatliche Kontrolle untergraben oder gefährdet ist, im Lauf der letzten Jahre eher gestiegen. Die sogenannten Social Media wie Twitter und Facebook haben auf der anderen Seite den Markt an Informationen in ein Chaos gestürzt.

Das Internet hat insgesamt die Bedingungen für den Erwerb von Wissen revolutioniert. Es eröffnet unbeschränkten Personenkreisen die schnelle Verfügbarkeit von Informationen. Das Internet wird von vielen Zeitgenossen wie ein Götze förmlich angebetet. Wenn sich die Quantität und Verbreitungsgeschwindigkeit von Informationen multipliziert, so verbessert sich deshalb aber nicht automatische die Qualität. Immer noch entscheiden Menschen etwa bei Wikipedia, die über die Ur-Informationen verfügen, was ins Netz gestellt wird und was nicht. Dabei tummeln sich im Internet Akteure, die einzig und allein den eigenen Gewinn im Sinn haben und Informationen nur selektiv anbieten. Anleger sind dazu übergegangen, Geld- und Wertpapiertransaktionen, die ihr Vermögen mehren sollen, vom PC im Wohnzimmer aus vorzunehmen. Sie verlassen sich auf Berater, die sie nicht mehr persönlich bei ihrer Bank aufsuchen müssen, sondern anonym ebenfalls im Netz arbeiten. Ihrem Rat zu vertrauen, ist ein hohes Risiko.

Im Internet behält geistiges Eigentum seinen Wert. Dafür sorgt das Urheberrecht. Der Urheberrechtsschutz ist so alt wie die ältesten Besitzmarkierungen, die die Menschen der Jungsteinzeit an ihren

Werkzeugen anbrachten. In mittelalterlichen Steinmetzzeichen setzte sich diese Tradition fort. Das älteste staatliche Patentgesetz mit Nachahmungsverbot stammt wohl aus dem Venedig des Jahres 1474. Darin heißt es: „Es leben in dieser Stadt, und täglich kommen, angezogen durch ihren Ruhm … andere Männer größten Genies im Ersinnen und Erfinden der mannigfaltigsten sinnreichen Künste, hierher. Wenn nun vorgesorgt wird, dass nicht Andere diese Werke und Künste, die jene erfunden haben, nachmachen dürfen, nachdem sie es ihnen abgesehen haben und ihnen auf diese Weise ihre Ehre wegnehmen; so wird dies anderen Männern den Ansporn geben ihren Scharfsinn zu üben, und Dinge zu erfinden …, die für unseren Staat von nicht geringer Nützlichkeit und Vorteil sein können."

1551 schrieb der Augsburger Erfinder Andreas Schulz, es sei „allweg im heiligen Reich ein löblich Herkommen, dass die Erfinder neuer Dinge (sonderlich die nutz- und fürträglich gewesen) von vorigen Römischen Kaisern und Königen privilegiert und mit Freiheiten begnadet worden seindt und (wie billich) der ersteren Frucht ihres Werks genossen." Forscher listeten für die Zeit zwischen 1531 und 1601 genau 80 kaiserliche Erfinderprivilegien auf. Die Schutzrechte liefen in der Regel über fünf, zehn oder 20 Jahre. Der Bogen spannte sich über eine rauchlose Kohleverbrennung bis zu einem Bogenklavier und einem Zündschloss für Schusswaffen. Unter anderem war auf diese Weise ein Tauchgerät von 1549 des Dominikanermönchs Gabriel de Guzman geschützt, das Unterwasserarbeit für zehn, 20, 100 und mehr Menschen bis zu einer Dauer von zwölf Stunden möglich machen sollte. Das Gerät kam allerdings nie zur Anwendung.

Im Mai 1877 wurde in Deutschland das Kaiserliche Patentamt gegründet. Das erste Patent erhielt der Nürnberger Unternehmer Johann Zeltner für ein Verfahren zur Herstellung von Ultramarinfarbe, die er in seiner Fabrik fertigte. Die Zahl der Erfindungen ist für Wirtschaftsexperten ein Maßstab der Innovationsfähigkeit einer Nation. Die erste Anmeldung beim Europäischen Patentamt in München 1978 hatte eine thermische Hitzepumpe zum Gegenstand. 2018 wurden 174.300 Patente angemeldet. Das war ein neuer Rekordwert. Die meisten Anmeldungen kamen aus den USA, gefolgt von Deutschland. Bei den Pro-Kopf-Werten stand die Schweiz an erster Stelle. In der Rangfolge der einreichenden Unternehmen lag Huawei an erster und Siemens an zweiter Stelle.

Urheberrechte für das geschriebene Wort mussten sich gesondert durchsetzen. Nach der Einführung des Buchdrucks galt dieser zunächst als Kunstgewerbe. In einer Urkunde aus Venedig von 1496 heißt es: „Es hat sich unter den Buchverlegern eine verderbliche Übung eingebürgert, … indem, wenn sich ein Verleger mit großem Aufwand an den Verlag eines Buches wagt, und sein Kapital darin investiert, … wird mit allen Mitteln der List der Abzug entwendet und sofort mit vielen Druckerpressen das Buch gedruckt und in den Vertrieb gesetzt, bevor der Verleger, Finder des Druckwerks, dieses fertig gedruckt hat, … so dass er vollständig ruiniert ist." Bis zum Jahr 1500 vergab Venedig 106 Privilegien auf Druckwerke. Ein Dekret von 1544 stellte ausdrücklich das Recht des Autors oder Manuskriptbesitzers fest. Ein Druck war ohne die Erlaubnis des Autors oder seiner Erben verboten.

Die erste Verordnung zu einem Nachdruckverbot im deutschsprachigen Raum wurde 1531 in Basel erlassen. In den Frankfurter Buchdruckerordnungen von 1588 und 1598 wurden Nachdrucke – ähnlich wie Diebstahl – als Verletzung des Vermögens anderer definiert. 1675 stellte der deutsche Denker Ahasver Fritsch die Frage, ob bei einer Neuauflage einer Arbeit dem Autor ein zweites Honorar zusteht. Nicht unerwähnt bleiben darf, dass sich für viele Fürsten die Frage erst von Druckprivilegien und später von Bestimmungen zum Nachdruckschutz mit der Möglichkeit der Zensur verband. In der Urheberrechtsgeschichte wird auch auf das *Statute of Anne* in Großbritannien von 1710 verwiesen. Es sprach jedem Autor, zugleich dem Drucker und Verkäufer seiner Werke für 21 Jahre die Rechte des „Copy“ für veröffentlichte Bücher zu; bei unveröffentlichten Büchern sollten es 14 Jahre sein. Die Anerkennung geistigen Eigentums erhielt im Verlauf des 18. Jahrhunderts weiteren Auftrieb.

Heute organisieren Verwertungsgesellschaften den wirtschaftlichen Nutzen von Texten. In Deutschland verwaltet die VG Wort treuhänderisch urheberrechtliche Nutzungsrechte für mehr als 240.000 Autoren und über 8000 Verlage. 2019 wurden von ihr einschließlich einer außerordentlichen Auflösung von Rückstellungen 240 Millionen Euro ausgeschüttet. Die VG Bild-Kunst ist für Fotografen ebenso wie für Museen zuständig und im Musikbereich kassiert die GEMA die Gebühren für Nutzungsrechte.

Mit dem Siegeszug des Internets ist das Urheberrecht zum Streitpunkt in der Medienbranche geworden. In den USA werden mehr als 3200 gedruckte Publikationen, darunter die wichtigsten Zeitungen und Zeitschriften, regelmäßig in elektronische Datensysteme eingespeist und abrufbar gemacht – eine Kontrolle über die Autorenrechte macht das schier unmöglich. Im Bangemann-Papier heißt es dazu: „Zwar sind zahlreiche Informationen öffentlich zugänglich, doch gibt es auch Informationen mit Mehrwert, der individuell zurechenbar ist und des Schutzes durch geistige Eigentumsrechte bedarf … Aufgrund des globalen Charakters der Dienste, der durch die Informationsnetze gegeben ist, muss die Union sich auch international aktiv am Schutz der geistigen Eigentumsrechte beteiligen.“

Ende Dezember 1996 stellte die Weltorganisation für Intellektuelles Eigentum (WIPO, für: World Intellectual Property Organization) mit Sitz in Genf nach einer 18tägigen Konferenz von

Vertretern ihrer 157 Mitgliedsländer den internationalen Konsens darüber her, dass alle bekannten Urheberrechte auch für Systeme wie das Internet gelten. Ebenso unbestritten ist das Urheberrecht bei der Welthandelsorganisation (WTO, für: World Trade Organization). Dazu gibt es als völkerrechtliche Basis eine eigene Vereinbarung der WTO: Ein „Agreement on Trade-Related Aspects of Intellectual Property Rights", kurz: TRIPS.

Das Internet spielt bei einer interessanten neuen Erscheinung eine wichtige Rolle: Bei der „share economy". Sie zeigt: Man muss nicht alles selber besitzen. Es geht auch anders: Eigentum bzw. die Verfügbarkeit über Eigentum lässt sich mit anderen teilen. Man muss nur wissen, wie das System funktioniert. Der Begriff geht auf den amerikanischen Wirtschaftswissenschaftler Martin Weitzman zurück, im deutschen Sprachraum spricht man auch von Kokonsum (einer Abkürzung von kollaborativem Konsum). Meist eben über Internet-Plattformen lassen sich Spielzeug, Software, Ferienwohnungen, Gartengeräte oder Parkplätze teilen beziehungsweise nutzen. Landwirte schließen sich mit Gemüsefans zusammen, um gemeinsam Bauernhöfe zu bewirtschaften. In immer mehr Städten gehört der Fahrradverleih dazu. Dies ist ein Beispiel dafür, dass der Trend expandierende neue Geschäftszweige hervorbringt. Apps für Smartphones erleichtern die Suche und könnten den Trend zum Teilen beschleunigen.

Die Idee ist nicht unumstritten. Manche Wissenschaftler glauben aber, dass Teilen im Wesenszug von Menschen und Tieren liege – so wie dies andere im Zusammenhang mit Habgier behaupten. Vielleicht sind aber Habgier und Teilen auch nur zwei Seiten einer Medaille.

Verzeichnis zitierter Denker (Auswahl)